Inclusion financière et autonomisation des femmes pour un développement local

Alioune Niang Mbaye

Inclusion financière et autonomisation des femmes pour un développement local

L'Harmattan
Sénégal

Du même auteur

AFRICANITUDE (POÉSIE). Dakar, Éditions L'Harmattan Sénégal, 2021 ;

10 VDN, Sicap Amitié 3, Lotissement Cité Police, DAKAR

senharmattan@gmail.com
senlibrairie@gmail.com

ISBN : 978-2-14-028911-8
EAN : 9782140289118

DEDICACE

Gloire au Tout Puissant, le très miséricordieux dont les marques de sa création sont de subtilité, de force et de sagesse, par la grâce de son envoyé, pour m'avoir donné vie par le biais de modèles :

- Une mère érudite du Saint Coran, de laquelle j'ai puisé cette lumière qui lui le savoir et éclaire le chemin de la félicité,
- Un père hardi qui m'exerça aux sentiers du labeur et de la rigueur.

Par ce titre, qui force l'admiration, un épi de cette graine qu'ils soignèrent tant et avec lesquels j'aimerais autant partager. Que le Tout Puissant les hisse aux splendeurs du paradis éternel.

A tous mes frères et sœurs et toute ma famille de Podor, Niandane et Gaya qui sont dans ma mémoire.

Bénie soit mon épouse qui m'a comblé de patience et d'amour. Sa place dans mon cœur vaut plus que ne le sont mes paroles plurielles.

Inspirés soient tous mes vaillants enfants. Que cette référence vous balise le chemin des sommités intellectuelles.

Glorifiés soient mes guides, nantis de sciences et si altruistes pour me livrer le code d'accès au tabernacle des initiés, dont un témoignage par le biais de cette production : je cite, entre autres, mon Maître le Professeur Babacar POUYE, source intarissable de savoirs, mon inspirateur le Professeur Cheikh Anta DIOP, tous azimuts et avec eux, tous les savants et hommes sages.

A mes très chers amis et avec eux, tous mes promotionnaires des différentes institutions que j'ai fréquentées.

A toutes les communautés rurales, dont l'hospitalité et l'humilité couvent un creuset de connaissances inestimables, j'ai beaucoup appris et continuerai d'apprendre de vous les codes d'éthique et d'intelligence qui sustentent sempiternellement ma reconnaissance.

REMERCIEMENTS

Par devoir et reconnaissance, je remercie du fond du cœur tous ceux qui ont contribué, de près ou de loin à la réalisation de ce modeste travail.

En l'occurrence, il s'agit de :

- Le Professeur Ibrahima THIAM, pour son précieux soutient et son accompagnement restituant toute la dimension de sa sagesse.
- Les cadres des ONG de l'Administration centrale et des services déconcentrés rencontrés pour les besoins de cette recherche,
- Mes collaborateurs de l'Institut Africain de Développement Local, tous les étudiant croisés durant ma carrière d'enseignant ; qu'ils trouvent par-là, ma gratitude pour leur soutien si dévoué et avec eux, tous mes collègues accrochés au sens de notre mission.
- Les enquêteurs et les opérateurs qui ont soutenu, avec abnégation ce travail,
- Les communautés rencontrées durant tout le processus de recherche, sans lesquelles ce travail serait vain.

A vous l'expression de ma reconnaissance qui vous octroie des parcelles de propriété dans cet œuvre.

SOMMAIRE

Liste des graphiques

Liste des figures

Liste des tableaux

Sigles et abréviations

AFSS : Afrique Subsaharienne

AGR : Activités Génératrices de revenus

ANDL : Agence Nationale de Développement Local

ANSD : Agence Nationale de la Statistique et de la Démographie

ASC : Association Sportive et Culturelle

BAD : Banque Africaine de Développement

BCEAO : Banque Centrale des Etats de l'Afrique de l'Ouest

BFEM : Brevet de Fin d'Etudes Moyen

CCC : Cadre de Concertation Communautaire

CFEE : Certificat de Fin d'Etudes Elémentaires

DEL : Développement Economique Local

DSRP : Document de Stratégie de Réduction de la Pauvreté

EDSC : Enquête Démographique et de Santé Continue

ENES : Enquête Nationale sur l'Emploi au Sénégal

ESPS : Enquête de Suivi de la Pauvreté au Sénégal

FFFPT : Fond de financement de la formation professionnelle et technique

GEC : Groupe d'Epargne pour le Changement

GIE : Groupements d'Intérêts Economiques

GIT : Groupement d'Intérêt Territorial

GPF : Groupement de Promotions Féminines

IDH : Indice de Développement Humain

IMF : Institution de Microfinance

OCB : Organisation Communautaire de Base

ODD : Objectifs de Développement Durable

OMD : Objectifs du Millénaire pour le Développement

OMS : Organisation Mondiale de la Santé

ONG : Organisation Non Gouvernementale

ONU : Organisation des Nations Unies

OQSF : Observatoire de la Qualité des Services Financiers

PADES : Le Programme d'Appui au Développement Economique et Social

PDEF : Programme décennal de l'éducation et de la Formation

PIB : Produit Intérieur Brute

PME : Petites et Moyennes Entreprises

PMI : Petites et Moyennes Industries

PNDL : Programme National de Développement Local

PNUD : Programme des Nations Unies pour le Développement

PSE : Plan Sénégal Emergent

PUDC : Programme d'Urgence de Développement Communautaire

RGPHAE : Recensement Général de la Population et de l'Habitat, de l'Agriculture et de l'Elevage

SADL : Service d'appui au Développement local

SIG : Système d'Information Géographique

SNEEG : Stratégie Nationale pour l'Egalité et l'Equité de Genre

TBE : Taux de Bancarisation Elargi

TBS : Taux Brut de Scolarisation

TGPDSF : Taux Global de Pénétration Démographique des Services Financiers

TGPGSF : Taux Global de Pénétration Géographique des Services Financiers

TGUSF : Taux Global d'Utilisation des Services Financiers

TUSB : Taux d'Utilisation des Services Bancaires

TUSF : Taux d'Utilisation des Services Financiers

UEMOA : Union économique et monétaire ouest-africaine

Introduction Générale

Introduction

Contexte de la recherche :

L'inclusion financière et l'autonomisation des femmes en situation d'exclusion sociale et de marginalisation économique préoccupent la communauté scientifique. Ces thématiques sont prises en charge dans divers travaux de recherche dans le monde en général et plus particulièrement en Afrique où nous notons une persistance de l'extrême pauvreté.

En effet, 24,1 % de la population mondiale vivait avec moins de 3,20 dollars par jour en 2017 et 43,6 % avec moins de 5,50 dollars par jour. L'Afrique est plus touchée par l'extrême pauvreté car selon la Banque Mondiale près de 50% des pauvres du monde[1] y résident.

En outre, la Banque Mondiale (2018) avait réalisé une étude prospective en identifiant, dans le monde, le nombre d'habitants vivant dans l'extrême pauvreté. Ces travaux ont montré l'acuité de l'extrême pauvreté en Afrique subsaharienne tout en augurant un avenir incertain qui peut laisser présager qu'en 2030 la majeure partie des personnes dans le monde, en situation d'extrême pauvreté, seront en Afrique subsaharienne.

Au Sénégal, l'incidence de la pauvreté individuelle est de 37,8% selon l'approche basée sur le seuil de pauvreté national (ANSD, 2020).

La question de la lutte contre la pauvreté est ainsi une préoccupation des économistes dans une perspective de contribution à l'éclosion de sociétés plus inclusives.

Avec la pandémie du COVID-19 et l'accentuation des conflits et des changements climatiques dans le monde, le risque de voir beaucoup de personnes s'engouffrer dans l'extrême pauvreté est réel.

---

[1] Rapport Economique sur l'Afrique 2017. P34 paragraphe 1

Par ailleurs, la croissance démographique pourrait accentuer, en Afrique, l'acuité de la pauvreté.

En effet, avec une population d'environ 1,2 milliards d'habitants, l'Afrique est le deuxième continent le plus peuplé derrière l'Asie avec 4,4 milliards d'habitants (Sophie, 2020).

Tous ces facteurs font de l'inclusion financière et l'autonomisation des femmes des stratégies prioritaires.

Selon la Banque Mondiale (2018), 2,5 milliards d'adultes n'utilisent aucun service financier formel. Cette situation explique, en partie, l'adoption de l'inclusion financière comme l'un des leviers soutenus par la communauté scientifique pour lutter contre l'extrême pauvreté.

A ce titre, le microcrédit permet « à la frange la plus pauvre de la population, d'avoir accès aux produits financiers de base » Arrassen (2013)[2].La place de l'inclusion financière dans l'économie réelle est donc admise comme un centre d'intérêt eu égard à l'exigence de la lutte contre la marginalisation économique et l'exclusion sociale de certaines couches vulnérables comme les femmes.

En effet, la situation de pauvreté des femmes en général, celles des pays en voie de développement en particulier, impose l'inclusion financière comme une stratégie majeure.

Au Sénégal, avec un poids démographique important, les femmes (50,1%) sont plus touchées par l'exclusion financière. En outre, elles sont plus touchées par le chômage, le sous-emploi et la faiblesse des revenus (ANSD, 2016).

Ainsi, l'accès aux services financiers concerne les femmes en tant que couches sociales vulnérables frappées par les effets de la pauvreté. En ce sens, l'inclusion financière des femmes vise une contribution à l'instauration d'une équité de genre. L'équité de genre et l'autonomisation des femmes sont clairement affirmées comme des politiques prioritaires par l'Etat du Sénégal.

Le Sénégal a, dans ce cadre, élaboré une stratégie nationale d'égalité et d'équité de genre qui, à tout point de vue, vise une

[2]Wassini ARRASSEN, la microfinance : Quelles leçons tirés des expériences des pays en développement, Université Paris Dauphine, 2013

habilitation des femmes. Cette habilitation concerne plusieurs secteurs comme l'éducation, la santé, l'alphabétisation et l'accès aux revenus.

Divers travaux de recherche ont montré que les contraintes des femmes sont liées à la faiblesse des revenus et l'absence d'activités économiques (Sagna, 2015).

A cet effet, l'inclusion financière est considérée, à juste titre, comme un moyen pour autonomiser les femmes. Ainsi, l'adoption de la politique de micro finance a été envisagée en partie, pour renforcer la stratégie nationale d'équité de genre qui vise l'amélioration de la situation socioéconomique des femmes et l'accroissement de leur participation dans l'économie.

L'accès des femmes aux services financiers est aussi orienté vers leur autonomisation pour une équité de genre. L'équité de genre peut être considérée comme la réalisation d'une égalité de chance entre les hommes et les femmes. Dans ce sillage et en 2019, le Gouvernement du Sénégal a créé un Ministère pour prendre en charge la micro finance et l'économie sociale et solidaire.

Le développement inclusif est donc affirmé dans les politiques nationales pour assurer aux femmes une autonomie par l'élimination des obstacles à leur participation économique et politique.

Cette volonté politique, entre en droite ligne avec l'engagement de l'Etat en faveur des Objectifs de Développement Durable. En effet, l'autonomisation des femmes est affirmée dans les Objectifs de Développement Durable comme une des priorités planétaires. Le cinquième objectif de développement durable affirme la nécessité de « parvenir à l'égalité des genres et à l'autonomisation de toutes les femmes et les filles ».

En ce sens d'ailleurs, les pays africains se sont engagés dans la mise en œuvre des ODD à travers l'agenda 2063. Cet agenda a retenu parmi les huit domaines prioritaires pour réaliser des progrès, le renforcement du développement économique et social[3] avec une prise en compte de l'équité de genre.

---

[3] L'Agenda 2063 est un plan pour la transformation structurelle de l'Afrique approuvé par le Sommet du Jubilé d'or de l'Union africaine, en mai 2013 puis validés par les dirigeants africains défini 8 objectifs prioritaires pour impulser un progrès social et économique en Afrique à l'horizon 2063

Par ailleurs, l'Etat du Sénégal a adopté un plan stratégique de développement qui fait de la croissance inclusive une de ses finalités majeures. En ce sens, le développement du capital humain est envisagé à travers la réduction de la vulnérabilité des ménages à faibles revenus.

En outre, dans toutes les politiques sectorielles, une volonté d'inclusion sociale et économique des femmes est affirmée avec vigueur.

C'est dans cette perspective que le Programme d'Urgence de Développement Communautaire (PUDC) est mis en œuvre pour impulser en milieu rural une dynamique de progrès social et économique en vue de compléter les deux stratégies majeures que sont le Plan Sénégal Emergent (PSE) et la réforme de la politique de décentralisation (Acte III de la Décentralisation).

L'inclusion financière est convoquée dans ce programme pour l'amélioration du revenu des ménages ruraux.

Sur la même lancée, les politiques de décentralisation sont envisagées comme des options de développement pour réduire les inégalités économiques et sociales à l'échelle de toutes les collectivités territoriales.

Par conséquent, le développement économique local devrait servir à la décentralisation d'instruments pour favoriser une participation économique de tous les acteurs à la croissance de l'économie nationale. Et justement là, l'inclusion financière se positionne comme un levier de développement économique local à travers l'impulsion de micro-investissements pour valoriser les opportunités territoriales. Elle s'inscrit également dans la logique de l'équité genre affirmée dans les options stratégiques du développement territorial.

Cela a favorisé l'émergence de groupes d'épargnes et de crédits (GEC) qui sont des dispositifs d'inclusion financière de proximité, avec un caractère local, impulsé par les IMF et les organisations de la société civile pour l'autonomisation des femmes.

Force est de constater qu'il n'existe pas de statistiques au niveau national sur les associations villageoises d'épargne et de crédit. Toutefois, dans toutes les régions les IMF et les ONG mettent en œuvre des dispositifs d'inclusion financière pour l'autonomisation des femmes en situation d'extrême pauvreté. Dans le cadre de cette recherche, nous étudions l'impact de l'inclusion financière des femmes rurales sur leur autonomisation. L'autonomisation des femmes à travers l'inclusion financière entre dans la perspective de la mise en œuvre d'une équité de genre et d'une réduction des inégalités socioéconomiques.

En ce sens, l'autonomisation des femmes pour le développement local à travers l'inclusion financière, objet de notre recherche, est une des finalités de divers programmes de développement.

Dans le cadre de cette recherche, nous avons pris en compte les GEC de régions classées parmi celles les plus pauvres du Sénégal notamment Fatick, Kaffrine et Kolda avec, respectivement, des incidences de pauvreté de 68,2%, 63,8% et 77,5%, qui dépassent la moyenne nationale qui est de 54,7% en 2011 (ANSD, 2018).

Ces indices sont corroborés en 2018, par l'étude relative à l'indice de pauvreté multidimensionnelle construit autour des cinq (05) dimensions suivantes : Education, Santé, Conditions de vie, Emploi et Gouvernance et institutions. Avec des taux respectifs de 73,4%, 86,1% et 86,4%, ces régions sont nettement au-dessus du taux national de l'ordre de 60,9%.

C'est dans ce contexte que cette recherche a été conduite avec une circonscription de la problématique qu'elle soulève.

Problématique de la Recherche

La question de l'autonomisation des femmes dans les pays en voie de développement occupe une place centrale dans les stratégies de développement économique et social. En effet, eu égard aux contraintes d'ordre social, économique et politique auquel les femmes sont confrontées, des stratégies sont élaborées afin de leur octroyer des capacités et des pouvoirs pour leur autonomisation. L'autonomisation, selon Everaere (2001) est un processus permettant d'octroyer aux femmes une capacité ou une habilitation que nous pouvons considérer comme des droits.

En ce sens, l'inclusion financière des femmes est une stratégie de développement économique et social qui intègre dans ses finalités leur autonomisation.

En effet, elle permet de garantir aux femmes l'accès aux services financiers afin d'améliorer leur statut social et de promouvoir leur empowerment économique et politique.

A cet effet, les institutions de micro finance s'engagent dans l'inclusion financière des personnes laissées en rade par les banques classiques, comme les femmes, dans une optique complémentaire. Cependant elles touchent difficilement les zones géographiquement éloignées, les zones rurales, les ménages très pauvres et les couches sociales vulnérables comme les femmes. L'accès aux services financiers comme l'épargne, le crédit, les transactions et l'assurance contribue à la lutte contre la pauvreté du fait qu'il permet aux personnes vulnérables à construire des actifs et à réduire leur précarité par la régulation de la consommation et l'atténuation des risques. (Kiendel 2006).

Cela justifie le développement de groupes informels d'épargne et de crédit, autrement appelés Associations Villageoises d'Epargne et de Crédit, Groupes d'Epargne et de Crédit. En réalité, quel que soit le terme retenu, la finalité de ces dispositifs est d'inclure financièrement les femmes pour favoriser leur autonomisation et réduire ainsi les inégalités de genre.

La question que nous nous posons dès lors est l'existence d'un impact de ces dispositifs d'inclusion financière de proximité dans le processus d'autonomisation des femmes rurales en situation de précarité.

En parlant d'inclusion financière de proximité, nous évoquons les stratégies adoptées par les IMF et les ONG pour positionner des services financiers populaires, informels et à portée locale en faveur des personnes en situation de précarité, résidant pour la plupart en milieu rural.

La culture de la solidarité est mise en exergue pour mettre en œuvre une économie sociale avec des services financiers de proximité afin de lutter contre l'extrême pauvreté et l'exclusion financière.

En outre, l'autonomisation des femmes est affirmée comme finalité pour lutter contre l'extrême pauvreté.

Cela nous à amener, dans cette recherche, à poser la question de savoir si l'inclusion financière de proximité des femmes rurales, à travers les GEC, a un impact sur leur autonomisation ? Ainsi, il s'agit d'étudier l'empowerment, l'évolution des capacités d'actions et de mobilisation des femmes rurales à partir d'un accès aux services financiers de base en l'occurrence l'épargne et le microcrédit.

Les capacités d'actions et l'empowerment des femmes sont très déterminant dans leur autonomisation du fait qu'ils transforment leurs relations avec les hommes au sein du ménage et à l'intérieur de la communauté. Stromquist (1995) a abordé l'autonomisation dans le même sens en le considérant comme un processus à la base de la transformation des rapports de genre à la fois dans les relations interpersonnelles et dans les institutions de la société.

En effet, les capacités réelles d'actions donnent aux femmes, selon Caber (2005), le pouvoir de négocier et de décider avec les hommes pour conquérir une amélioration de leur statut social.

Ce pouvoir peut leur être conféré par un empowerment économique avec l'accès aux ressources financières.

Mayus (2006) propose le paradigme de l'empowerment comme une finalité de l'inclusion financière en plus de l'accès aux services financiers et la capacité des femmes à s'affranchir de la pauvreté.

L'empowerment, au sens large englobe les dimensions économiques, sociales et politiques.

Dans le contexte du Sénégal, la majeure partie des femmes, malgré leurs poids démographiques, subit une précarité à cheval sur les défaillances relevées dans leur statut social, leur empowerment économique, leurs capacités d'actions et de participation citoyenne.

Divers travaux de recherche ont mis en évidence les influences négatives des relations de genre sur le statut social des femmes, le système de distribution des ressources et des pouvoirs au sein des institutions et de la communauté.

Au Sénégal, les femmes restent plus frappées par le chômage, le sous-emploi en plus de la faible envergure de leurs activités économiques. C'est dans ce sens, que l'épargne et le crédit, en tant que ressources économiques sont considérés comme des moyens pour habiliter les femmes pauvres.

L'étude de l'impact de l'inclusion financière de proximité sur l'autonomisation des femmes en situation de pauvreté, est à cet effet appréhendée aux plans économique, social et politique. C'est une conception de l'autonomisation comme un effet produit par l'accès des femmes aux ressources qui, dans une certaine mesure, améliore leur statut social.

Selon Kabeer (2005), le statut social des femmes s'améliore dès lors qu'elles portent des motivations et accèdent aux possibilités de négocier et de décider avec les hommes.

Ainsi, l'impact de l'inclusion financière sur l'autonomisation des femmes pourrait être appréhendé à travers les réalisations économiques produites par l'accès des femmes rurales à l'épargne et au crédit. Cela traduit l'empowerment économique, qui certainement entretient des liens étroits avec le statut social des femmes et plus largement leur habilitation économique et politique.

Mayoux (2006) et Sagna (2015) ont situé l'empowerment comme un effet de l'inclusion financière des femmes en situation de pauvreté.

Sous ce rapport la pauvreté est appréhendée également sous l'angle des relations de pouvoirs qui interfèrent dans les champs socioéconomiques et politiques. C'est à ce titre que l'inclusion financière pourrait être considérée comme un moyen d'octroyer des pouvoirs et des capacités aux femmes en vue de leur autonomisation.

En effet, les dispositifs d'inclusion financière des femmes doivent contribuer à l'ébauche d'une conscience individuelle qui est produite par un empowerment économique concrétisé par l'octroi de capacités réelles d'actions et de mobilisation collective.

La question est donc de savoir si l'accès des femmes à l'épargne et au crédit peut effectivement contribuer aux transformations sociales et à l'équité de genre travers leur empowerment.

Par ailleurs, l'autonomisation des femmes en tant que processus dynamique suppose leur capacité à se mobiliser collectivement en faveur d'une transformation sociale. Cette transformation sociale se traduit dans une participation citoyenne, une intégration de réseaux et une implication politique.

Au Sénégal, en milieu rural, force est de constater le faible dynamisme des femmes dans les actions citoyennes, leur isolement par rapport aux dynamiques externes et leur participation passive aux décisions politiques.

Ainsi, il est nécessaire d'étudier les effets des services financiers dans le processus d'autonomisation des femmes rurales pour une effectivité de l'équité de genre et la promotion du développement local dans les zones géographiquement éloignées.

Dans cette thèse, il s'agit d'étudier l'impact des services financiers de proximité sur l'autonomisation des femmes à travers les capacités réelles d'actions, l'empowerment économique, la capacité de mobilisation collective et les représentations sur l'équité de genre. Cela nous a amené à un questionnement qui a guidé l'exploration des écrits, l'exploitation de faits stylisés et la collecte de données suivant une démarche appropriée.

La question centrale de cette recherche est : les services financiers de proximité offerts par les GEC, ont-ils un impact dans le processus d'autonomisation des femmes rurales dans les zones géographiquement éloignées ?

Cette question centrale est circonscrite de manière spécifique autour de trois axes de réflexion :

- Les caractéristiques socioéconomiques des femmes rurales membres de GEC reflètent-elles leur situation de pauvreté ?
- Les GEC fournissent-ils aux femmes rurales des services financiers comme des ressources pour leur autonomisation et la réalisation d'activités économiques ?
- L'inclusion financière de proximité accroit-elle les capacités réelles d'action et de mobilisation collective des femmes rurales en situation de pauvreté ?

Objectifs de la recherche :

L'objectif de cette recherche est d'étudier l'impact de l'inclusion financière de proximité à travers les GEC dans le processus d'autonomisation des femmes rurales dans les zones géographiquement éloignées.

Pour réaliser cette finalité, nous avons, sur le plan spécifique, identifié les objectifs de recherche suivants :

- Cerner les caractéristiques socioéconomiques des femmes membres de GEC dans les zones rurales géographiquement éloignées ;
- Étudier la capacité des GEC à fournir aux femmes des services financiers en tant que ressources de leur autonomisation et de la réalisation d'activités économiques ;
- Analyser l'impact de l'inclusion financière de proximité sur l'accroissement des capacités réelles d'action et de mobilisation collective des femmes rurales en situation de pauvreté.

Ces objectifs spécifiques articulés dans une logique systémique et une taxonomie progressive sont à la base des résultats de cette recherche.

Hypothèses de recherche

Le questionnement soulève trois hypothèses qui ont guidé le fil conducteur de la recherche. Nous partons d'une hypothèse principale selon laquelle les services financiers de proximité, offerts par les GEC notamment l'épargne et le crédit, ont un impact positif sur le processus d'autonomisation des femmes rurales dans les zones géographiquement éloignées.

En premier lieu, nous supposons que les caractéristiques des femmes rurales membres de GEC, en l'occurrence l'âge, la situation matrimoniale, le type de ménage et le nombre d'enfants reflètent une situation de pauvreté en relation avec les réalités socioculturelles de leurs milieux.

En deuxième lieu, nous partons de l'hypothèse selon laquelle les GEC favorisent l'inclusion financière des femmes, à travers l'épargne et le crédit qui permettent la réalisation d'activité génératrice de revenus.

Enfin, nous osons comme troisième hypothèse que les services financiers de proximité accroissent les capacités réelles d'action et de mobilisation collective des femmes rurales à travers le pouvoir de décision, la capacité de négociation, l'action citoyenne et politique.

Ces hypothèses sont à la base de la définition des données à collecter pour cette recherche à travers une méthodologie sous-tendue par une approche qualitative.

Intérêts de la Recherche :

L'inclusion financière de proximité suscite un intérêt réel du fait de l'exclusion et la marginalisation de certaines couches vulnérables de la population comme les femmes rurales. Ainsi, dans cette thèse, notre ambition est d'apporter une contribution sur l'équité de genre et l'autonomisation des femmes en situation de précarité.

En réalité, l'exclusion et la marginalisation économique des femmes sont une entrave sévère pour un développement économique inclusif, eu égard à leur poids démographique, leur potentiel économique et enfin leur place dans la société.

En outre, les défis de la lutte contre la pauvreté, de la réduction des disparités régionales et d'amélioration des conditions de vie des populations en général et des femmes en particulier, sont affirmés dans toutes les stratégies nationales de développement.

Par ailleurs, la croissance inclusive est exprimée dans ces stratégies de développement et exige une inclusion socio-économique de l'ensemble des potentiels démographiques et organisationnels.

Ainsi, la finance inclusive se positionne comme un moyen pour lutter contre la pauvreté et favoriser l'inclusion sociale et économique de toutes les composantes de la population.

Eu égard aux femmes, l'inclusion financière devrait prendre en charge la lutte contre la précarité mais également le processus de leur autonomisation.

Ainsi, cette recherche a comme ambition de contribuer à l'élaboration d'un cadre d'analyse du processus d'autonomisation des femmes à travers les dispositifs d'inclusion financière pour sous-tendre leur participation au développement local.

À travers cette thèse, notre contribution se voudrait, donc, militer en faveur d'une mise en exergue de l'équité de genre à partir de l'étude de l'impact de l'inclusion financière sur l'autonomisation des femmes rurales aux plans social, économique et politique.

La première contribution consiste à proposer des stratégies d'amélioration de la viabilité sociale et économique des groupes d'épargnes et de crédits, appelés à faire face à la double exclusion financière des femmes rurales dans les zones géographiquement éloignées.

En effet, ces dispositifs doivent fournir aux femmes des ressources qui sont des moyens pour concrétiser leur empowerment.

La deuxième contribution de cette thèse est de proposer des leviers pour le renforcement de l'autonomisation des femmes à travers des services financiers de proximité.

Nous appréhendons l'autonomisation des femmes à partir de l'empowerment économique, les capacités réelles d'actions et de mobilisation collective qui sont des manifestations de pouvoirs et d'ébauche d'une conscience individuelle et collective.

Enfin, la troisième contribution valorise les représentations des femmes sur l'équité de genre pour identifier des référentiels pour une approche genre dépouillée de paradoxe remettant en cause les perceptions des femmes sur leur propre situation sociale et économique.

Ainsi, l'équité économique de genre est positionnée pour une opérationnalisation du concept de genre dans un contexte de pauvreté.

En définitive, ces trois contributions fondent l'ambition de cette recherche qui consiste à étudier l'impact de l'inclusion financière de proximité sur l'autonomisation des femmes rurales en situation de précarité.

Méthodologie de recherche :

Sur la base des questions, des objectifs et des hypothèses de la recherche, nous avons défini un modèle de recherche qualitative, qui a guidé la revue de la littérature et l'affinement de la méthodologie.

Les groupes d'épargne et de crédit, explorés dans cette recherche, constituent des dispositifs d'inclusion financière des femmes rurales exclues doublement par les banques classiques et les IMF. Leur mise en perspectives théoriques et conceptuels nous a amené à explorer le champ de l'inclusion financière à travers ses théories, ses approches et ses méthodes.

Toutefois, notre intention n'est pas d'évaluer les performances des GEC mais plutôt, il s'est agi, pour nous, d'étudier leur impact sur le processus d'autonomisation des femmes rurales à partir d'une enquête de terrain. C'est pourquoi, nous avons exploité quelques théories faites sur l'autonomisation des femmes pour avoir un cadre d'analyse globale de l'impact des GEC sur le processus d'autonomisation des femmes appelées à jouer un rôle moteur dans les champs social, économique et politique.

C'est à ce titre, que la méthode qualitative a été adoptée pour les investigations de cette recherche avec une option de valorisation des perceptions, des représentations et des connaissances des femmes.

En effet, pour appréhender les questions de pouvoirs dans la situation de pauvreté des femmes rurales, la valorisation de leur représentation, connaissances et pratiques permet de mieux cerner leur réalité. Ainsi, cette recherche de nature qualitative, en plus de la considération des logiques du pragmatisme, s'est appuyée sur les modèles d'analyse de l'autonomisation des femmes de Kabeer (2005) et Mayoux (2006). Ces derniers se sont accordés sur la nécessité d'appréhender l'octroi de ressources aux femmes comme un moyen de leur doter des pouvoirs et des capacités fondant leur empowerment. A la lumière du modèle conceptuel de la recherche, présenté dans la figure qui suit, nous avons établi les liens entre l'inclusion financière et l'autonomisation des femmes tout en considérant les théories qui les soutiennent. En ce sens, l'épargne et le crédit sont des ressources fournies aux femmes en situation de pauvreté, de manière convenable et adaptée pour soutenir leur empowerment au niveau social, économique et politique.

Le modèle de recherche qualitative se propose l'exploration de théories relatives à l'inclusion financière et l'autonomisation des femmes tout en évoquant dans chaque domaine les piliers qui devraient supporter les analyses.

A cet effet, l'épargne et le crédit sont considérés comme des variables indépendantes qui agissent sur le processus d'autonomisation des femmes.

Ce processus d'autonomisation est analysé à partir de trois paramètres qui constituent les variables dépendantes. Nous avons, notamment, les réalisations économiques, les capacités réelles d'actions et les capacités de mobilisation collective des femmes rurales en situation de pauvreté avec des caractéristiques socioéconomiques qui leurs sont propres.

Une enquête a été réalisée auprès des femmes ayant adhérées aux GEC, durant la période du 10 Janvier au 10 Fevrier2019. La méthode d'échantillonnage est de type stratifié et s'est appliquée à l'échelle des collectivités territoriales dans trois régions parmi les plus pauvres du Sénégal en l'occurrence Fatick, Kaffrine et Kolda. Dans ces trois régions, nous avons retenu 19 collectivités territoriales où sont développés des programmes d'inclusion financière des femmes rurales avec 7 pour Fatick, 6 pour Kaffrine et enfin 6 pour Kolda. Nous avons dans le cadre de l'étude sélectionné 9 collectivités territoriales (3 par région) sur la base des critères de la polarité, du dynamisme économique et de l'expérience des GEC.

Sur un nombre total de 100 GEC dans les 19 collectivités territoriales, nous en avons constitué un échantillon non probabiliste de 36 GEC pour réaliser notre enquête. Sur une population mère de 900 femmes appartenant aux 36 GEC, nous avons constitué un échantillon de 180 femmes pour réaliser l'enquête de terrain.

Du fait de la délicatesse des enquêtes auprès de cette cible, le choix d'outils adaptés s'est avéré nécessaire pour rester dans toute la philosophie de la recherche qualitative. Par conséquent, nous avons combiné le guide d'entretien individuel semi-directif, l'observation participante et la collecte de données secondaires.

Ces choix méthodologiques ont été faits dans cette thèse pour étudier l'impact de l'inclusion financière de proximité sur l'autonomisation des femmes rurales en situation de pauvreté.

Structuration du document :

Le fil conducteur de cette recherche est matérialisé par la structuration suivante du document de Thèse. Cette thèse part de la présente introduction en guise d'entrée en matière pour situer le contexte avant d'annoncer la problématique, les hypothèses, les objectifs et la méthodologie de la recherche.

En outre, la définition de l'intérêt de cette recherche permet de cerner sa philosophie et sa signification.

Le corps de la thèse est structuré autour de trois chapitres élaborés entre cette introduction générale et une conclusion. Les différents chapitres qui structurent ce corps concourent aux réponses des questions de recherche soulevées dans la problématique et à la vérification des hypothèses formulées.

- Le premier chapitre est entièrement consacré à une revue de la littérature qui a permis d'explorer diverses théories et approches sur des thématiques afférentes à la recherche. Cette revue de la littérature aborde donc les aspects théoriques et empiriques de la 135
- Recherche en appréhendant les connaissances et les acquis déjà mis au point au sujet de l'inclusion financière et de l'autonomisation des femmes.

  Nous avons d'abord cerné l'historique, les enjeux, les théories et les approches de l'inclusion financière en vue d'appréhender sa portée sur l'économie réelle et les stratégies de lutte contre la pauvreté. Ensuite, nous avons passé en revue le concept d'autonomisation avec son caractère multidimensionnel pour appréhender les théories et les approches élaborées à son sujet.
- Le deuxième chapitre présente des faits stylisés sur l'inclusion financière et l'autonomisation des femmes afin d'appuyer la recherche dans les finalités qu'elle s'est donnée. Ainsi, dans un premier temps les caractéristiques de l'inclusion financière du point de vue de l'accès, l'utilisation et la qualité sont cernées pour se donner une idée sur l'ampleur et la réalité de l'exclusion financière au Sénégal avec tous ces effets sur le développement économique et social.

  En outre, les barrières de l'inclusion financière dans un contexte de sous-développement ont été identifiées pour mieux appréhender l'acuité de l'exclusion sociale et économique des pauvres. Dans un deuxième temps, au niveau de ce chapitre, nous avons abordé les dynamiques de l'autonomisation des femmes au Sénégal en identifiant leur évolution du point de vue de leurs statuts social, économique et politique. Cette analyse situationnelle permet de mieux cadrer les éventuels apports de l'inclusion financière de proximité sur l'autonomisation des femmes rurales en situation de pauvreté.
- Le troisième chapitre est consacré à l'étude de l'impact de l'inclusion financière de proximité sur l'autonomisation des femmes rurales pour un développement local.

  Dans un premier temps, nous avons défini le cadre d'analyse et la démarche méthodologique de la recherche qui sont des moyens incontournables pour la construction des connaissances. Le cadre d'analyse précise le type et les axes de la recherche et expose un choix raisonné d'une modalité d'analyse, celle dite qualitative.

Le cadre méthodologique quant à lui présente les protocoles et outils élaborés et mis en œuvre pour collecter les données suivant une procédure stratégique. Il souligne également les contraintes et les limites de la recherche.

Dans un deuxième temps, nous avons d'abord présenté les résultats en suivant le fil conducteur de la recherche. Ensuite, nous avons analysé les résultats de la recherche en les interprétants à partir d'une discussion objective afin de dégager des implications de politiques économiques et sociales.

Le document se termine par une conclusion générale clarifiant les réponses aux questions soulevées par la recherche et les résultats de la vérification des hypothèses de travail. En outre, des perspectives sont dégagées pour que d'autres recherches puissent compléter les connaissances fournies par cette modeste contribution.

Chapitre 1
Inclusion financière et autonomisation des femmes : aspects théoriques et empiriques

Introduction

Dans ce chapitre nous abordons la revue de la littérature en vue d'étayer la recherche par des études théoriques et empiriques. Ainsi, la première section traite des théories et approches développées au sujet de l'inclusion financière en tant que stratégie de lutte contre la précarité. L'inclusion financière a été abordée dans la littérature comme une stratégie de lutte contre la pauvreté. En effet, on lui prête une ancienneté sur le plan historique car au fil des temps, elle a été considérée comme une approche qui vise à protéger les pauvres contre les usuriers financiers.

En outre, à partir du moment qu'elle s'intéresse à l'accès des pauvres aux services financiers, elle est une stratégie de lutte contre l'exclusion sociale et économique. Cela lui prête une portée scientifique à travers des enjeux et des approches à son sujet que nous allons aborder dans ce chapitre.

Par ailleurs, en liant l'inclusion financière à l'autonomisation des femmes, nous étudions son impact qui dans une certaine mesure traduite son efficacité et ses performances sur la situation des pauvres en l'occurrence les femmes rurales.

Ainsi, l'autonomisation des femmes est abordée dans la deuxième section de ce chapitre. Par conséquent, la clarification conceptuelle et l'examen des théories sont abordés avec une indication de données empiriques.

En définitive, la littérature s'intègre dans la problématique avec les questions soulevées dans cette recherche. A cet effet, des théories et des travaux ont été explorés dans le contexte des pays en voie de développement à partir d'ouvrages, d'articles, de revues et de rapports d'études.

Section 1 : L'inclusion financière face au gouffre de la pauvreté et de l'exclusion

L'inclusion financière a suscité différentes approches qui mettent en face les « welfaristes » et les institutionnalistes qui se sont accordés sur les déterminants que sont : l'accessibilité, l'utilisation et le niveau de qualité.

Dans cette section, nous avons dégagé l'historique de l'inclusion financière pour ensuite identifier les approches faites à son sujet ainsi que les barrières auxquelles elle fait face dans le contexte des pays en voie de développement.

I. L'inclusion financière : une stratégie de lutte contre l'exclusion et la pauvreté

L'inclusion financière, à travers tous les âges, a pris en charge dans ses finalités l'accès des pauvres et des organisations aux services financiers. Dans cette sous-section nous mettons en évidence cette réalité à travers un rappel historique avant de souligner ses principes et son rapport avec la lutte contre la pauvreté. Après avoir dégagé des perspectives d'élargissement du champ de l'inclusion financière, nous allons cerner ses enjeux aux plans social et économique.

i) Rappel historique de l'inclusion financière

L'inclusion financière, dans le cadre de la lutte contre la pauvreté, à travers le financement des activités génératrices de revenus et les besoins sociaux, a toujours été d'un intérêt notoire (Verbraeken, 2009).

Son profil historique lui prête une ancienneté réelle car elle remonte environ au 15ième siècle avec l'expérience des monts de piété. Forte d'une riche expérience, l'inclusion financière s'est imposée dans beaucoup de contrées en Europe avant de s'élargir plus tard en Asie puis en Afrique (Verbraeken, 2009).

Il reste contant, dans toute la trajectoire historique de l'inclusion financière, que la fourniture de services financiers aux personnes en situation de pauvreté est l'unique finalité.

A travers ce survol historique, nous identifions un repère de départ de la pratique de l'inclusion financière des pauvres pour ensuite nous appesantir sur son adoption dans les pays du tiers monde notamment en Asie et en Afrique.

Les monts de piété : un système classique d'inclusion financière

L'évolution de la microfinance, à travers le temps, montre la volonté de ses promoteurs de faciliter l'accès des pauvres aux services financiers tout en combattant les pratiques usurières. Ces motivations se constatent aisément dans les premières expériences de microcrédit mises en place avec les monts de piété en 1462.

En effet, la revue d'histoire de la protection sociale affirme que les moines franciscains, du fait de leur position et leur relation avec les pauvres, avaient pris consciences des effets de l'usure sur les populations vulnérables et ont travaillé à mettre en place un système de crédit approprié[4].

Ainsi, Guillaume (2011) affirme, que Bernardin de Terni en 1462avait fondé le premier Mont de Piété à Pérouse en mettant en place un établissement de prêts sur gages à partir de fond. Cet établissement apportait une aide financière temporaire contre la remise d'un bien et concernait principalement les travailleurs à revenus faibles, les artisans et les petits commerçants en situation de précarité. Avec son modèle d'économie sociale et solidaire, le mont de piété de Pérouse ne cherchait guère la rentabilité extrême et les profits exorbitants.

C'est pourquoi, plus tard, Bernardin de Feltre introduisit une réforme sur les monts de piété en leur dotant d'une forme plus adaptée avec une exigence de performances financières Guillaume (2011).

[4]revue-d-histoire-de-la-protection-sociale. (2011). https://www.cairn.info. Consulté le 02 27, 2018, sur cairn : https://www.cairn.info/revue-d-histoire-de-la-protection-sociale-2011-1-page-25.htm#no1

Ainsi, Il proposa l'idée d'appliquer un taux d'intérêt faible sur les prêts en vue de répondre aux frais de fonctionnement en 1493.Nous constatons donc que la quête de la performance financière dans la microfinance remonte bien à l'époque des monts de piété. L'essor des monts de piété s'est construit certes dans le temps grâce aux performances réalisées dans le cadre de la lutte contre la précarité mais le chemin a été très long.

En effet, ce système est apparu au Nord de l'Italie qui dominait l'économie Européenne pour ensuite se propageait au Nord du continent à partir du XVIIème siècle. La propagation des monts de piété durant cette époque qui correspondait à l'apparition d'un nouveau centre économique en Europe a favorisé son élargissement progressif jusqu'au XIXème siècle dans tout le continent Européen. Avec l'évolution des structures socio-économiques et le désir de prendre en charge les personnes en situation de précarité, les monts de piété se sont très vîtes institutionnalisés pour se positionner comme une force économique.

Ainsi, leurs succès s'est très vite amplifié avec l'évolution sociale et économique jusqu'à favoriser d'autres formes d'inclusion financière en Europe. En ce sens le « Monte dei Paschi di Siena » s'était établi à Sienne pour poursuivre les mêmes objectifs à savoir faciliter l'accès des pauvres aux services financiers et lutter contre les pratiques usurières. Il proposait un système de prêt sur gage à faible intérêt ou gratuit pour des personnes en situation de précarité.

En outre, en France, un mont de piété fut fondé à Avignon en 1610 par la Congrégation de Notre-Dame de Lorette. Cette structure avait très rapidement enregistré de réelles performances en matière d'intégration des personnes en situation de précarité dans les circuits financiers.

Il en est de même du mont de Piété de Lille fondée en 1610 qui avait effectivement participer à la vulgarisation de ce modèle d'inclusion financière des pauvres. Dans la ville parisienne, le premier mont de piété fut ouvert le 27 mars 1637 par le fondateur de La Gazette de France, Théophraste Renaudot. Ce n'est que cinq ans plus tard que le Roi Louis XIII autorisa 58 autres villes du royaume de France à établir des monts de piété.

Mais force est de constater que le succès des monts de piété ne pouvait pas avoir une appréciation positive de la part des praticiens de l'usure qui se voyaient obligés de faire un « lobbying » pour sauvegarder leurs intérêts. Ainsi, comme le précise Béraud « le 1er mars 1644, le parlement sort un arrêté pour mettre fin à l'institution sous la pression des usuriers qui pratiquent un taux d'intérêt de l'ordre de 120 % »Guillaume Pastureau (2011).

Mais en réalité, les monts de piété ont beaucoup contribué à l'imagination d'un dispositif d'inclusion financière pour éviter d'exclure socialement et économiquement les personnes en situation de pauvreté et de précarité. Son influence sur l'évolution de la microfinance est certaine et s'est construite à travers des siècles par la mise en œuvre d'un dualisme en matière d'accès aux services financiers. Il s'agit de la coexistence d'une « macro-finance » ou finance des riches d'une « microfinance » ou finance des pauvres.

Le modèle coopératif Allemand

Le modèle coopératif Allemand a exercé une influence significative dans les systèmes d'inclusion sociale et financière avec une base productive. Au milieu du XIXe siècle, le monde paysan est fragilisé en Allemagne par une baisse des productions agricoles qui avait engendré des famines répétitives.

Ainsi, la question de la survie des populations devient une urgence et a alimenté une série de réflexions et d'actions. En effet, les agriculteurs subissaient les exploitations d'usuriers qui ont servi de base à une réaction constructive d'une réflexion inspirée à la fois par le socialisme utopique, base du système coopératif français et anglais et le christianisme social.

Raiffensen (F.G.) (1818-1888), fonctionnaire prussien et protestant, va transformer cette situation désolante « du monde paysan » en une force créatrice de richesses avec la mise en place, en 1846, de « l'Association pour le pain » (Philippe Naszályi, 2010). Cette association de type coopérativiste encourage la production collective basée sur la solidarité construite à partir de la conscience collective.

Ce modèle a, toutefois, une portée trop sociale qui a permis à Raiffensen (1818-1888) de se rendre compte que ce système coopératif développe une inclusion financière axée sur le crédit propice à la génération de souffrance et de difficulté pour les paysans.

En effet, les crédits n'étaient pas articulés sur les niveaux socioéconomiques des emprunteurs. C'est pourquoi, dans la perspective d'alléger les difficultés des paysans, ce modèle avait pris l'option de développer des crédits bon marché. C'est dans ce cadre que fut créé la « Caisse d'épargne et de crédit » en 1864 où les membres sont des associés ayant fournis un apport personnel. L'épargne collectée est octroyée sous forme de crédits à ceux qui en ont besoin à des conditions abordables et acceptées par tous les associés. Ces caisses d'épargne et de crédit ont enregistré un succès considérable jusqu'à favoriser une augmentation constante de leurs sociétaires. Cela a beaucoup contribué à la volonté de créer des organisations faîtières regroupant plusieurs caisses avec la mise sur pied d'un organisme central appelé à définir les politiques et à coordonner les différents processus.

Comme le soulignent Verbraeken (2009), ce système d'inclusion financière s'impose ainsi comme une banque populaire à la base de changements sociaux très significatifs. En effet, ces changements étaient des conséquences logiques de la mise en œuvre des principes qui fondaient le modèle coopérativiste. Parmi ces principes, nous pouvons en retenir :

- L'existence d'un objectif commun et d'une mission sociale comme l'amélioration des conditions de vie des populations ;
- Le fait de donner la priorité à l'individu, pas en tant que bailleur de fonds mais en tant que personne souhaitant se développer socialement ;
- L'accessibilité des coopératives à tous ceux qui désire devenir membre pour induire un idéal de démocratie ;
- La prise de décisions de manière démocratique et consensuelle pour garantir à chaque membre ;
- Le choix des administrateurs par les membres associés pour respecter le critère de l'autonomie ;
- L'existence de liens sociaux solides et d'une confiance entre les dirigeants de la coopérative et la communauté ;
- Les membres sont à la fois clients et copropriétaires ;
- Les coopératives se développent à partir de la communauté locale et y sont ancrées ;
- La coopérative doit pouvoir se baser sur l'épargne des membres pour accorder des crédits ;

- Le crédit est accordé uniquement aux membres solvables ;
- La confiance solidaire et le contrôle social sont déterminants dans le succès ;
- L'objectif principal de la coopérative est de fournir du crédit à un taux avantageux ;
- Le bénéfice est secondaire, mais est important dans la mesure où il permet à la coopérative de poursuivre son action[5].

Ce modèle coopérativiste a inspiré beaucoup d'institutions et s'est très rapidement propagé en Europe, en Amérique du Latin, en Asie et plus tard dans les pays africains.

La Grameen Bank : une expérience d'inclusion financière dans le tiers monde

D'apparition ressente, la Grameen Bank a été créée en 1976 par l'économiste Muhammad Yunus, père fondateur du microcrédit dans le tiers monde. Lors d'une terrible famine au Bangladesh en 1974, la Grameen Bank en tant qu'institution non commerciale a émergé pour octroyer des microcrédits aux femmes.

Il s'est fait, une idée précise sur la situation des femmes par l'envoie de ses étudiants sur le terrain. Il identifia ainsi les causes de la précarité des femmes pour ensuite déterminer des moyens pour leurs faire sortir de leurs dures conditions. Ses investigations lui avaient révélé que les tisserandes interrogées avaient toutes des dettes auprès d'usuriers qui les maintenaient dans une situation de dépendance.

En effet, les femmes n'étant pas en mesure de rembourser leur dette, se retrouvaient ainsi dans un cercle vicieux de pauvreté. Après avoir remboursé pour elles leurs dettes, il leurs octroya un microcrédit tenant compte de leur spécificité, de leurs conditions de vie et de leurs possibilités.

C'est dans ce contexte que la Grameen Bank ou Banque des Pauvres a été créé avec comme objectif principal l'octroi de crédits à des personnes pauvres pour d'une part éviter leur marginalisation et d'autres part favoriser l'accès aux services financiers pour soutenir

[5]Verbraeken, M., Moors, K., Heyde, G., & Opdebeeck, B. (2009). Voyage au pays de la Microfinance.

durablement les activités économiques. Mais il existe, derrière tout le dispositif de facilitation de l'accès aux services financiers des femmes, une réelle volonté de les protéger contre les pratiques usurières induisant une dépendance chronique et une exposition à une précarité.

En outre, avec la difficulté des femmes à constituer des garanties physiques suffisantes pour les prêteurs, la caution solidaire a été adoptée comme une alternative de garanties pour les personnes en situation de pauvreté. La Grameen Bank avait donc lancée une nouvelle idée notamment l'inclusion financière des pauvres à partir de mécanismes d'autopromotion et de participation volontaire pour induire un modèle de microfinance axé sur la lutte contre la précarité et la dépendance. En outre, le succès de la Grameen Bank se situe dans sa capacité à concilier la logique financière et celle de la solidarité qui mise sur une valorisation des personnes en situation de pauvreté. Ils ont un bon « risque bancaire » et rembourse leurs prêts parfois même mieux que les riches.

En octobre 1983, la Grameen Bank se voit conférer le statut de banque indépendante. Ainsi, à la fin des années 90, le succès du microcrédit a donné naissance à la microfinance qui englobe aujourd'hui toute une gamme de services financiers à destination des pauvres : crédit, épargne, assurance, transfère d'argent, mobil money etc.

La microfinance en Afrique

La micro finance est apparue plus tard en Afrique sous conjonction de l'acuité de la pauvreté. Selon Africa Microfinance Action Forum (2008), les premières SACCO seraient arrivées en Afrique par le Ghana en 1951[6]. De plus, la première union de crédit semi formelle se serait établie au nord du Ghana, en 1955, avec l'appui des missionnaires catholiques canadiens[7]. Par ailleurs, nous notons au Nigéria l'existence de collecteurs d'épargne ou collecteurs susu. Ces derniers se chargeaient de la

[6]AMAF (2008). Diagnostic pour l'action : La Microfinance en Afrique, Africa Microfinance Action Forum (AMAF) et Women's World Banking (WWB), 143 p. Récupéré de http://www.lamicrofinance.org/content/article/detail/23167?PHPSESSID=168869

[7] Bank of Ghana (BOG) (2007). A Note on Microfinance in Ghana, document de travail no 2007-01, 18 p.

collecte périodique de l'épargne des individus au début du 20esiècle. Ce modèle s'est ensuite étendu au Ghana[8].

A ce sujet, Chao Beroff et al. (2000), soutiennent que les organisations d'épargne et de crédit en Tanzanie se sont développées dans les années 1960, même si leurs prémisses étaient constatées depuis 1938. Dans les années 80, avec les vastes programmes d'ajustements structurels pour l'Afrique, sont apparues les caisses villageoises d'épargne et de crédit autogérées au Mali[9].

Cette période avait consolidé la micro finance comme une piste à explorer pour protéger les individus et les ménages en situation de pauvreté. Ainsi, à partir des années 1980, nous avons noté l'émergence d'une véritable industrie du microcrédit en Afrique.

D'ailleurs, le premier Sommet mondial du microcrédit s'est tenu à Washington en février 1997 pour accompagner ce processus révolutionnaire de généralisation de l'accès aux services financiers. En outre, les Nations Unies avaient aussi décrété 2005 comme l'année internationale du microcrédit (UNCDF, 2006)[10].

Ces deux initiatives majeures, ont beaucoup contribué au renforcement de la microfinance en tant que stratégie de lutte contre la pauvreté.

Ce bref survol de l'historique de la microfinance, nous montre l'ancienneté de ces pratiques avec une focalisation sur l'amélioration des conditions des vies des personnes en situation de précarité. Si les monts de piété avaient l'unique ambition d'inclure financièrement les pauvres et de les protéger contre les usuriers, le modèle coopérativiste Allemand a fait de la production un socle pour impulser un système d'épargne et de crédits avec la mise en place d'un dispositif d'organisations et de managements.

En outre, l'extension de la microfinance dans les pays du sud, peut être considérée comme une réponse pratique à l'accentuation de la

---

[8] Johnson, Asiama et Victor Osei (2007). A note on Microfinance in Ghana, document de travail no 07/01, Bank of Ghana, 18 p

[9] AMAF (2008). Diagnostic pour l'action : La Microfinance en Afrique, Africa Microfinance Action Forum(AMAF) etWomen's World Banking (WWB), 143 p. Récupérédehttp://www.lamicrofinance.org/content/article/detail/23167?PHPSESSID=168869

[10] UNCDF (2006), Building Inclusive Financial Sectors for Development, United Nations Capital Development Fund (UNCDF), New York,

pauvreté et du « mal vivre ». Il se dégage de toute l'évolution de la microfinance une volonté d'inclure financièrement des personnes en situation de pauvreté et par la même occasion leur extirper de l'univers de la marginalisation. Ce succès notoire de l'inclusion financière l'a prêté divers enjeux qui ont consolidés sa place dans l'économie.

ii) L'inclusion financière en question

Diverses recherches ont été réalisées sur les stratégies d'inclusion financière avec une panoplie de théories et de pratiques qui sont loin d'évacuer les points de divergences sur la question.

La finance inclusive est un centre d'intérêt pour les économistes du fait de son intégration parmi les leviers de la lutte contre la pauvreté. Le développement durable, dans sa quête d'établissement de sociétés justes et équitables, se préoccupe des personnes en situation de pauvreté et de leur inclusion financière.

Le terme « inclusion financière » fait référence au fait de procurer l'accès aux services financiers à « tous » (CGAP et Banque Mondiale, 2009). Elle permet aux individus et aux organisations en situation d'exclusion financière d'accéder aux services financiers.

Toutefois, « la finance inclusive n'exige pas que tous ceux qui sont admissibles utilisent tous les services, mais qu'ils devraient être en mesure de choisir de les utiliser s'ils le désirent » (UNCDF, 2006). L'essentiel est que les personnes exclues financièrement puissent accéder aux services financiers et les utiliser.

Par ailleurs, « l'inclusion financière définit la possibilité pour les individus et les entreprises d'accéder à moindre coût à toute une gamme de produits et de services financiers utiles et adaptés à leurs besoins. Il s'agit de l'accès aux moins de transactions, de paiements, d'épargne, de crédits et d'assurance proposés par des prestataires fiables et responsables » (Banque mondiale, 2014).

Le coût devient donc un élément d'appréciation de l'inclusion financière considérée comme une mesure d'équité sociale et économique en faveur des personnes en situation de pauvreté.

En outre, la diversité des services et produits financiers ainsi que leur adéquation à la demande exprimée sont des éléments d'appréciation de l'inclusion financière. En ce sens, l'exclusion financière devient l'incapacité d'un individu à accéder à des services financiers appropriés (Carbo, Gardener et Molyneux, 2005 ; Ramji, 2009). L'exclusion financière entraine donc une marginalisation, voire même un « handicap » dans l'accès ou l'usage comme le souligne Morvant-Roux et al. (2007).

Par ailleurs, il est possible d'apprécier le niveau de développement économique d'un pays à travers la proportion d'individus et d'entreprises qui accèdent aux services financiers. C'est pourquoi, nous pouvons positionner la finance inclusive dans les pays en voie de développement comme une politique sociale devant garantir aux pauvres et aux plus pauvres une inclusion sociale et économique.

Toutefois, nous considérons l'inclusion financière comme une stratégie de généralisation de l'accès aux services financiers, aux entreprises, aux ménages et aux individus exclus par le système bancaire classique dans un souci de leur garantir une participation économique effective et une habilitation pour pouvoir faire face à la satisfaction de leurs besoins et à l'amélioration de leurs conditions de vie.

Ainsi, il convient de relativiser la finalité salutaire car la proximité et l'intérêt d'un service financier n'est intéressant que si l'on a la garantie d'accès et la capacité de remboursement et d'épargne. Ce qui n'est toujours pas le cas face à un gap financier de survie concernant l'extrême pauvreté générale.

Par ailleurs, vue l'étendue des finalités poursuivies par la finance inclusive, il est donc possible d'élargir son champ aux systèmes local, d'épargne et de crédit qui poursuit les mêmes objectifs que la microfinance. En effet, la microfinance, par essence, dès son origine, était un système d'inclusion sociale et économique d'individus à revenus faibles ou précarisés aux services financiers. Helms (2006) soutient que le terme micro finance a été introduit dans le domaine de la finance au cours des années 1990.

Boyé et al., (2006) considèrent aussi que « les organisations financières ont cherché, avec la micro finance à s'adapter aux besoins de leurs clients ». C'est ce qui a garanti à la micro finance des conditions favorables à sa démultiplication dans beaucoup de contrées du monde. Cela est d'autant plus vrais cars, la micro finance est un système financier miniaturisé dans la perspective d'une adaptation de l'offre de services financiers aux besoins spécifiques de groupes et d'individus naturellement exclus par le système financier classique du fait de la faiblesse de leurs revenus.

Mais la micro finance ne peut guère prétendre à elle seule pouvoir apporter une solution efficace pour la réduction de la pauvreté. C'est pourquoi, les tontines, les coopératives d'épargnes et de crédits, les associations villageoises d'épargne et de crédits et les groupes d'épargne pour le changement sont valorisés pour inclure financièrement le maximum de personnes en situation de précarité. Les banques classiques assouplissent souvent leur condition pour attirer des individus et des organisations moins nantis. C'est à dire que l'inclusion financière héberge des enjeux qui la placent au cœur du développement économique et social.

En effet, avec la multiplicité et la complexité croissante des problématiques socioéconomiques, l'inclusion financière s'impose davantage comme une stratégie majeure. En ce sens, elle se démarque naturellement comme un domaine de connaissance en économie.

Guérineau et Jacolin (2014) considèrent que l'inclusion financière, en plus de son ambition de lutte contre la pauvreté permet de mettre en œuvre une régulation financière tout en garantissant l'accès aux services financiers aux organisations et aux personnes en situation de précarité.

En ce sens, la stabilité financière durable dépend en partie de l'accès de la majorité de la population et des entreprises aux services financiers. L'inclusion financière favorise donc la stabilité financière convoquée dans le développement économique.

En outre, l'inclusion effective au système économique des organisations, des ménages et des individus contribue à rendre la croissance économique plus inclusive. Par ailleurs, l'inclusion financière contribuerait au développement d'une concurrence entre les institutions financières dans la mesure où des produits et des services diversifiés sont fournis (Guérineau et Jacolin, 2014). En effet, l'attraction des clients et la croissance des transactions offrent des avantages considérables.

En outre, il est établi que l'inclusion financière, tout en se développant, favorise la formalisation du circuit financier informel. Au-delà de son inscription dans l'agenda du développement, elle demeure un instrument privilégié pour soutenir, notamment, une croissance plus inclusive. L'inclusion financière cherche à insérer massivement de nouveaux consommateurs dans le giron de la finance formelle (Langevin, 2016).En ce sens, elle permet de développer un tissu d'entreprise spécialisée en finance. Mais il ne faudrait pas occulter la dimension sociale de l'inclusion financière qui, dans un certain sens, est un moyen d'intégrer les pauvres aux circuits financiers.

En effet, sur le plan social, l'inclusion financière permet d' intégrer les populations à faible revenu, notamment les femmes et les petits entrepreneurs dans les circuits financiers. L'accès de ces catégories marginalisées aux services financiers est, selon Guérineau et Jacolin (2014) d'un réel intérêt public.

En effet, la question de la pauvreté doit être suffisamment prise en charge par l'inclusion financière à travers la création d'activités productives, la lutte contre le chômage et l'amélioration des revenus.

iii) Une variété de dispositifs pour inclure financièrement les pauvres

Les IMF, depuis le début des années 80 se sont imposées comme des modèles viables d'inclusion financière des pauvres. En effet, les IMF, dès leur apparition dans les pays en voie de développement, ont connu une véritable croissance eu égard à leur ambition d'inclure les personnes en situation de pauvreté dans les services financiers.

Toutefois, malgré leurs succès incontestables avec un impact sur l'amélioration de la situation socioéconomique des ménages pauvres, certaines personnes sont souvent exclues des systèmes financiers surtout lorsqu'elles résident dans des zones géographiquement enclavées et éloignées des grands centres urbains.

C'est pourquoi, le développement de diverses formes d'inclusion financière est apparu comme des alternatives devant combler le vide laissé par les IMF. En outre, les crises qui frappent la microfinance ont contribué au développement de dispositifs comme les associations d'épargne et de crédit.

En effet, malgré les apports non négligeables de la micro finance, il est évoqué dans la littérature des crises qui l'affecte. Selon Guérin et al. (2015), la gouvernance interne des IMF « a entrainé sa dérive de la mission initiale envers les pauvres » du fait d'une forte intégration de logique d'affaires de nos jours. Ensuite « l'envahissement du secteur par des investisseurs attirés par le profit », souligne-t-il a conforté la dérive de la mission initiale. Ainsi la « concurrence entre les institutions de micro finance » a accéléré la crise dans le secteur. Par ailleurs, l'inadéquation des systèmes de régulation contribue aussi à l'existence de défaillances dans la micro finance. Cette situation a été analysée par Guérin et al., (2005) avec une prise en compte du poids de la saturation progressive des économies locales. Ainsi, il a été fait état des pratiques de résistance collective de la part des usagers qui sont des manifestations de la baisse de la confiance des emprunteurs.

Fall (2019) a, dans ses travaux, remis en cause l'efficience des IMF en Afrique à travers les écueils dans le management, la gouvernance et l'adéquation des choix. Son analyse s'appuie sur la contradiction et l'opposition des deux finalités que sont la quête de la rentabilité et l'option sociale.

Cette crise de la microfinance et tous les paradoxes qu'elle soulève est réelle en Afrique et a contribué au développement de l'inclusion financière de proximité à base communautaire. Le succès de ces dispositifs, dans les pays en voie de développement, résulte de la combinaison intelligente de pratiques formelles et informelles pour garantir aux personnes en situation de pauvreté un microcrédit.

Selon Arrassen (2013), le microcrédit permet « à la frange la plus pauvre de la population, d'avoir accès aux produits financiers de base ».

Il distingue deux formes de microcrédit à savoir :

- Le crédit de groupe qui « permet de répondre aux problèmes d'asymétrie d'information, d'anti sélection et d'aléas moral, inhérents aux contrats de crédits ».
- Le microcrédit individuel dans lequel « l'emprunteur n'est plus responsable d'un éventuel défaut de paiement d'une tierce personne, mais reste sensible à la pression exercée sur sa réputation notamment à l'occasion des réunions. Le microcrédit

individuel permet aussi de tirer profit du capital social de chaque individu ».

Ces deux types de microcrédit ont pour finalité le développement de microentreprises par des acteurs du secteur informel qui accèdent difficilement au système bancaire classique. Sur ce registre, Arrassen (2013) déclare que l'assurance permet « la mutualisation de petites sommes versées par un grand nombre d'individus » dans le but de rendre « la couverture de montants importants faisable ». Il note d'ailleurs deux avantages certains de la micro-assurance pour les IMF. Il s'agit de la satisfaction de la clientèle par une protection accrue et de la réalisation du remboursement des prêts avec une réduction de la vulnérabilité des clients.

Par ailleurs, le micro crédit, la micro-épargne et la micro-assurance sont combinés dans le but d'élargir les services fournis aux pauvres.

Ainsi, les dispositifs d'inclusion financière de proximité constituent des alternatives d'inclusion sociale et économique pour être des systèmes complémentaires aux IMF dans le cadre de la lutte contre la pauvreté. Il s'agit notamment des tontines, des coopératives et des associations villageoises d'épargne et de crédits.

Les tontines bien qu'étant une pratique importée d'Europe, ont des finalités qui leurs sont propres dans les pays Africains. Toutefois, en Afrique en général, et au Sénégal en particulier, les statistiques issues d'études sur les tontines sont rares mais selon le Rapport Enquête sur la Situation de Référence de l'Inclusion Financière au Sénégal (ESRIF) de 2017, l'épargne échappe en grande partie aux institutions financières.

En effet, 29,1% des répondants disent conserver leurs économies dans une association ou tontine et 50,5% préfèrent garder l'argent avec eux. L'épargne en nature reste très faible avec 8,7% (bétail, volaille, stock, bijoux etc.) de la population enquêtée.

Cette tendance, plus accentuée dans le monde rural, s'explique par le fait que les tontines ne sont pas toujours utilisées pour une activité économique mais elles sont considérées comme un moyen de créer un lien de confiance dans la durée, qui pourra leur être utile en cas d'opportunités.

En outre, avec l'adoption des stratégies de développement sectoriel économique, les coopératives d'épargne et de crédit ont été adoptées comme des méthodes d'autonomisation des producteurs. Il s'agit d'un système coopératif que Gaye (1991) soutient comme une volonté de mettre en place de nouvelles entités dont on cherche à faire de véritables entreprises privées.

En effet, avec la persistance des crises économique et financière, le système coopératif se positionne dans la sphère des nouvelles économies. A ce propos, Sarr (2013) trouve que le mouvement coopératif et mutualiste est un acteur économique tant au plan local, régional qu'international qui compte plus de 800 millions de membres répartis dans plus de cent pays.

Elle soutient que « les trois cents plus grandes coopératives et mutuelles mondiales constituent, à elles seules, une puissance économique équivalant à la 10ème économie mondiale ». Les Nations Unies affirment d'ailleurs que la vie de la moitié de la population de la planète dépend significativement des entreprises coopératives.

Ainsi, les banques coopératives et mutualistes se positionnent dans une place de choix dans les économies et interviennent de manière directe dans la vie des citoyens.

Elles se situent donc dans une optique de création de services financiers pour les producteurs dans la perspective de faire face à leurs besoins financiers sans faire appel aux systèmes formels.

Ces coopératives d'épargne et de crédit sont très présentes au Sénégal dans les secteurs de l'agriculture, de l'artisanat, de la foresterie, de la pêche et de l'habitat tout en remplissant de réelles capacités d'inclusion financière de micro-entrepreneurs à faibles revenus.

Seck et al., (2017) ont montré à travers une étude au Sénégal qu'une coopérative de femmes évoluant dans l'artisanat a induit une dynamique de changement grâce à une meilleure productivité, un accroissement des revenus, une amélioration des conditions de travail et une participation aux actions syndicales et au développement local.

De ce point de vue-là, les coopératives constituent un facteur d'inclusion sociale et économique. En effet, l'ANSD (2013) affirme qu'au Sénégal, plus de 80% des travailleuses s'activent dans l'économie informelle.

Par ailleurs, nous avons les GEC qui fournissent des services financiers autogérés à des personnes à faibles revenus comme les femmes plus particulièrement celles vivant en milieu rural. C'est dans cette perspective que les groupes d'épargnes pour le changement (GEC) sont considérés comme des stratégies de sécurisation sociale et de promotion du développement économique local.

Il en est de même que les Associations Villageoises d'Epargne et de Crédit qui ont conquis les zones les plus reculées et touchée les plus pauvres parmi les pauvres. L'essor constaté au niveau des GEC et des AVEC est lié au fait que ces derniers sont reproductibles à grande échelle dans les contextes économiquement fragiles et vulnérables. L'Agence Ecofin (2020) estime qu'il existe près de 750 000 groupes d'épargne dans le monde, qui rassemblent plus de 15 millions d'adhérents dans 73 pays. L'Afrique subsaharienne polarise à elle seule 250 000 groupes d'épargne[11].

Au demeurant, la complémentarité entre les dispositifs d'inclusion financière, qu'elles soient formelles ou informels est, à tout point de vue, une panacée efficace pour lutter contre la pauvreté et l'exclusion financière. Helms (2006) souligne d'ailleurs que l'accessibilité financière dépend de la complémentarité des différents prestataires de services financiers. Sur cette même lancé, Mordush (1999) considère que « la micro finance ne doit pas être vue comme une solution miracle à la réduction de la pauvreté ».

Chidzero et al., (2006) trouve aussi que « la micro finance est nécessaire, mais non suffisante pour l'inclusion financière de tous ». En effet, les personnes pauvres et très pauvres ont besoin d'une inclusion financière spécifique et adaptée à leurs réalités sociales et économiques.

Cela nous amène à une perspective d'élargissement du champ de la microfinance aux dispositifs d'épargne et de crédit poursuivant des objectifs de lutte contre la pauvreté. Ces dispositifs d'inclusion financière proposent une gamme réduite de produits financiers comme le microcrédit, l'épargne, l'assurance et peuvent être valorisés dans la lutte contre l'extrême pauvreté.

A ce propos, Daley (2006) considère le microcrédit comme « une nouvelle stratégie pour combattre la pauvreté dans le monde, en

---

[11]http://www.thesavix.org,

offrant des prêts non garantis à des personnes vivant dans l'extrême pauvreté ». En effet, le microcrédit a une capacité réelle d'organisation des services d'épargne et de crédit flexible et adapté aux réalités des populations en situation de précarité.

La proximité des services d'inclusion financière avec les populations devient ainsi une stratégie complémentaire d'inclusion sociale et économique. L'inclusion financière de proximité est donc, une empreinte sociale liée à sa nature collective et son homogénéité du point de vue des caractéristiques socioculturelles des individus. La caution solidaire reste un levier d'inclusion sociale et économique à travers les services financiers de proximité. Elle est un moyen pour s'attaquer à la pauvreté dans les zones enclavées et géographiquement éloignées.

Lafourcade et al. (2005) considère d'ailleurs « les Institutions de micro finance comme des intermédiaires financiers qui offrent des services de micro finance. Il considère les institutions de micro finance comme des organisations ou associations de micro finance qui peuvent être formelles, semi-formelles ou informelles ». Cette perspective d'élargissement permet de faire des groupes d'épargne et de crédits, facilités par les ONG, des associations de micro finance. Toutefois, dans leurs principes, leurs démarches et leurs méthodologies, les groupes d'épargne s'inspirent des approches d'inclusion financière.

En outre, avec la progression rapide de la pénétration de la téléphonie mobile dans les pays en développement, avec des taux de croissance annuels compris entre 30% et 50%, voire plus dans certains pays (Hausman, J., 2010), la finance numérique ou « mobil banking » se développe de manière considérable. L'auteur révèle, en outre, que le taux d'équipement est passé de 0,53 appareils à 42,82 appareils pour 100 habitants entre 1998 et 2009. Cette forte pénétration de la téléphonie mobile est un avantage pour l'inclusion financière numérique que la littérature considère comme une opportunité pour les personnes en situation d'exclusion.

L'Afrique est d'ailleurs considérée comme un grand consommateur de téléphonie mobile qui à juste titre, selon Hausman (2010) a de réelles opportunités avec « le mobil banking » qui est un outil puissant permettant d'offrir des services d'épargne aux milliards de personnes dans le monde qui disposent d'un téléphone portable mais qui sont dépourvus de compte bancaire ». Cela est d'autant plus nécessaire car Bill & Melinda (2019) souligne que plus de « 400 millions d'adultes africains n'ont pas accès aux outils financiers officiels, qui sont décisifs pour gérer leur argent ».

La finance numérique se positionne ainsi comme une modalité d'inclusion et d'insertion socioéconomique car elle permet de lutter contre les inégalités en matière d'accès aux services financiers.

A ce titre, le G7 (Groupe des sept) a émis l'ambition de soutenir les banques centrales, les institutions financières et les gouvernements africains pour mettre en place des systèmes financiers numériques plus inclusifs. Cette innovation avec une portée durable et responsable cherche à inclure financièrement 400 millions d'adultes supplémentaires en Afrique dont les 60% sont des femmes (Asli et al. 2018).

Il est également établi que la finance numérique est une opportunité en Afrique subsaharienne car la proportion d'adultes disposant d'un compte bancaire mobile est passée de 12 à 21% de 2014 à 2017. Les comptes mobiles sont utilisés pour diverses raisons comme le payement des factures, le transfert d'argent ainsi que l'achat de services et de biens de consommation.

En somme, le Mobil banking est une opportunité pour inclure financièrement le maximum de femmes rurales en situation de pauvreté. Par ailleurs, il peut servir de moteur de formalisation pour les femmes rurales s'activant dans des groupes ou des associations d'épargne et de crédits.

Il faut toutefois, signaler que quel que soit la modalité d'inclusion financière que l'approche est intimement liée aux courants de pensées sur l'inclusion financière bien déterminé qui lui sert d'inspiration dans la poursuite de ses finalités.

II. Les approches de l'inclusion financière :

Deux approches d'inclusion financière se côtoient dans la complémentarité. Il s'agit des Welfaristes et Institutionnalistes qui, malgré leurs divergences dans leur approche et leur méthodologie, partagent des objectifs communs.

En passant en revue ces écoles dans cette sous-section, nous tenterons d'établir leurs limites tout en cernant leur maillon de jonction sur la lutte contre la pauvreté.

i) Une finalité partagée par les deux courants de pensées

La lutte contre la précarité et la pauvreté reste la finalité de la micro finance et plus largement de tous les dispositifs d'inclusion financière. Mayoux (1998) intègre la micro finance dans une stratégie de lutte contre la pauvreté et la vulnérabilité pour l'amélioration du bien-être des populations pauvres.

La micro finance, dans les pays en développement, est certes une stratégie de lutte contre la pauvreté mais elle devrait intégrer la rentabilisation des Institutions qui la porte. Cette double finalité alimente toutes les théories développées par deux courants que sont les « Welfarites » et les Institutionnalistes.

Les deux approches, malgré la poursuite d'un même objectif ont des divergences les rendant opposés mais en réalité elles restent complémentaires. Cette opposition s'explique par leur source d'inspiration car l'école welfairiste défend les théories de l'économie positive alors que l'école institutionnaliste est d'inspiration néolibérale.

ii) Des approches différenciées

Du point de vue de leurs approches, nous retrouvons la quête de deux enjeux qui sont conciliables. Il s'agit du principe de la solidarité (économie solidaire) et celui de la rentabilité financière (la rationalité).

Les Welfaristes construisent, en effet, leur approche sur l'évaluation de la performance du point de vue de la clientèle. La portée sociale et l'impact des services financiers sont, pour eux, les éléments d'appréciation de la performance de la microfinance. Ainsi, Asselin et al. (2000) considèrent que l'école welfariste peut être identifiée comme une mesure de la pauvreté car l'efficacité d'un programme de micro finance est évaluée à partir des changements produits avec l'amélioration des conditions sociales et économiques des pauvres.

En ce sens, Cornée (2006) cité par Mapouka (2016) considère que l'accent est mis sur l'emprunteur travers les études d'impact. L'impact de la micro finance est appréhendé à partir de sa portée sociale et de son degré. La portée sociale se définit en termes de capacité à étendre les services de micro finance aux populations laissées en rade par les Institutions financières. Le niveau socioéconomique de la clientèle des IMF est pris en compte pour apprécier le degré de la portée.

Soulama (2004) révèle que les caractéristiques des clients des IMF laissent apparaitre une clientèle composée de la population pauvre ou vulnérable, des individus pratiquant des activités productives de survie, qui n'ont pas accès aux banques et qu'il 'agit majoritairement d'une clientèle féminine.

En outre, des stratégies sont développées pour réduire les effets des barrières socio- économiques et culturelles (Lafourcadeet al.,2005).

Il est donc important de mesurer l'impact de la micro finance à travers l'élargissement de ses services à tous les pauvres et les transformations sociales et économiques induites.

Toutefois, la pérennité des opérations s'avère tout aussi importante. C'est pourquoi, les Institutionnalistes ont privilégié dans leur approche, l'évaluation de la performance des institutions de micro finance.

Cette approche dite institutionnaliste ou de «marché financier» est renforcéeparlesorganismesinternationauxtelsquelaBanqueMondialeet les Nations Unies (Woller et al., (1999), dans la perspective de promouvoir des mécanismes durables de lutte contre la pauvreté par une pérennisation des services financiers.

Les Institutionnalistes cherchent, ainsi, à inscrire les IMF dans une logique de marché en insistant sur la volonté de mise en place des systèmes de micro finance pérennes et que sur la volonté de massification du crédit (Briey, 2005).

La rentabilité et l'autosuffisance financière des IMF constituent d'une part, un moyen de lutte contre la pauvreté et d'autre part, une voie pour la pérennisation des services d'inclusion financière des pauvres exclus par les systèmes financiers classiques. La mesure de l'impact social passe par un proxy, alors que la rentabilité juge la réussite à travers l'autosuffisance du programme (OteroetRyhne, 1994).

En définitive, les deux écoles défendent des positions qui sont nécessaire à une microfinance capable d'inclure durablement les pauvres aux services financiers.

iii) Les types de clients et d'institutions ciblés par les deux approches

La différence entre les deux approches détermine les types de clients visés.
Les Institutionnalistes dans leur élan de rationalité visent les micro-entrepreneurs très proches de la sphère des pauvres alors que les Welfaristes avec un penchant pour la lutte contre la pauvreté, ciblent les « très pauvres ».

Par conséquent, les Welfaristes cherchent les très pauvres, composés de ruraux vivant dans des zones enclavées, qui sont généralement plus risqués et moins accessibles (AsselinetAnyck, 2000). Selon ces Welfaristes «un individu est considéré comme pauvre lorsqu'il se situe en-deçà d'un minimum de bien-être économique ».

Quant aux Institutionnalistes, le critère de choix de la clientèle est l'existence d'une activité productive de courte durée à haut rendement. Sa cible correspond, ainsi, à des micro-entrepreneures proches de la pauvreté et qui sont capables de supporter les coûts liés au crédit.

Les deux courants de pensées génèrent naturellement des modèles d'Institutions différentiés à cause des approches et des pratiques développées pour lutter contre la pauvreté.

Ainsi, les Welfaristes optent pour des Institutions solidaires avec une portée sociale alors que les Institutionnalistes sont dans une logique de promotion d'institutions commerciales. L'école Welfariste est composées essentiellement d'institutions solidaires comme des ONG ou des coopératives qui considèrent la micro finance comme étant un moyen clé pour réduire la pauvreté des plus pauvres (Hamed,

2004).Cette approche est convenable si on se situe dans le contexte de la lutte contre la pauvreté au niveau des pays en voie de développement.

En effet l'inclusion financière est, partout dans le monde, un défi majeur car près de 75 % des adultes gagnant moins de 2 dollars par jour et plus de la moitié de la population vivant dans les pays en développement n'ont pas de compte en banque contre 10 % dans les pays riches et développés. Parmi les personnes ayant un compte, seuls 43% l'utilisent pour épargner ; les femmes sont particulièrement désavantagées, puisque dans les pays en développement, seulement 37% d'entre elles contre 46% d'hommes disposent d'un compte bancaire. Banque Mondiale (2008).

Cette situation paradoxale fait de l'inclusion financière, quel que soit l'approche adoptée, une stratégie de développement économique et social.

iv) Limites et forces des deux approches

A la lumière des approches, des principes et des méthodologies des deux courants de pensées, nous pouvons identifier, pour chacun d'eux, des avantages et des limites. Les Institutionnalistes, en se focalisant sur la rentabilité et l'autosuffisance financière, se voient obliger de sélectionner les plus riches parmi les pauvres. Ainsi, les plus pauvres parmi les pauvres peuvent être laissés en rade. Cette limite peut avoir des répercussions dans l'accroissement des inégalités du fait que les plus pauvres peuvent être laissés en rade. Toutefois, il persiste une espèce d'exclusion qui n'est pas mauvaise en elle-même car elle est gage d'une pérennité institutionnelle.

Quant à l'approche « welfaristes » à force de s'engouffrer dans le social, elle peut négliger la viabilité financière et hypothéquer ainsi sa durabilité. Cette limite découle de la quête d'une justice économique soucieuse des impératifs de redistribution, de répartition et surtout de prise en charge des personnes les plus pauvres

En réalité, les coûts de fonctionnement et les investissements doivent être considérer avec rigueur pour pérenniser les activités et réaliser les objectifs définis. Ainsi, la pérennité institutionnelle est faiblement prise en charge par les welfairists inspirés par l'économie positive contrairement aux institutionnalistes qui se fondent sur une inspiration libérale pour s'orienter vers une quête de pérennité.

Dans le cadre de cette recherche, sur l'inclusion financière de proximité, facteurs d'autonomisation des femmes, nous avons considéré les théories et les principes de ces deux approches. Par conséquent, nous nous sommes intéressés à la viabilité financière des GEC mais également à la performance sociale produite pour lutter contre la précarité et asseoir une autonomie des femmes.

Comme l'affirmait Morduch, (1998), ce choix double « renvoie à l'arbitrage entre le ciblage des pauvres et la rentabilité des IMF ».Il existe, en effet, une possibilité de conciliation objective entre la performance sociale et la viabilité financière qui en se retrouvant dans un champ de convergence offrent à l'inclusion financière une portée à la fois sociale et économique.

III. Les déterminants de l'inclusion financière

L'inclusion financière est de plus en plus affirmée comme une stratégie porteuse de réponses pratiques pour lutter contre l'exclusion sociale et économique. Comme le soulignent Burjorjee, Scola (2015) l'inclusion financière devrait présenter « une situation où les particuliers et les entreprises ont l'opportunité d'accéder à la capacité d'utiliser une gamme diversifiée de services financiers adaptés qui sont fournis de manière responsable et durable par des institutions financières formelles ».

Cependant, elle doit satisfaire un certain nombre d'exigences. Ces exigences illustrées dans la figure suivante, garantissent à l'inclusion financière une efficacité, une portée et une pérennité.

Figure 1: Les dimensions de l'inclusion financière

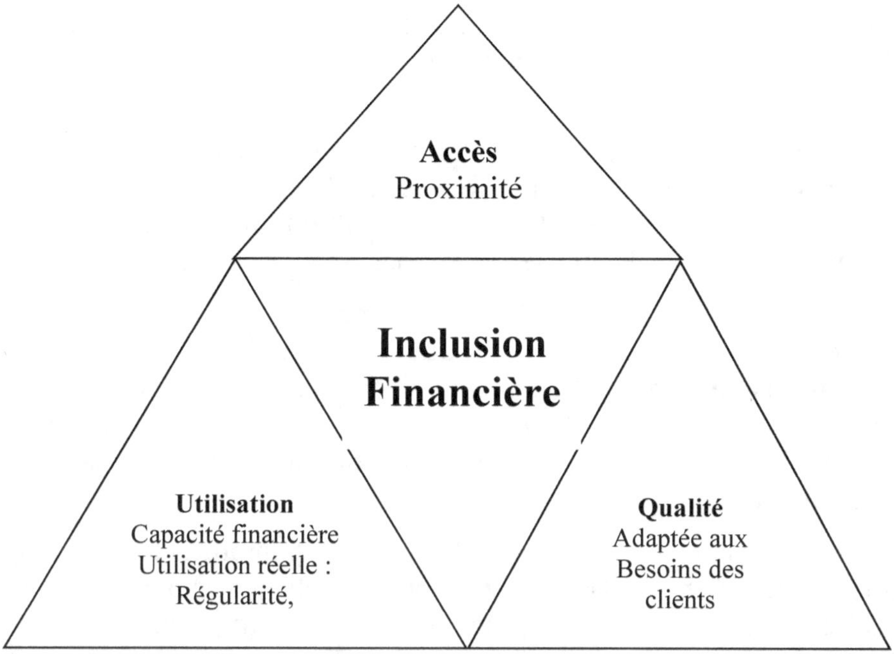

Source : Auteur

Comme esquissé dans la figure, l'inclusion financière, quel que soit sa finalité et ses sources, s'appuie sur trois déterminants que sont l'accessibilité, l'utilisation et la qualité.

i) L'accessibilité des services financiers et ses dimensions

L'accès financier ou l'accessibilité financière se définit comme « la disponibilité où l'offre de services financiers de qualité à un coût raisonnable » (Claessens, 2006). En parlant d'accessibilité, nous mettons l'accent sur la disponibilité des services financiers abordables.

Beck et al. (2007) considèrent ainsi « l'accès comme la possibilité des usagers d'utiliser les services financiers » du fait de leur disponibilité. Les possibilités d'utilisation concernent donc la disponibilité physique et l'adéquation entre les coûts de ses services et les possibilités des usagers.

Par ailleurs, comme le souligne Helms (2006), l'accessibilité financière dépend de la complémentarité entre les différents prestataires de services. En effet, une diversité des prestataires, avec des offres spécifiées permet de toucher plusieurs catégories de pauvres et de revenus.

En outre, les Intermédiaires en Opérations Bancaires pourraient être mis en contribution pour effectuer les démarches nécessaires dans les rachats de crédit des clients. Cela permettrait d'intégrer dans les paramètres de l'accès aux services financiers l'analyse approfondi de la demande et les risques potentiels.

Cependant, il faut préciser que la littérature a identifié des dimensions relatives à l'appréciation de l'accessibilité des services financiers. Morduch (1999) avait identifié quatre dimensions à l'accessibilité financière à savoir la fiabilité, la convenance, la continuité et la flexibilité.

D'abord, la « fiabilité » qui a trait à la disponibilité des ressources lorsqu'elles sont nécessaires est un premier élément d'appréciation de l'accès. Ensuite, la « convenance » qui se rapporte à la facilité avec laquelle les clients ont accès aux services financiers permet de rejeter toute possibilité d'exclusion des pauvres dans un système qui cherche à les inclure financièrement.

Quant à la « continuité », elle fait référence à la disponibilité en continu et de manière durable, c'est-à-dire à l'accessibilité à plusieurs reprises. Enfin, la « flexibilité » insiste sur la nécessité d'adapter les produits aux besoins et aux spécificités de la clientèle.

Figure 2 : Les dimensions de l'accessibilité des services financiers selon Morduch

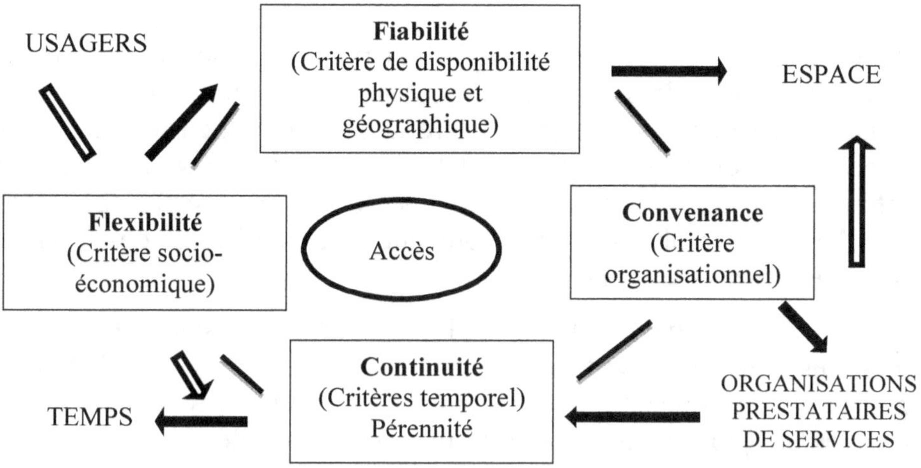

Source : Auteur

Le cadre d'analyse de Morduch (1999) comme illustré dans le graphique ci-dessus, situe les responsabilités des organisations prestataires de services financiers et les critères d'appréciation de l'accès des usagers.

En effet, les prestataires assurent la disponibilité des services dans l'espace des usagers tout en garantissant leur pérennité et leur durabilité dans le temps. Quant aux usagers, la prise en compte de leurs besoins et de leurs caractéristiques spécifiques sont envisagés au même titre que les conditions d'accès aux services financiers. La prise en compte de ces responsabilités et de ces critères permet de garantir aux pauvres une inclusion financière.

Toutefois, il semble important d'intégrer à ces dimensions l'accompagnement, la formation et la sensibilisation des usagers qui sont, à tout point de vue, des facteurs qui permettent un accès utile et attractif pour susciter le désir d'inclusion financière. Cela restitue un avantage certain aux approches des ONG et des associations qui orientent l'inclusion financière dans une perspective d'affranchir les pauvres de l'isolement financier. En effet, l'exclusion financière bloque la participation économique et hypothèque la capacité des pauvres à réaliser leur bien-être économique et sociale.

Par ailleurs, le cadre d'analyse de l'accès trouve toute sa pertinence en combinant des critères socio-économiques, géographiques et stratégiques.

En effet, Claessens (2006) comme Morduch (1999) a soutenu trois dimensions de l'accès que sont la disponibilité, la fiabilité et la continuité. Dans le même sens, Kumar et al. (2007) ont proposé l'analyse de l'accessibilité financière avec trois dimensions à savoir l'accès physique, la non cherté et l'éligibilité. L'accès physique fait référence au nombre et à la convenance des points de services alors que l'accès abordable s'intéresse aux coûts de l'utilisation des services financiers par les usagers.

En ce qui concerne le coût, Honohan (2005) soutient que les ménages pauvres payent les services en fonction de ce qu'ils valent pour eux. Sa conception s'apparente à celle de Morduch (2000) et Cull et al. (2009) qui considère que les coûts élevés des services financiers ne diminuent pas la demande des usagers. En effet, ils soutiennent que les usagers cherchent à accéder au crédit et non à accéder à des emprunts « abordables ».

Par conséquent, le caractère abordable proposé par Clasens (2006), et qui s'intéresse au coût, intègre la dimension de la flexibilité de Morduch (1999). Il en est de même que l'éligibilité qui se réfère aux conditions requises pour accéder aux services financiers.

Demirguc-Kun et Peria, (2016) pour leur part constatent qu'une plus grande inclusion financière est associée à des coûts de compte inférieurs, une plus grande proximité avec les intermédiaires financiers, des droits juridiques plus solides et des environnements plus stables politiquement.

En définitive, l'accessibilité financière s'intéresse à un ensemble de mesures prises pour rendre les services financiers disponibles de manière continue et pérenne avec des conditions d'accès adaptées aux besoins et aux caractéristiques des personnes en situation de pauvreté et exclues par les systèmes financiers classiques.

L'ampleur de l'accès varie avec le niveau de développement d'un pays. La littérature s'est beaucoup appesantie sur les facteurs favorisant l'accès et l'utilisation des services financiers par les femmes. La Banque Mondiale (2012) à travers une étude a identifié le niveau de revenus, le genre, le niveau d'éducation, l'âge ou l'urbanisation comme déterminant dans l'accès et l'utilisation des services financiers. La question de l'accès aux services financiers est globalement très faible dans les Pays en voies de Développement.

Selon Demirgüç-Kunt et Klapper (2012), le niveau de développement économique détermine l'accès aux services financiers. En effet l'accès aux services financiers peut être favorable à toutes les couches de la société si la croissance économique et le niveau de développement atteignent des niveaux acceptables. Mais ils existent d'autres facteurs qui influencent l'accès aux services financiers.

Demirgüç-Kunt et al. (2012) considèrent aussi que le niveau de revenus, le genre, le niveau d'éducation, l'âge ou l'urbanisation agissent sur l'inclusion financière.

L'inclusion financière dépend de l'accessibilité financière qui en constitue un baromètre pour son appréciation. Toutefois, l'accessibilité des services financiers ne garantit guère leur utilisation par les individus exclus financièrement.

ii) L'utilisation des services financiers

La disponibilité des services financiers devrait susciter leur utilisation par les individus en situation d'exclusion financière.

Morvant-Roux et Servet (2007), conviennent que « la disponibilité d'une offre de qualité raisonnable et à un coût abordable c'est-à-dire l'accès, se distingue de l'utilisation effective des services ». Ainsi, Claessens (2006) considère l'utilisation comme la consommation réelle de services financiers. Il soutient, également, que l'utilisation dépend des conditions requises pour accéder aux services financiers limités.

Ainsi, l'utilisation des services financiers devrait induire des résultats, des effets et des impacts de manière globale sur les conditions socio-économiques des usagers. Beck et al., (2007) soutiennent que l'utilisation pourrait être considérée comme l'usage réel des services financiers. Mais cet usage renvoie à la prise en charge de besoins spécifiques pour produire des effets concrets.

Ainsi, Claessens (2006) suppose la nécessité de faire la distinction entre l'accessibilité financière qui est une offre de services alors que l'utilisation est une demande réelle de services financiers. Cette demande doit partir à la rencontre de besoins qui pour les pauvres intègrent la création de revenus et l'amélioration des conditions de vie.

En outre, Pour susciter une demande, l'offre de services financiers doit être de qualité avec un coût abordable et des conditions d'accès adaptées aux besoins des usagers. Ainsi, l'accès représente l'offre et l'utilisation constitue l'intersection entre l'offre et la demande (Banque Mondiale, 2008). Ramji (2009) ajoute un aspect temporel dans l'utilisation des services financiers en précisant que l'offre doit être disponible au moment opportun correspondant à l'expression par les usagers de leurs besoins. Par ailleurs, l'utilisation considère à la fois l'accès « direct » aux services financiers par un individu (Beck et al., 2009).

Il faut aussi signaler que la littérature a identifié plusieurs usages possibles parmi lesquels nous retenons la réalisation d'investissements, l'acquisition d'équipements et la couverture de dépenses à caractère domestique.

Par ailleurs, Burritt (2006) souligne que l'accès aux services financiers tels que l'épargne, le crédit, les transactions et l'assurance aide les pauvres à construire des actifs et à réduire leur vulnérabilité par la régulation de la consommation et l'atténuation des risques. Cela donne à l'utilisation des services financiers une dimension économique (actif et consommation) et une dimension sociale (résilience). Dans cette perspective, l'accès et l'utilisation des services financiers par les femmes, eu égard à leur vulnérabilité, se positionnent comme des moyens pour leur autonomisation. En effet, le développement de la microfinance a été proposé par les théoriciens de l'intégration des femmes au développement pour augmenter le niveau d'utilisation des services financiers avec une équité de genre.

Zogning, F. (2021), considère que les groupes d'entraide autonomisent grandement les femmes des zones rurales grâce à des activités entrepreneuriales. Ils augmentent les revenus, l'épargne et les habitudes de dépenses des femmes rurales, ce qui a un impact sur leur vie économique et sociale. Les activités entrepreneuriales des femmes aboutissent à une forme d'indépendance, à la confiance en soi et à l'autonomie.

Des études réalisées en Asie du Sud-est ont dégagé l'impact du microcrédit sur l'« Empowerment » économique des femmes (Kelkar et al.,2004; Mahmud, 2003; Rahman, 1999).Cet impact n'est pas toujours positif car dans bien des cas des inégalités de genre peuvent surgir avec l'accès des femmes aux crédits. L'usage réel du crédit par les femmes pour s'autonomiser devient dès lors un indicateur de performance. Sarr (2015) a montré que les caisses de crédits contribuent à l'autonomisation des femmes surtout lorsque ces dernières le combinent avec d'autres sources de financement comme les tontines.

Force est de constater que des études de cette nature sont encore rares en Afrique. Dans le cadre de cette recherche, il est également question de déterminer les mécanismes par lesquels les services financiers des GEC contribuent à l'autonomisation des femmes ?

C'est dire qu'il existe une possibilité de lier l'économie et le social qui s'imbrique fermement dans le cadre de la lutte contre la pauvreté. En effet, l'accès des femmes aux services financiers et leur utilisation peuvent avoir un impact sur leur habilitation économique et social. C'est dire que l'inclusion financière pourrait à travers un « empowerment » économique des femmes induire une transformation des relations de genre à travers une déconstruction de logique sociale préétablie.

En réalité, avec la réalisation d'activités économiques par les femmes, un changement social peut s'établir avec la combinaison de rapports sociaux et économiques à la faveur des femmes souvent relayées dans les sphères de la subordination et de la dépendance. Cependant, l'utilisation des services financiers trouve toute son efficacité dans la qualité attribuée à ces derniers.

iii) La qualité des services financiers

La qualité est une notion complexe avec un caractère multidimensionnel qui fonde son évaluation et sa mesure. Dans la littérature, il est courant de trouver différentes définitions de la qualité des biens et services, ce qui s'explique par le caractère multidimensionnel de cette notion et la diversité de ses registres d'évaluation (Gomez, 1994 ; Gadrey, 2003).

En ce qui concerne la qualité des services financiers, elle est établie à partir de l'offre et détermine le niveau d'utilisation par les usagers ainsi que leur satisfaction. Claessens (2006) souligne les paramètres de la qualité des produits financiers en se rapprochant des critères de convenance et de flexibilité. En outre, Bouquet et al. (2009) souligne que la qualité des services financiers fait référence à « l'adéquation de leurs caractéristiques et de leurs modalités de fourniture avec les différentes catégories d'usagers, ainsi que les différents besoins manifestés par une même catégorie d'usagers ». Ainsi, l'adaptation de l'offre de services financiers au besoin des usagers reste un critère très déterminant. Mais force est de constater que le niveau d'informations des clients sur les services financiers est souvent fable.

L'incertitude, introduite dans la théorie économique a ébranlé le principe d'équilibre général par le prix, jusqu'à la disparition possible de certains marchés (Moureau et Rivaud-Dans et, 2004). C'est pourquoi, la considération de l'incertitude est, à tout point de vue, importante dans l'analyse de la qualité des services de micro finance. Les théories sur l'incertitude des clients se positionnent ainsi dans une place de choix dans l'analyse de la qualité des services financiers. En ce sens, l'analyse de la qualité des services financiers devrait prendre en compte les influences des prestataires.

Par ailleurs, Sangharé (2013) a fait état de trois approches théoriques qui sont à la base de critères d'évaluation de la qualité des services bancaires. Il s'agit de la relation de crédit, la relation bancaire de long terme et la prestation de services bancaires. Ces trois approches déterminent, selon lui, les propositions de solutions de réduction de l'incertitude pour les parties impliquées dans la relation de crédits. Ces approches pourraient être appliquées à l'évaluation de la qualité des services de micro finance à travers la relation entre prestataires et usager, la relation financière de long terme et enfin les prestations des IMF.

En sommes le niveau de qualité est déterminant dans les services financiers à travers leur degré d'adaptation aux réalités des usagers, les modalités de délivrance des services, l'accès aux informations et enfin les coûts appliqués.

En ce sens, la qualité garantit à l'accès et l'utilisation des services financiers des conditions favorables pour un impact réel sur l'inclusion sociale et économique des pauvres.

Section 2 : L'autonomisation des Femmes : un levier d'inclusion sociale et économique

Cette section aborde le concept d'autonomisation des femmes avec tout son caractère complexe et multidimensionnel. Sa liaison avec l'approche genre et l'équité sont cernées pour appréhender sa portée sociale, économique et politique.

En outre, il est question dans cette section d'identifier quelques théories de l'autonomisation des femmes pour servir à cette présente recherche un référentiel d'analyse.

I. L'autonomisation des femmes : un concept complexe et multidimensionnel

i) L'autonomisation des femmes au sens général

L'autonomisation, au sens général, permet à un individu ou à un groupe de détenir un pouvoir qui lui permet de changer sa propre situation. Né au cours des décennies qui ont suivi la promulgation de la Déclaration universelle des droits de l'homme en 1948[12], le concept d'autonomisation des femmes a été intégré comme une finalité de développement social et humain, dans divers domaines de connaissance. L'autonomisation concerne des domaines aussi variés comme l'accès à l'éducation, à la santé, aux débouchés économiques, au pouvoir au sein du ménage et plus largement de la société.

L'American Heritage Dictionary of the English Language (2000) définit'« empowerment» ou autonomisation comme le fait d'octroyer le pouvoir (« to invest withpower »)[13].En effet, l'autonomisation permet à un individu ou à un groupe de détenir un pouvoir qui lui permet de changer sa propre situation. L'autonomisation devient dès lors un processus pour « octroyer à une personne une capacité ou une habilitation perçue comme un droit » (Everaere, 2001)[14].

---

[12] Déclaration universelle des droits de l'homme, 1948

[13]Heritage Dictionary of the English Language *(2000) p. 586-587)*

[14] C. Everaere « L'autonomie dans le travail : portée et limites. Revue française de gestion. N°134. Juin-JuilletAout 2001. 15-26.

En parlant de droit, nous pouvons poser l'hypothèse selon laquelle les personnes à autonomiser sont en situation d'exclusion et de dépendance. En ce sens, « autonomiser revient à accorder à autrui un droit » qui devrait lui permettre de participer pleinement à l'évolution de la société. Par ailleurs, le pourvoi d'une autorité à une personne se situe dans une perspective d'autonomisation dans la mesure où cette dernière se dote un pouvoir d'agir sans faire face à un obstacle. L'autonomie se situe donc dans la dimension d'un pouvoir acquis par l'individu qui lui permet « d'être habilité, d'avoir un droit, une faculté ou une accréditation » Everaere (2001). Nous rejoignons ainsi la conception anglo-saxonne de l'«empowerment » dérivé du verbe « to empower » qui signifie « autoriser, habiliter, octroyer un pouvoir ».

En effet, l'individu acquiert un certain niveau de développement lui permettant de faire un arbitrage pour décider et faire les choix qui lui conviennent. Izugbara (2004) considère l'autonomisation comme « le processus en vertu duquel elles réussissent à s´organiser pour augmenter leur indépendance, le droit de faire leurs propres choix et de contrôler les ressources qui permettent de défier et éliminer leur subordination aux autres ». L'autonomie s'exerce toutefois, dans le respect des lois, des usages communs et des réalités socioculturelles. En ce sens, l'«empowerment »est lié aux institutions, aux lois: ce qu'elles permettent de faire ou de ne pas faire (Charlie,2007).

A la lumière de cet éclairage conceptuel l'autonomie est un état d'esprit et de développement mental qui découle de l'acquisition de capacités propres par un individu, à se doter d'une liberté d'accepter ou de refuser de manière consciente pour décider, d'engager des actions en se référant à son pouvoir.

Par ailleurs, malgré la diversité de définitions données à l'autonomisation, elle reste liée aux théories du genre revendiquant l'équité et l'égalité entre les sexes dans différents domaines de la vie. Il peut être considéré comme l'acquisition du droit de parole et de la reconnaissance sociale. Il peut aussi faire référence aux structures décisionnelles et il doit en tout temps décrire un processus égalitariste entre genres. Kabeer(2005) considère que l'autonomisation des femmes permet de lutter contre leur état de pauvreté à partir du moment qu'elles ont des capacités réelles d'action et des ressources qui sont à la base de leur réalisation. En ce sens, l'inclusion financière peut favoriser une autonomisation des femmes dans la mesure où des ressources leurs sont fournies.

Ainsi, l'autonomisation se situe dans l'acquisition d'un pouvoir de choisir pour les personnes qui étaient naturellement dans une position de subordination et de dépendance. L'autonomisation est donc un pouvoir acquis qui permet d'anéantir voir d'éliminer des rapports de dépendances et de subordination.

Sur le plan économique, il s'agit pour un individu ou un groupe d'accéder et contrôler des ressources, de pouvoir choisir pour produire, échanger, diriger et accéder à des circuits financiers sans subir aucunes dépendances vis-à-vis de personnes ou de groupes naturellement favorisés par le système social et économique.

L'équité économique peut donc se percevoir dans l'autonomisation qui devient ainsi, une stratégie de lutte contre la pauvreté que Kabeer (2005) considère comme « un dénuement matériel, avec des causes qui s'enracinent danslesrelationsdepouvoirdéterminantlarépartitiondesressourcesm atérielles et symboliques les plus valorisées dans la société ».L'autonomisation des femmes est donc liée aux stratégies de lutte contre la pauvreté et la précarité et cela est d'autant plus primordial dans les sociétés rurales et les zones géographiquement enclavées.

En effet, les femmes pauvres des zones rurales sont en position de subordination et de dépendance par rapport aux hommes qui ont une maitrise privilégiée des ressources matérielles et du pouvoir de décision (Kabeer, 2005, p.211-212). Cette situation problématique est très importante dans notre recherche, car elle nous permet d'appréhender objectivement les plus-values servies par l'inclusion financière à l'autonomisation des femmes rurales.

Kabeer (2005) aborde l'«empowerment » des femmes à trois niveaux c'est-à-dire : la capacité de choisir, les processus qui confèrent la capacité de choisir à des personnes et enfin les évolutions et les changements produits. Ces trois notions différentiées sont intimement liées et constituent des moyens pour autonomiser les femmes. En effet, à travers un processus bien déterminé, les femmes accèdent à une capacité de choix pour que s'opèrent un changement social et une transformation des relations de genre.

Dans le cadre de notre recherche, nous considérons l'inclusion financière comme le processus à la base de la dotation de capacités aux femmes et de la transformation sociale.

L'autonomisation des femmes pourrait certainement être réalisée par une inclusion financière qui permet à ces dernières d'opérer des choix sans aucune contrainte. La capacité de choix des femmes serait donc le facteur qui produit le pouvoir. Toutefois, la conscience des femmes sur les possibilités de choix favorise leur autonomisation qui est en quelque sorte, une volonté manifeste de conquête du pouvoir.

Par ailleurs, l'autonomisation des femmes est un concept dérivé de l'approche genre qui en fixe ses divers contours voire même ses principes.

ii) La dimension économique de l'autonomisation des femmes

Sur le plan économique, l'autonomisation des femmes est réelle quand les femmes accèdent aux ressources et participent à leurs contrôles. En ce sens, elles ont des possibilités de choix pour produire, échanger, et accéder à des circuits financiers sans subir de dépendance vis-à-vis des hommes naturellement favorisés par le système social et économique.

Stromquist (1995) fait d'ailleurs, de l'autonomisation « un processus qui transforme les rapports de forces à la fois dans les relations interpersonnelles et dans les Institutions de la Société ». La transformation des rapports de force dans le système économique garanti aux femmes la possibilité d'accès et de contrôle des ressources.

Lazo (1995) situe la portée économique de l'autonomisation dans « le processus d'acquisition, de répartition, d'attribution des ressources et des moyens ou biens permettant d'accéder à la maîtrise de ceux-ci ». Ainsi, l'autonomisation économique des femmes suppose leur accès aux ressources et leurs capacités à participer à leur contrôle et leur maitrise qui exercent des effets sur leur capacité de choix et leur pouvoir d'agir.

L'autonomisation des femmes s'intéresse donc à l'accès et au contrôle des ressources qui sont les déterminants d'une participation économique responsable. La participation économique des femmes fait partie intégrante de l'approche genre, en tant que courant visant l'intégration des femmes au développement avec la prise en compte de leur spécificité, leur besoin et ceci dans une perspective d'instaurer une équité entre les sexes. L'ONU (année) avait d'ailleurs déclaréladécennie1975-1985, « la décennie pour la femme ». Un des défis lancés pour cette décennie était l'accès des femmes au crédit et leur autonomisation.

En effet, l'équité de genre à travers l'autonomisation des femmes visait l'octroi de capacités, de pouvoirs et de liberté pour sous-tendre une inclusion sociale et économique. L'inclusion financière des femmes, en tant que source éventuelle de leur autonomisation, est une stratégie incitative de l'équité de genre qui est une des finalités de l'autonomisation des femmes. En effet, c'est de par l'accès aux services financiers que se construisent en faveur des femmes des capacités et des pouvoirs axés sur le pouvoir et la capacité d'actions sur le plan économique.

Comme le souligne Veldkamp (2013), « l'autonomisation de la femme est un processus par lequel une femme acquiert par elle-même suffisamment de capacités pour prendre elle-même des décisions importantes au niveau économique, social, politique, familial, médical etc. ».

L'équité de genre peut donc se percevoir dans l'équité économique qui permet de garantir aux femmes les mêmes chances que les hommes en matière d'accès aux ressources, aux opportunités et aux systèmes de production. Kabeer (2005) considère que la pauvreté est « un dénuement matériel, avec des causes qui s'enracinent danslesrelationsdepouvoirdéterminantlarépartitiondesressourcesmatérielles et symboliques les plus valorisées dans la Société ».

Cela nous amène à faire de l'autonomisation économique une conséquence des transformations sociales dans les relations de genre. Toutefois, l'autonomisation économique des femmes peut induire les sociétés dans des transformations du fait de l'acquisition par les femmes de pouvoirs et de capacités d'actions.

En effet, les femmes pauvres dans les zones rurales sont en position de subordination et de dépendance par rapport aux hommes qui assurent la maitrise des ressources matérielles ainsi que du pouvoir de décision. Cette situation problématique revêt une importante dans notre recherche. En effet, nous appréhendons objectivement les plus-values servies par l'inclusion financière à l'autonomisation des femmes rurales.

En réalité, du point de vue de l'accès et de l'utilisation des services financiers, dans les pays en voie de développement, les femmes ont moins davantage que les hommes. Cette situation est encore beaucoup plus frappante chez les femmes rurales du fait de leur faible présence dans les emplois salariés et leur occupation dans des secteurs économiques de moindre importance.

A cet effet, les femmes doivent accéder aux services financiers et les utiliser pour leur promotion économique pour sous-tendre leur autonomisation.

Morvant-Roux et Servet (2007) souligne aussi que la disponibilité d'une offre de qualité raisonnable et à un coût abordable c'est-à-dire que l'accès se distingue de l'utilisation effective des services.

En ce sens, l'accès et l'utilisation des services financiers contribuent à l'équité de genre. Selon la Banque Mondiale, l'égalité des genres est une thématique transversale à prendre en compte dans le cadre du développement, afin de mettre fin à la pauvreté extrême et de promouvoir une prospérité partagée.

En réalité, les inégalités de genre sont une des causes fondamentales de l'extrême pauvreté. Ainsi les stratégies d'inclusion financière des femmes sont considérées comme des moyens pour éviter leur marginalisation et leur exclusion.

En outre, la résilience des économies est réelle, lorsque tous les membres de la société, en l'occurrence les femmes, participent au développement économique. La Banque Mondiale (2014) encourageait, d'ailleurs les gouvernements et les sociétés à adopter une approche multidimensionnelle pour réduire les inégalités et promouvoir l'autonomisation économique, sociale et politique des femmes. Parmi ces approches, l'inclusion financière y figure dans une place de choix. A ce sujet, FinDev (2018) considère que les services financiers permettent aux femmes d'affirmer leur pouvoir économique et de favoriser la parité de genre. Ils donnent en effet aux femmes des moyens indispensables d'avoir un emploi indépendant, d'accumuler des actifs et de prendre une plus grande part aux décisions.

En ce sens, l'accès et l'utilisation de produits et services financiers adaptés peuvent contribuer à accompagner le travail rémunéré et non rémunéré des femmes (FinDev, 2018). La capacité des femmes à accéder au financement et à gérer leur argent est un indicateur de leur autonomisation. En effet, leur accès aux services financiers agit positivement sur le bien-être de leurs ménages mais aussi sur la communauté dans son ensemble.

Il est en outre établi que l'autonomie financière d'un plus grand nombre de femmes peut contribuer à « briser la croyance selon laquelle seule la voix de l'homme compte dans le ménage ».

II. L'autonomisation des femmes : une traduction concrète de l'approche genre

L'autonomisation des femmes se dissocierait difficilement de l'approche genre et de l'équité de genre. Ensemble, ces trois notions renvoient au fait de donner aux femmes les mêmes chances que les hommes.

Cette finalité traduit à la fois l'équité et l'égalité de genre. Il est donc important pour nous, de cerner leur lien à travers les différentes trajectoires de justices sociales qu'ils profilent.

i) Trois approches genres avec des sources idéologiques différentes

Partie des idées des mouvements féministes, l'approche genre s'est déployée sur le terrain du développement pour une meilleure implication des femmes dans la marche des sociétés. Il est établi que « les programmes de développement des années 1950 et 1960 n'ont pas profité aux femmes, au contraire, celles-ci se sont appauvries durant ces années et les inégalités de genre se sont accentuées » (AHAN, Rounaq.1995). Cette situation avec le concours de la pauvreté des femmes et les inégalités de genre ont milité en faveur de la valorisation de leurs idées et de leur leadership pour impulser un changement durable dans les sociétés.

L'approche genre a donc été impulsée pour évoluer à travers trois approches dans un processus progressif et dynamique. La première est l'intégration des femmes au développement (IFD), la seconde parle de femmes et développement (FD) et le troisième est l'approche genre et développement (AGD). Ces approches se sont chevauchées dans le temps et continuent encore d'alimenter la réflexion sur les questions de genre. L'approche IFD est inspirée par le courant féministe libéral et de la théorie dite de la modernisation dans les années 1970 (auteur). Le modernisme et l'industrialisation étaient considérés comme un mobile pour l'amélioration du niveau de vie des femmes dans les pays en voie de développement. En effet, la croissance économique de ces pays et les bénéfices de la modernisation ont été revendiqués par les féministes pour refuser du coût la subordination et l'exclusion des femmes. Pour les féministes libérales, les conditions des femmes doivent être améliorées par une promotion des femmes dans différents domaines d'activités et à des pôles de prise de décisions (auteur). Selon Youg (1993), le courant féministe libéral avait condamné la discrimination pour prôner l'égalité des sexes. Ainsi, l'intégration des femmes dans le système économique avait une nécessité des changements sur les plans juridique et administratif.

L'approche IFD avait toutefois misée sur les capacités individuelles des femmes tout en renforçant la présence des filles dans le système éducatif. En outre, l'accès aux nouvelles technologies devait favoriser la participation socio-économique des femmes. Cette approche ne prend pas en compte une réalité selon laquelle l'amélioration de la situation des femmes soit systémique, c'est-à-dire une résultante d'un ensemble de facteurs. Par conséquent, des facteurs de paix, de santé, de reconnaissance sociale, culturels voire spirituels à côté de ceux économiques sont occultés alors s'ils renforcent l'économie. C'est pourquoi, l'approche FED, parut également au cours des années 70, s'est proposée de ne pas se focaliser sur la modernisation. Par conséquent, elle s'est fondée sur les théories de la dépendance (source). Dagenais et Piché (1994) considèrent que cette approche est plutôt féministe-marxiste et s'érige contre le fait que les femmes ont toujours pris part au processus de développement de tous les temps. Elles ont ainsi établi une relation forte entre les femmes et les processus de développement. Donc, il serait erroné de parler d'intégration des femmes au développement.

A l'image de Rostow (année), ces auteurs considèrent le développement comme un processus dans lequel les femmes, en tant que segment de la société, ont joué un rôle socio-économique déterminant. Ce courant considère que leur intégration industrielle militerait en partie au maintien des inégalités. Cette approche semble plus réaliste en reconnaissant, même implicitement, que les femmes ne sauraient compatir favorablement auprès des hommes dans tous les champs de la vie.

Par ailleurs, dans les années 80, l'Approche GED a vu le jour par (pour) réclamer l'«Empowerment» (autonomisation) des femmes sur la base d'une reconnaissance de leur contribution notable à tous les niveaux du développement social et économique. Ce courant a donc posé les jalons d'une démarche intégrée pour une meilleure prise en compte des femmes dans le développement social et économique. Une intégration des limites des deux approches précédentes a permis à un groupe de chercheures du Nord et du Sud de mettre au point l'Approche GED. Pour ces chercheurs, les approches IFD et FED semblent ignorer la contribution effective des femmes à la production de biens et de services dans leur communauté (Ccci, Match, Aqoci, 1991). Cette approche est donc inclusive avec une inspiration socialiste. Elle critique les théoriciens de la modernisation qui lient les rapports de production à ceux de reproduction. En effet, Ce courant considère que les femmes étaient toujours confinées dans leur rôle traditionnel familial alors qu'elles sont présentes dans tous les aspects de la vie (Dagenais, Piché, 1994).

Pour ainsi dire, comme l'estime Saint-Hilaire (1997), l'approche GED s'assimile au concept de développement durable et équitable. L'approche genre et développement, en plus de l'intégration des femmes au développement, cherche à transformer les relations sociales et de genre en dotant les femmes de plus de pouvoirs. Sa finalité est un partenariat égal entre les femmes et les hommes dans la définition et l'orientation de leur avenir collectif. Cette conception est confirmée par Ccci, Match, Aqoci, (1991) qui affirment que « contrairement aux approches précédentes, l'approche genre et développement explique l'oppression des femmes par la division du travail et donc par la subordination de la sphère de reproduction à celle de la production ».

ii) L'autonomisation des femmes : une perspective de réorientation de l'approche genre

L'approche genre, dans sa finalité s'intéresse à l'équité et l'égalité dans les relations entre les hommes et les femmes. Si l'autonomisation des femmes prend en charge la question du pouvoir, elle se positionne au cœur des approches genre. Il est donc important de ne pas dissocier les sphères de la production et de la reproduction qui subissent toutes les deux les effets des relations sociales qui sont à la base des rapports de genre.

Les chercheurs de la GED ont souligné quelles inégalités dans les rapports femmes et hommes s'expliqueraient, entre autres, par la non reconnaissance de la contribution sociale des femmes par leur travail domestique au détriment de la valorisation du travail salarié des hommes (Ccci, Match, Aqoci, 1991). Dans une certaine mesure, le statut social des femmes peut être conforté par leurs apports domestiques qui participent à l'équilibre de la société. Par-là, nous estimons que l'approche GED, sous prétexte d'une défense des femmes, prône une déconstruction sociale sur la base de principes conflictuels qui considèrent faiblement le poids des réalités socioculturelles qui varient d'un contexte à un autre.

Malgré la diversité des approches genre et leurs limites, la femme est considérée comme une actrice dans le développement social et économique. Ainsi, l'autonomisation apparait clairement dans les approches genre qui revendiquent l'équité et l'égalité entre les sexes dans différents domaines de la vie. Elle peut être considérée comme l'acquisition du droit à la parole, à l'action et à la reconnaissance sociale. Elle peut, en outre, faire référence aux structures décisionnelles et elle doit en tout temps décrire un processus égalitariste entre les hommes et les femmes.

Par ailleurs, la traduction concrète de l'approche genre dans une perspective intégrée a été proposée par diverses institutions.

Le PNUD (2008) a défini l'autonomie des femmes à travers les cinq critères suivants : le sens de la dignité, le droit de faire et de déterminer ses choix, le droit d'avoir accès aux ressources et aux opportunités, le droit d'avoir le contrôle sur sa propre vie, tant à l'intérieur qu'à l'extérieur du foyer, et la capacité d'influencer le changement social afin de créer un ordre économique et social plus juste nationalement et internationalement.

Cette approche a un sens opérationnel et peut être traduite dans les programmes de développement ainsi que les stratégies de genre. Sur la même lancée, les conférences de beijing et pékin (1995) avaient amorcé l'autonomisation des femmes dans une perspective sociale, économique et politique[15]. En outre, avec une solidarité planétaire, les objectifs de développement durables ont posé l'autonomisation des femmes et des filles dans les stratégies de lutte contre l'extrême pauvreté.

Malgré la prééminence de ces différentes approches pour l'autonomisation, l'écart entre les hommes et les femmes du point de vue économique, sociale et politique est important. Cela place l'autonomisation des femmes dans la sphère des actualités permanentes. Au même titre que l'approche genre, elle est mise en exergue dans les stratégies et politiques de développement comme une finalité d'équité sociale.

iii) Quelques approches pour mesurer l'autonomisation des femmes

Plusieurs indicateurs et approches ont été proposés pour évaluer les progrès en matière d'autonomisation des femmes. Les Nations Unies ont proposé le rapport filles/garçons aux différents ordres d'enseignement, la part des femmes dans l'emploi salarié non agricole et la proportion de siège occupée par les femmes dans les parlements nationaux pour mesurer l'avancement de l'autonomisation des femmes.

A travers ces indicateurs, nous retrouvons l'ambition de rendre l'autonomisation des femmes et l'équité de genre dans une nature concrète.

Il est donc opportun de garantir aux femmes un traitement équitable et égal à celui des hommes tout en intégrant les domaines sociaux, économiques et politiques.

Par ailleurs, les indicateurs du PNUD, en dépit de leur pragmatisme, laissent en rade des paramètres liés au statut social, à la représentation au niveau des gouvernements locaux et la participation

[15]A Beijing et à Pékin s'est tenue la quatrième Conférence mondiale sur les femmessous l'égide de l'ONUdu 4 au 15 septembre, 1995

citoyenne des femmes. Un groupe de chercheurs de la BAD (2015) a analysé la structure de l'Indice de l'égalité de genre présentée à partir de 3 paramètres : l'égalité dans les opportunités économiques, l'égalité dans le développement humain et l'égalité dans les lois et institutions. Chaque paramètre s'appuie sur une série d'indicateurs qui permettent d'évaluer les pays à partir d'une échelle (de 0 à 100) dans le domaine de l'égalité entre les genres.

En définitive, toutes les approches développées pour la mesure de l'équité et l'égalité de genre prônent une autonomisation des femmes pour réduire leur vulnérabilité et leur exclusion de la marche globale des sociétés du point de vue sociale économique et politique. En effet, en appréhendant la pauvreté des femmes, leur autonomisation devient un instrument pour les affranchir de l'exclusion et de la marginalisation entretenue par des stéréotypes sexistes.

La lutte contre l'extrême pauvreté des femmes passerait par conséquent, par leurs droits de participer aux efforts des sociétés dans les domaines sociaux, économiques et politiques.

En ce sens, Kabeer(2005) considère que l'autonomisation des femmes permet de lutter contre leur état de pauvreté à partir du moment qu'elles ont des capacités réelles d'action et des ressources qui sont à la base de leur réalisation.

Dans le cadre de cette recherche, nous étudions l'impact de l'inclusion financière, en tant que stratégie de lutte contre la pauvreté sur l'autonomisation des femmes rurales.

L'autonomisation est donc un pouvoir acquis qui permet d'anéantir voire d'éliminer des rapports de dépendance et de subordination sur les plans social, économique et politique.

III. L'autonomisation des femmes de l'Afrique subsaharienne face à des obstacles

L'autonomisation des femmes fait face à divers obstacles faisant partie intégrante des signes de l'extrême pauvreté.

L'UNICEF (2015) a insisté sur le faible pouvoir de décision des femmes lié aux normes sociales et à la dépendance économique. En plus, nous avons les grossesses précoces qui sont liées au mariage précoce et à un faible coût d'opportunité qui porte un coût sévère à l'autonomisation des femmes. L'incidence du mariage précoce dans les pays de la CEDEAO atteint des proportions inquiétantes. Elle est de 33% au Sénégal, 76% au Niger et 55% au Mali (UNICEF, 2015).Il faut noter, en outre, que l'accès limité des femmes au service de soins de base et à la santé sexuelle et reproductive. Ces entraves restent, en partie, lier à l'exclusion financière et l'absence des femmes dans certains secteurs économiques. Nous pouvons ainsi noter que l'exclusion économique des femmes entraine une mobilisation partielle de la population active.

En effet, les inégalités de chances sont manifestes entre les hommes et les femmes. La plupart des femmes des pays en voie de développement travaillent dans le secteur agricole. Selon le BIT (2016), environ 68% des femmes qui vivent dans l'extrême pauvreté évoluent dans l'agriculture.

En effet, les femmes jouent un rôle primordial dans la production agricole dans de nombreux pays en développement. Ainsi, dans les pays à faible revenu, où l'agriculture assure en moyenne 32% de la croissance du produit intérieur brut (PIB), et où quelque 70% des pauvres vivent et travaillent en milieu rural, les femmes constituent une part considérable de la main d'œuvre agricole et produisent la plupart des aliments consommés localement (FAO, 2011). Les femmes produisent 60 à 80 % des aliments de consommation familiale dans la plupart des pays en développement et sont responsables de la moitié de la production alimentaire mondiale (FAO, 2011).

Toutefois, l'agriculture en Afrique subit les effets des changements climatiques qui menacent la viabilité de l'agriculture de subsistance et la survie de millions de résidents ruraux, dont les 75% sont des femmes (Hemmings, 2008).

En outre, malgré leurs fortes présences dans l'agriculture, les femmes n'accèdent pas aux maillons supérieurs de la chaîne de valeur comme par exemple, la transformation car elles ne possèdent pas les fonds nécessaires à ces niveaux. Mtemwa (2018), souligne d'ailleurs la faible présence des femmes dans les agro-entreprises qui pourrait être liée à leurs faibles capacités d'investissement. En ce sens, leur inclusion financière devient un facteur d'intégration dans des secteurs économiques porteurs.

Par ailleurs, ILO (2018) précise qu'en Afrique sub-saharienne, 74% des hommes participent au marché du travail contre 64,7% des femmes. Ainsi, le chômage est plus présent chez les femmes avec 8,2% contre 6,4% pour les hommes (ILO, 2018).

Il est relevé, également, que les femmes ont de faibles opportunités d'emploi. Le temps consacré au travail non rémunéré par les femmes est 2 à 11 fois plus élevé que celui des hommes en Afrique subsaharienne. L'accès au marché du travail formel par les femmes reste très délicat. Ainsi, la majeure partie des femmes évoluent dans des secteurs d'emploi précaires et informels. Cela pourrait engendrer un faible niveau d'inclusion financière des femmes.

En effet, les inégalités de genre se manifestent dans l'accès au financement et hypothèquent les possibilités des femmes dans la création des petites entreprises. Cette situation pourrait être aggravée dans certains pays par l'absence de lois protégeant le droit social, politique et économique des femmes. Nous notons, en effet, la faible présence des femmes dans la vie politique et une faible proportion de femmes aux postes de haute responsabilité.

A titre d'exemple, l'indice genre en matière de dividende démographique est très faible en Afrique, et au Sénégal, selon le CREG (2019), le dividende démographique homme est 2 fois plus grand que celui des femmes. En effet, les hommes contribuent à hauteur de 66% contre 34% pour les femmes (CREG, 2019).

Ainsi, l'inclusion financière des femmes peut avoir une grande portée sur l'autonomisation des femmes dans la mesure où elle favorise leur intégration économique, l'amélioration de leur statut social et leur habilitation politique.

IV. Théories de l'autonomisation des femmes :

Diverses théories ont été élaborées sur l'autonomisation des femmes en tant que stratégie de mise en œuvre de l'équité de genre à travers l'élimination des rapports de subordination et de dépendance. Il s'agit d'abord des modèles théoriques circulaires et linéaires qui ont inspiré beaucoup de travaux de recherche. Ensuite, nous avons des théories qui lui sont spécifiques et orientées vers des thématiques bien déterminées en l'occurrence l'économie, le social et la politique.

i) Les modèles théoriques d'étude du processus d'autonomisation des femmes

Les théories sur l'autonomisation des femmes ont largement été développées dans les pratiques du développement. Elles se situent dans la perspective de convoquer les femmes dans la construction d'un changement social durable à travers des développements de capacités à se prendre en charge elles-mêmes pour transformer leur condition de vie.

Deux modèles théoriques ont été développés dans les travaux de recherche pour étudier le processus d'autonomisation des femmes. Il s'agit du modèle linéaire (Deshmukh-Ranadive, 2006 ; Hur, 2006 ; Zimmerman2000) et le modèle circulaire (Carr, 2003).

Le premier modèle théorique d'étude du processus d'autonomisation est le plus usité. Sa démarche s'inscrit dans le temps avec une portée unidirectionnelle et des étapes délimitées où des évolutions sont cernées en termes de changements significatifs. Les résultats considérés sont d'ordres quantitatifs et concernent les performances. Les deux indicateurs proposés sont la capacité de se prendre en charge au niveau individuel, la représentativité dans les instances de prise de décisions publiques et politiques (Fortin-Pellerin, 2010). Il faut, d'amblée, noter que les indicateurs liés aux statuts des femmes, aux conditions sociales et à la participation économique sont faiblement pris en compte.

Pour le modèle théorique circulaire, l'itinéraire du processus se ramène au point de départ où toutes les étapes se renforcent entre elles (Fortin-Pellerin, 2010). En réalité, l'évolution et le processus de changement se construisent dans le temps avec des étapes interconnectées qui interagissent et les caractéristiques de départ se poursuivent jusqu'à la fin du processus. Le vécu des femmes à travers les trajectoires sociales, économiques et politiques se répercute forcément dans les relations sociales et les rapports de domination sont à la base d'expériences individuelle et collective. Ce modèle a l'inconvénient de ne pas produire de résultats mesurables à partir d'un changement d'état. Mais il reste clair que ce modèle s'oriente vers l'analyse des capacités et du pouvoir des femmes à produire un changement en leur faveur.

Comme le souligne Sagna (2015) « un incontestable consensus » se dégage dans les théories sur l'«empowerment »des femmes considérées comme «un processus d'acquisition d'un pouvoir d'agir, de renforcement de leurs capacités et possibilités de faire des choix, un contrôle sur leur vie et la nécessité d'agir collectivement ». Le pouvoir, la capacité d'agir et l'action collective constituent donc, à tout point de vue, les fondements de l'autonomisation des femmes qui pourrait être analysés du point de vue de l'équité sur le plan économique. C'est pourquoi dans notre recherche nous avons considéré le pouvoir et la capacité comme des effets qui peuvent être produits par une inclusion financière. Il était donc important pour nous d'orienter l'autonomisation des femmes dans une perspective de lutte contre la pauvreté.

ii) Le poids de l'économie dans l'autonomisation des femmes

Une perspective d'orientation économique de l'autonomisation nous amène à considérer l'autonomisation des femmes comme un processus de transformation devant leur garantir des possibilités d'actions, de choix et de décisions à partir de la possession de ressources. En ce sens, l'inclusion financière pourvoit aux femmes des ressources pouvant contribuer à leur autonomisation

Kapista (2008) considère que l'autonomie économique dépend non seulement de la possession des ressources de production mais aussi de l'utilisation de ces actifs de la manière dont les femmes le souhaitent[16].

Il est donc important que microcrédit contribue à la réalisation d'activités productives par les femmes pour induire une autonomie économique. En effet, l'inclusion financière devrait permettre aux femmes de conduire d'activités économiques rentables pour leur autonomisation.

---

[16]Kapista, Larissa. 2008. UN Women Report: Women's Economic Empowerment. Expert Consultation on the 2009 World Survey on the Role of Women in Development. Bangkok, 12 novembre 2008. EC/WSRWD/2008/EP.7.

En termes d'opportunités économiques et de participation consciente, les femmes restent nettement défavorisées par rapport aux hommes dans les pays en voie de développement.

Comme l'illustre le graphique suivant, les possibilités d'utilisation des actifs par les femmes dépendent de la disponibilité des ressources de production sur lesquelles les femmes exercent un contrôle garanti par l'accès.

Figure 3 : Chaine cohérente de l'autonomie économique selon Kapista

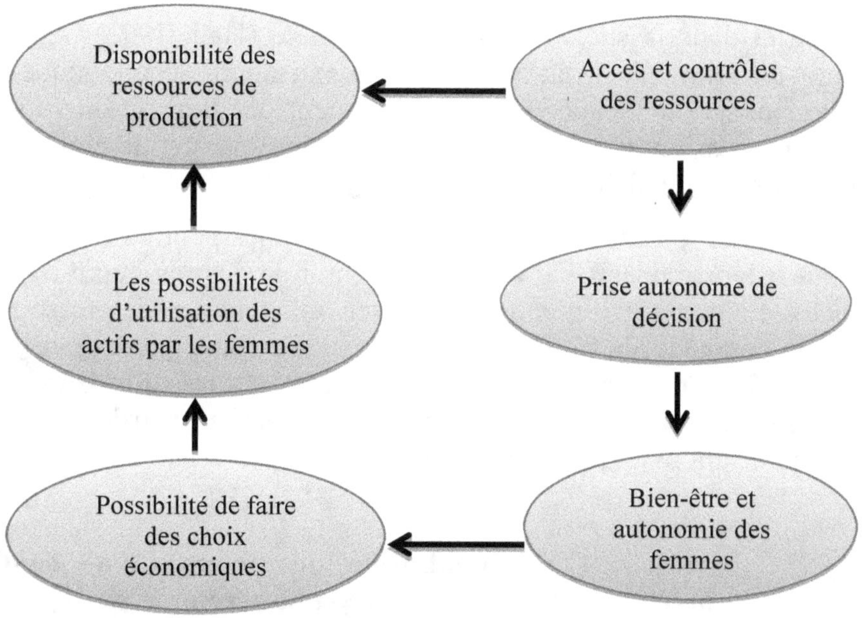

Source : Adaptée par l'Auteur

En réalité, l'accès et le contrôle des ressources par les femmes leur permettent de prendre de manière autonome des décisions qui influent sur leur bien-être et leur autonomie. Il reste clair que la possibilité des femmes à faire des choix économiques dépend, de leur niveau d'autonomie. C'est, justement, en ce moment que les actifs seront utilisés de manière efficace, efficiente et rentable. Par ailleurs, les ressources de production conditionnent la participation et l'évolution économique des femmes. Ces ressources englobent des actifs corporels et des ressources financières notamment le revenu, l'épargne et le crédit (Kapista, 2008).

En outre, les ressources physiques comme la terre, le logement, la technologie ainsi que des ressources incorporelles comme le savoir-faire technique, les informations et la reconnaissance sociale sont très déterminants dans l'autonomisation des femmes. La composante cognitive se réfère à la compréhension par les femmes de leurs conditions de subordination et de leurs causes aux niveaux micro et macro de la Société. Elle implique la compréhension de soi et la nécessité de faire des choix pouvant aller contre les attentes culturelles et sociales, et la compréhension des structures du comportement qui créent la dépendance, l'interdépendance et l'autonomie au sein de la famille et dans la société dans son ensemble (Hall, 1992). Ainsi, il reste difficile de dissocier l'autonomisation économique et l'autonomisation sociale. Elles entretiennent des liens étroits du fait que la possession de ressources par les femmes permet de remettre en cause l'ordre social établi.

Toutefois, le statut social réservé aux femmes peut être un facteur bloquant leurs capacités d'accès et de contrôle des ressources. Ainsi, l'inclusion financière permet d'octroyer aux femmes des ressources pour la conquête de pouvoir (Kabeer, 2005). Mais, sans l'existence d'une conscience collective et d'un désir de transformation des relations sociales, les ressources contribueraient difficilement à l'autonomisation des femmes.

iii) L'autonomisation des femmes vue comme une stratégie de lutte contre la pauvreté

L'autonomisation des femmes est considérée comme une stratégie de lutte contre la pauvreté.

La pauvreté serait entretenue par les inégalités basées sur le genre qui ont une répercussion sur la distribution du pouvoir et des ressources ainsi que les défaillances sur la reconnaissance sociale des femmes. Kabeer (2005) et Mayoux (2006) ont, dans leurs travaux, montré comment l'autonomisation des femmes pourrait réduire les inégalités de genre, à travers les transformations induites par l'accès aux pouvoirs, aux ressources et à la reconnaissance sociale.

Le modèle d'analyse de Mayoux

Mayoux (2006) a identifié trois paradigmes en micro finance qui permettent de cerner distinctivement la notion d'autonomisation. Il s'agit des paradigmes de la viabilité financière, de la réduction de la pauvreté et de l'«empowerment »des femmes.

Figure 4 : Les trois paradigmes selon Mayoux

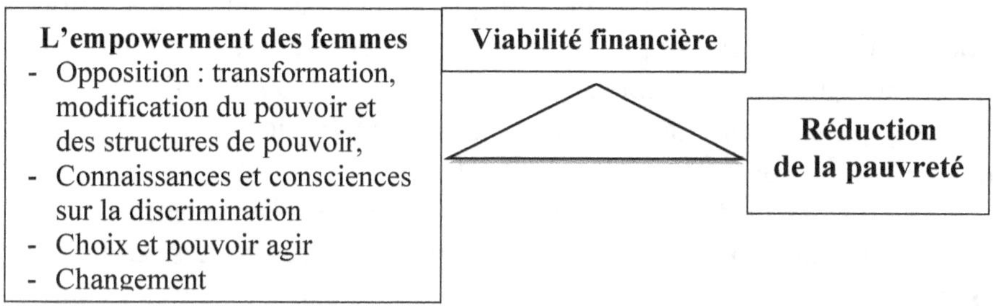

Source : Auteur, 2019

Comme illustré dans le graphique, les deux pôles dominants en microfinance notamment la viabilité financière et la réduction de la pauvreté sont renforcées par le paradigme de l'«Empowerment » des femmes dans le modèle d'analyse de Mayoux.

Ainsi, l'«Empowerment »des femmes renforce les résultats de la viabilité financière et la réduction de la pauvreté.

En ce sens l'empowerment combiné à la viabilité financière et la réduction de la pauvreté laisse apparaitre des liens qui restituent à l'autonomisation des femmes une double signification. En effet, l'accès à des services financiers viables et le développement de stratégies de lutte contre la précarité contribue à l'octroi de pouvoirs aux femmes (Mayoux, 1998).

Par ailleurs, l'autonomisation des femmes génère naturellement des oppositions de genre dans la mesure où elle engendre des enjeux de transformation des relations, de modification du pouvoir, voire même des structures de pouvoir. Sur le plan économique, elle garantit aux femmes des possibilités d'accès et de contrôle des ressources du fait des transformations sociales qu'elle engendre.

Mayoux (1998) met l'accent sur la transformation, et les modifications du pouvoir ainsi que de ces structures qui dans un certain sens permet une reconfiguration des relations économiques de genre.

L'empowerment des femmes dépasse ainsi le domaine économique pour intégrer des aspects liés à l'amélioration du bien-être (Hofmann et Marius-Gnanou, 2003).

Ainsi, l'autonomisation s'appréhende aux plans social, économique et politique avec une prise en compte de la nécessité de combiner l'autonomie individuelle et l'autonomie collective. Ces dimensions de l'autonomisation sont appréhendées par le modèle d'analyse de Mayoux qui a l'avantage d'être une approche globale. En effet, ce modèle situe l'autonomisation des femmes dans un processus de changement individuel interne (le pouvoiren), d'augmentation des capacités (le pouvoir de) et la mobilisation collective des femmes, et des hommes lorsque c'est possible (le pouvoir avec), dans le but de remettre en cause et de changer la subordination liée au genre (le pouvoir sur) (Mayoux, 1998).

La combinaison des pouvoirs reflète le caractère multidimensionnel et complexe de l'autonomisation des femmes. Dans le cadre de cette recherche, nous considérons les effets liés au pouvoir qui sont induits par l'accès des femmes à l'épargne et au crédit. Il s'agit, en d'autres termes, d'étudier l'impact de l'inclusion financière sur l'accès des femmes aux différents pouvoirs soulevés par Mayoux.

En effet, Mayoux recommande aux IMF de considérer cette approche de l'empowerment. Il considère que la microfinance n'est pas toujours un moyen d'«empowerment »pour les femmes. En effet, dans certains cas, l'inclusion financière peut générer des inégalités de genre surtout lorsqu'elle ne tient pas compte des besoins spécifiques des femmes dans l'accès, l'utilisation et l'accompagnement.

Le paradigme, lié à l'autonomie financière doit être bien considérée dans la lutte contre la pauvreté par une finance inclusive car à priori, les banques classiques ne visent pas les petits entrepreneurs et les pauvres à revenus faibles. C'est pourquoi certains organismes comme la Banque mondiale, le Programme des Nations unies pour le développement (PNUD), l'United States Agency for International Developement (USAID) et l'Union Européenne encouragent la prise en compte du paradigme liée à l'autonomie financière dans les programmes de lutte contre la pauvreté.

Dans cette recherche, nous prenons en compte ce paradigme en étudiant la capacité des GEC à contribuer à l'autonomie financière des femmes. Le paradigme de l'autonomie financière comme le souligne Mayoux (2006) a un esprit et d'inspiration « néolibéral » et s'apparente à l'approche institutionnaliste. En ce sens, l'«empowerment »est considéré en termes économique, comme un choix individuel ». De manière pratique, l'autonomisation sur le plan individuel est à la base d'une autonomisation collective des femmes.

Ainsi, l'accès aux services financiers pour la lutte contre la pauvreté nécessite que les femmes créent des AGR, et réalisent leur autonomie économique. Ces choix économiques sont avant tout définis au niveau individuel pour ensuite impulser des mouvements collectifs pour le changement et la conquête de pouvoirs aux plans social et politique.

Le modèle d'analyse de Kabeer

Le modèle de Kabeer aborde le processus de transformation capable de soutenir la conscience des femmes sur leur dépendance et leur subordination en vue d'un engagement collectif dans l'équilibre des relations, du pouvoir et de ces structures. En effet, Kabeer (2005) considère que les capacités réelles d'action (le pouvoir de choisir), les ressources(le pouvoir d'avoir) et les réalisations (le pouvoir sur) fondent l'autonomisation des femmes et leur affranchissement de la pauvreté. Sa conception s'adapte à la lutte contre la pauvreté qu'il considère comme un dénuement matériel et une absence de pouvoirs (choisir, avoir et influencer). En effet, la pauvreté, dans sa dimension matérielle, s'enracine dans les relations de pouvoir qui déterminent la répartition des ressources matérielles et symboliques les plus valorisées dans la société (Kabeer, 2005). Partant de son analyse, nous posons l'hypothèse que les femmes pauvres, en plus de l'insatisfaction de leurs besoins économiques, subissent le poids d'un statut social dérivé de l'absence de pouvoirs et des formes de relations avec les hommes.

Les femmes pauvres sont généralement subordonnées aux hommes pauvres et se réduisent ainsi en plus du dénuement matériel à des sujets qui subissent les ordres préétablis aux plans économique, social et politique. L'enjeu du pouvoir est donc réel dans la lutte contre la pauvreté des femmes. Ainsi, dans notre recherche, la portée de l'inclusion financière des femmes dépend de sa capacité d'octroi de pouvoirs à même de transformer significativement la conscience des femmes sur la transformation des relations du point de vue social, économique et politique. En outre, du fait de la connaissance et consciences des femmes sur les discriminations, la conquête du pouvoir économique se constate comme une manifestation de l'autonomisation. En effet, les capacités de choix et les pouvoirs d'actions sont selon Kabeer (2005) les moyens de concrétisation de l'autonomisation des femmes.

De surcroit, l'inclusion financière devrait permettre aux femmes pauvres d'accéder à des capacités d'actions et des pouvoirs à la base de leur autonomisation. En définitive, l'autonomisation implique la capacité des femmes à changer et remettre en cause leur soumission.

Le processus d'autonomisation des femmes passe par une déconstruction sociale qui vise, l'équilibre des relations et du pouvoir liés au genre.

Kabeer (2005) définit d'ailleurs le pouvoir comme, la capacité de choisir et considère les capacités réelles d'action des femmes comme les déterminants des possibilités de choix.

A cet effet, elles fondent les capacités d'actions sur le pouvoir de décision, la capacité de négociation et les motivations. Ainsi, les ressources permettent la concrétisation des capacités d'action. Il reste clair que les capacités réelles d'actions varient d'un contexte à un autre selon le sens et le stimulateur qui la produit. Dans notre recherche, nous faisons de l'inclusion financière un potentiel stimulateur des capacités réelles d'actions des femmes.

Ces capacités réelles d'action produisent selon Kabeer (2005) des réalisations que nous pouvons considérer comme des activités productives, des capacités d'accès et de contrôle des ressources. En ce sens, l'épargne et le crédit sont des ressources qui sont à la base des capacités réelles d'actions des femmes pauvres. Comme le montre la figure suivante, Kabeer considère l'autonomisation comme un processus qui rappelle également les théories circulaires.

Figure 5 : Le Processus d'autonomisation selon Kabeer

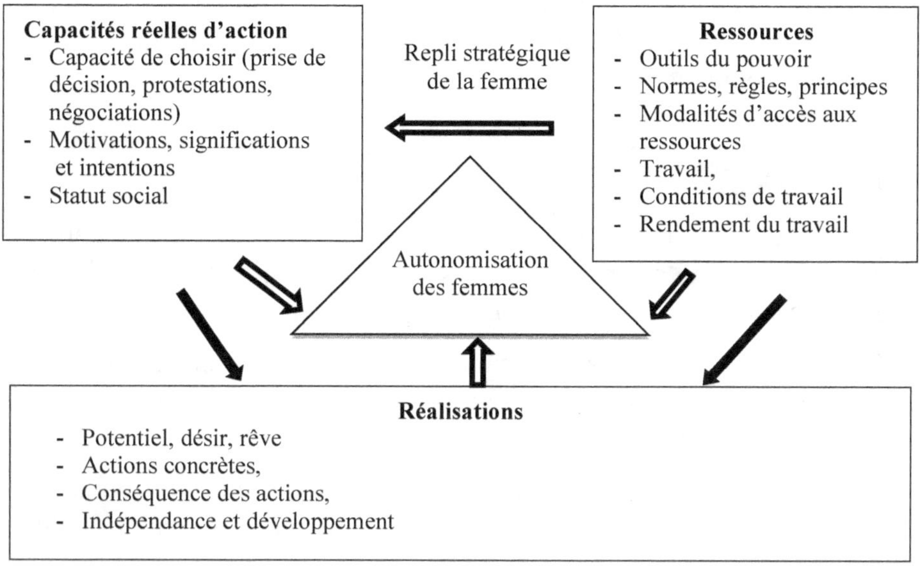

Source : Auteur

Cette figure montre les interrelations entre les composantes de l'autonomisation des femmes dans le modèle d'analyse de Kabeer. Dans le cadre de notre recherche, nous pouvons considérer que :

- Les services financiers, dans le cadre de la lutte contre la pauvreté sont des ressources permettant aux femmes de conquérir une autonomie et asseoir une résilience en vue de réduire la vulnérabilité économique,
- Les capacités réelles d'actions conférées par l'accès à l'épargne et aux crédits permettent aux femmes de réagir face à la dépendance et à la subordination à travers une participation aux décisions et une capacité de négociation,
- Les réalisations sont donc des outils de conquête du pouvoir facilités par les capacités d'actions et la disponibilité des ressources. Elles peuvent susciter une conscience collective et une mobilisation capable de soutenir des transformations sociales.

En effet, l'autonomisation des femmes doit s'appuyer sur des mouvements collectifs de femmes pour avoir plus de portées et d'impacts à travers des changements socio-significatifs. Elle peut être à la portée de l'inclusion financière, à travers les ressources fournies (épargne et crédit) qui contribue à une inclusion de femmes dans les sphères de la décision, de la négociation, de la production et de l'influence sociétale.

Conclusion

Nous avons fait état d'une littérature diversifiée sur l'inclusion financière et l'autonomisation des femmes qui sont considérées comme des stratégies de lutte contre la pauvreté.

La pauvreté eu égard à ces manifestations de dénuements matériels et d'absence de pouvoir peut être atténuée voire éliminer par une inclusion financière.

En effet, l'inclusion financière, en garantissant aux personnes pauvres l'accès à des services financiers, contribue à la réduction de la pauvreté. La lutte contre la pauvreté, à travers l'accès aux services financiers, permet aux personnes en situation de pauvreté de développer des activités économiques et d'améliorer leurs revenus. En ce sens, l'inclusion financière contribue à la lutte contre la marginalisation sociale et économique ainsi que l'inclusion des couches sociales vulnérables.

Sous ce rapport, l'inclusion financière, depuis ses origines a fait de la lutte contre la pauvreté son centre d'intérêt. En effet, les premières tentatives d'inclusion financière remontent aux « Monts de Piété » qui ont amorcé une idéologie pour la lutte contre les inégalités sociales à travers un système de protection des pauvres contre les pratiques usurières. La littérature constate d'ailleurs, que la généralisation de l'inclusion financière dans le monde s'enracine sur les performances de diverses initiatives comme les « monts de piété », le modèle coopératif allemand… En effet, ces performances ont inspiré plusieurs pratiques dans tous les continents et ont servi de base de références à la microfinance. Cette dernière a permis l'affinement d'une panoplie de services intégrés qui ont permis aux pauvres et aux petites organisations d'accéder aux finances.

En outre, les principes de la microfinance se sont élargis à des dispositifs informels eus égard à l'impératif de lutte contre la pauvreté. En ce sens, la littérature fait état de réelles perspectives avec les associations d'épargnes et de crédits, le « mobil banking » et les coopératives. Cela atteste de l'existence d'enjeux sociaux et économiques qui fondent tous les centres d'intérêts manifestés à l'endroit de l'inclusion financière.

Par ailleurs, l'intérêt manifesté sur l'inclusion financière a permis l'émergence de deux courants de pensées que sont les « welfarists » et les institutionnalistes. Les approches des « welfarists » et des institutionnalistes, malgré leur objectif commun de lutte contre la pauvreté, ont un certain nombre de divergences que nous avons relevées. En effet, les institutionnalistes, en se focalisant sur la rentabilité et l'autosuffisance financière, se voient obliger de sélectionner les plus riches parmi les pauvres. Cette approche, en se fixant sur la rentabilité et la pérennité, exclut naturellement des pauvres. Par contre, l'approche « welfarists » en privilégiant la portée sociale, néglige la viabilité financière et hypothèque ainsi sa durabilité. Mais leur courant de pensée, malgré leur dépendance aux subventions, a l'avantage de s'intéresser aux plus pauvres parmi les pauvres. Cet avantage offre de réelles perspectives à notre recherche qui concerne les femmes rurales en situation de pauvreté résidant dans les zones géographiquement éloignées. Mais il reste clair que quel que soit le type d'inclusion financière, comme indiqué dans beaucoup de travaux, l'efficacité exige la prise en compte de trois facteurs essentiels à savoirs : l'accessibilité financière, l'utilisation des services financiers et le niveau de qualité. Ces trois déterminants fondent les performances et les résultats de l'inclusion financière. A ce titre, l'autonomisation des femmes se range dans la panoplie d'effets qui pourrait induite par l'inclusion financière.

En effet, l'autonomisation des femmes, en tant que système de dotation de pouvoirs permet leur habilitation sur les plans sociale, économique et politique. Cette habilitation est perçue dans la littérature comme une modification des relations de genre qui entraine le développement chez les femmes de capacités, de décisions et de négociations à travers l'amélioration de leur statut social, l'accès à des ressources pour des réalisations et enfin le port de mouvements collectifs.

En ce sens, les théories de l'autonomisation entretiennent une relation avec l'approche genre qui vise une intégration des femmes dans toutes les dynamiques du changement. En effet, tous les deux concepts se déploient dans la quête d'équité et d'égalité de genre. En réalité, l'équité et l'égalité de genre sont convoquées pour éclore des sociétés où les femmes exercent comme les hommes leurs droits pour améliorer leur statut social, participer à l'économie, intégrer les instances politiques et porter des mouvements collectifs. Cela fonde toutes les théories de l'autonomisation qui s'articulent autour de trois conceptions.

La première considère l'autonomisation comme un processus qui s'étale dans le temps avec des transformations engendrées par la modification des relations de genre sous l'effet de facteurs endogène et exogène. La deuxième conception se focalise sur la capacité économique des femmes qui est le moteur du changement social à travers les pouvoirs qu'elle distribue. Enfin la troisième conception s'oriente dans la lutte contre la pauvreté chez les femmes à partir de la dotation de capacités d'actions et la mise à disposition de ressources pour soutenir des réalisations qui ensemble entrainent un changement social porté collectivement par les femmes.

Ces différentes approches de l'autonomisation des femmes montrent les éventuels apports de leur inclusion financière dans la mesure où l'octroi de ressources favorise l'action, les réalisations et la transformation sociale.

C'est pourquoi, il est important pour nous d'identifier quelques faits stylisés sur l'inclusion financière et l'autonomisation des femmes pour appuyer notre recherche. En guise de rappel notre recherche a pour but d'étudier l'impact de l'inclusion financière de proximité sur l'autonomisation des femmes pour un développement local.

Chapitre 2
Situation de l'inclusion financière et de l'autonomisation des femmes au Sénégal

Introduction

Ce chapitre de la thèse cerne les faits typiques et significatifs de l'inclusion financière et les dynamiques de l'autonomisation des femmes au Sénégal. D'abord, nous abordons les caractéristiques de l'inclusion financière, dans un contexte de pauvreté, afin d'appréhender l'évolution des paramètres que sont l'accès, l'utilisation et la qualité (Section 1).

En outre, dans cette section, nous avons identifié les barrières de l'inclusion financière afin de mettre en évidence sa portée sur les stratégies de développement économique. Il s'agit, en effet, de se faire une idée sur l'exclusion sociale et économique entretenue par le non accès aux services financiers de base des populations.

Dans la deuxième section, nous présentons la situation des dynamiques d'autonomisation des femmes au Sénégal pour, d'une part, appréhender la réalité de l'équité de genre et, d'autre part, trouver à notre recherche un support didactique. Il a été question, d'une part, de passer en revue les stratégies promis (mises en œuvre) par l'Etat et, d'autre part, faire un état de la situation de l'autonomisation des femmes sur les plans social, économique et politique.

Section 1 : L'inclusion financière au Sénégal : analyse des paramètres

L'inclusion financière, en tant que stratégie de développement économique et social, héberge deux logiques. La première est celle du développement financier à travers la mobilisation de l'épargne et l'accumulation de capital qui sont d'une portée réelle sur le soutien de la croissance inclusive (Guérineau et Jacolin, 2014). La seconde logique concerne l'approche sociale qui s'intègre dans la lutte contre la pauvreté et la précarité (Mayoux, 1998).

Ainsi, l'analyse de la situation de l'inclusion financière permet d'appréhender à la fois le niveau de développement économique et les efforts d'inclusion sociale de couches vulnérables. C'est pourquoi, dans cette section, d'emblée, nous nous sommes intéressés aux orientations stratégiques de l'Etat en matière d'inclusion financière pour situer nos analyses dans un cadre de référence. Ensuite, nous avons analysé l'inclusion financière en vue d'apprécier l'accès, l'utilisation et la qualité. En dernier ressort, nous avons complété notre analyse en identifiant les incertitudes et les obstacles qui font face aux défis de l'inclusion financière.

I. Revue critique de la stratégie de réorientation de la politique de microfinance

La lettre de Politique Sectorielle de la Microfinance, exécutée durant la période 2004-2013, a produit des acquis sur lesquels l'Etat du Sénégal s'est appuyé pour évoluer vers une nouvelle stratégie de développement du secteur de la microfinance. Cette stratégie, en cours d'exécution, cherche, dans l'horizon temporelle 2016-2020, à prendre en charge un certain nombre de défis majeurs à même de contribuer efficacement à l'impulsion d'une croissance inclusive et à la lutte contre la pauvreté à travers une inclusion financière.

Pour faire face à l'exclusion financière des populations en général par le système financier classique, le Sénégal a fait de l'inclusion financière une priorité dans sa stratégie de développement. Cette stratégie est formulée dans la perspective de l'accompagnement du Plan Sénégal Emergent et de la mise en œuvre d'un développement territorial en vue de réduire les disparités régionales sur le plan social et économique. De ce point de vue-là, l'inclusion financière est une option de développement et devrait, par conséquent, contribuer à la réduction des inégalités sociales et des disparités régionales. Les inégalités sociales et économiques, en tant que manifestation de la pauvreté se reproduisent à partir de plusieurs facteurs. Cissé et

Doucouré (2011)[17]ont identifié des facteurs économiques, professionnels, résidentiels, démographiques, géo-climatiques et culturels qui sont à la base d'une transmission générationnelle de la pauvreté.

Le niveau de revenu et le milieu de résidence influence ainsi la situation de pauvreté. Selon l'ANSD (2019), la population rurale du Sénégal a une proportion de 53,30% et tire la majorité de ses revenus sur l'agriculture.

Ainsi, le revenu d'activité dans un emploi principal d'un actif est estimé à hauteur de 125 485 FCFA par mois avec 129 330 FCFA pour les hommes contre 120 699 FCFA pour les femmes. Par conséquent les populations rurales surtout celles des zones géographiquement éloignées subissent les effets de la pauvreté du fait de leurs faibles revenus et de l'absence d'opportunités économiques.

En outre, la pauvreté et les inégalités ont donc une ampleur assez manifeste avec une propagation étendue et qui justifie aisément la stratégie de la microfinance. C'est pourquoi, la politique sectorielle de microfinance s'est fixée comme objectifs de développer des financements innovants, d'accroitre la participation des acteurs dans la finance, de mettre en œuvre une inclusion financière responsable et de soutenir le développement économique. Cette finalité s'intègre dans le développement inclusif qui apparait clairement dans la volonté politique de réduire le nombre de pauvre et de redynamiser les zones économiquement moroses.

En effet, l'incidence de la pauvreté individuelle au Sénégal est de 37,8% (ANSD, Banque Mondiale, UEMOA, 2020) selon l'approche basée sur l'élaboration d'un seuil de pauvreté national dans le cadre de l'évaluation des politiques publiques.

---

[17] Cissé et Doucouré ont dans leurstravauxces facteurs comme étant à la base de la transmission de la pauvreté et de la reproduction des inégalités :

- Facteurs économiques (situation des parents sur le marché de l'emploi, niveaux de revenus, etc.),
- Professionnels (chômage de longue durée, précarité des emplois, faiblesse des rémunérations, etc.),
- Résidentiels (lieux d'habitation),
- Démographiques (taille des ménages, etc.),
- Géo-climatiques (allongement des périodes de sécheresse, baisse de la pluviométrie, etc.),
- Culturels (faibles niveaux de capital humain et de capital culturel, etc.)

Par ailleurs, l'inclusion financière des femmes est envisagée comme une préoccupation majeure dans le souci de renforcer leur autonomie eu égard à leur majorité démographique et leur dynamisme économique. Cette volonté politique, en se traduisant de manière concrète et progressive, devrait permettre au Sénégal de se positionner comme un leader dans le secteur de la microfinance au niveau de l'UEMOA. La BCEAO (2018) donne au Sénégal un taux global de pénétration démographique des services financiers de 45,67% contre 37,72% pour l'UEMOA. En ce qui concerne le taux global de pénétration géographique des services financiers le Sénégal se situe à 205,94% contre 110,89% pour l'UEMOA.

Malgré ces résultats appréciables la pauvreté et l'exclusion socioéconomique persistent toujours avec une certaine acuité. La stratégie de développement de la microfinance pour une inclusion financière massive permet de prendre en compte des ménages à revenus faibles et des secteurs économiques prioritaires comme l'agriculture, l'éducation, la santé, la protection sociale et l'environnement. C'est à ce titre que l'alignement de la stratégie sur certains objectifs de développement durable comme la lutte contre l'extrême pauvreté et les cadres stratégiques du développement national est envisagé pour impulser l'équité sociale et territoriale. Mais force est de constater, la persistance des disparités régionales et des inégalités socioéconomiques.

L'Etat du Sénégal a, d'ailleurs, créé en 2019 un Ministère dédié au développement communautaire, à l'équité sociale et territoriale pour être dans une option de réduction des inégalités sociale et économique. Il s'agit, de manière opérationnelle, de mettre en œuvre la planification, l'exécution, le suivi et l'évaluation des politiques à même de contribuer à la réduction des inégalités au niveau de plusieurs secteurs comme les infrastructures, la santé, le développement social et inclusif (Décret n° 2019-779 en date du 17 avril 2019, relatif aux attributions du Ministre du Développement communautaire, de l'Equité sociale et territoriale).Ces secteurs ont besoin de s'appuyer sur une inclusion financière pour être plus performants. Mais paradoxalement, la microfinance, l'économie sociale et solidaire sont confiés à un autre Ministère (Décret n° 2019-803 du 17 avril 2019, relatif aux attributions du Ministre de la Microfinance, de l'Economie sociale et solidaire).Il en est de même que les affaires liées à l'équité de genre qui sont des éléments déterminant dans l'inclusion sociale et économique (Décret n° 2019-787 du 17 avril 2019, relatif aux attributions du Ministre de la Femme, de la Famille, du Genre et de la Protection des Enfants).Du coût l'inclusion sociale et économique des femmes est gérée par trois entités ministérielles qui se retrouvent dans leurs finalités sur le champ du développement inclusif. Cette dispersion institutionnelle pourrait subir les effets de la défaillance dans l'harmonisation, la mutualisation et la coordination.

Par ailleurs, la désarticulation stratégique se manifeste à travers la création de divers programmes qui concourent aux mêmes objectifs en l'occurrence l'accès des femmes aux crédits.

En effet, pour faciliter l'accès au crédit et le renforcement de l'entrepreneuriat féminin, l'Etat a mis en place diverses stratégies complémentaires. Il s'agit notamment de :

➢ La Délégation Générale à l'Entreprenariat Rapide des jeunes et des femmes (DER) :

Cette délégation est une structure mise en place par l'Etat, en 2017, afin de réaliser durablement un cadre de financement pour le soutien de performances économiques significatives à la faveur des populations en l'occurrence les jeunes et les femmes.

En ce sens, la DER inscrit son intervention dans le cadre de la volonté politique de l'Etat appuyé par ses différents partenaires pour stimuler l'entrepreneuriat.

➢ Le Fonds National de Promotion de l'Entreprenariat Féminin (FNPEF) :

Le FNPEF a été créé en 2004 dans le but d'encourager et de promouvoir l'entreprenariat féminin. Son but est d'amener les femmes à se lancer dans la création d'entreprises mais également de consolider les entreprises de femmes déjà existantes.

Parti d'un budget d'un milliard de francs CFA, le Fonds National de l'Entreprenariat Féminin envisageait de créer, de développer et de pérenniser des entreprises de femmes.

Ainsi, il devrait contribuer au renforcement des capacités des femmes entrepreneurs, à l'appui technique et logistique aux entreprises de femmes et au financement de la création d'entreprise.

Le fonds de l'entreprenariat féminin, accorde des prêts aux femmes urbaines et rurales à un taux d'intérêt de 5 à 7% dans onze régions du Sénégal, avec une discrimination positive en faveur des régions de Kolda et de Ziguinchor.

Le remboursement des crédits par les femmes devrait permettre au Fonds de répondre aux besoins potentiels ou réels en matière de crédits de la plupart des femmes sénégalaises. Mais en réalité, cet objectif est loin d'être atteint car il existe des femmes qui n'accèdent toujours pas aux crédits. En outre, une évaluation s'impose pour vérifier la durabilité, la viabilité et la pérennité de ce fond si on considère la persistance de l'extrême pauvreté chez les femmes rurales.

➢ Le Fonds National de Crédit pour les Femmes (FNCF) :

Ce Fonds a été mis en place en 2011 dans le but de « mettre en place une ligne de crédit et un système de financement adapté aux activités des organisations féminines ». Il s'agissait, en outre, d'accompagner les femmes dans le développement d'activités génératrices de revenus tout en renforçant leurs capacités managériales et techniques ». Ce fond poursuit des objectifs similaires à ceux du fonds national de promotion de l'entreprenariat féminin (2004). Mais ces deux fonds ne disposaient pas d'un maillon de jonction pour une mise en cohérence de leurs interventions au niveau d'une même cible que constituent les femmes.

➢ Le Projet d'Appui au Développement de l'Entreprenariat Féminin et de l'Emploi des Jeunes (PADEF/EJ) ;

Ce Projet, cofinancé par l'Etat du Sénégal et la Banque Islamique de Développement (BID), avec un coût total de 22,5 millions de dollars US, devait dérouler cinq (05) composantes que sont :

- Lignes de financement islamique,
- Infrastructures MP,
- Développement des filières,
- Formation et renforcement de capacité des parties prenantes,
- Appui à la coordination et gestion de projets.

Ce projet a la particularité de cibler les femmes rurales évoluant dans les secteurs de l'horticulture, la riziculture et la filière lait.

- Le Programme d'Appui au Développement Economique et Social (PADES) ;

Le PADES a été mis en place dans le cadre de la lutte contre la pauvreté par un soutien de l'opérationnalisation des politiques et stratégies nationales. En se situant dans une optique de soutien, ce programme devait contribuer à l'autonomisation socio-économique des groupes les plus défavorisés comme les femmes et les jeunes.

En outre, ce programme se situe dans la perspective d'un développement économique local durable à travers l'appui aux petites et moyennes entreprises. Malgré la volonté politique affirmée de faciliter l'accès des femmes aux crédits et à l'entrepreneuriat, il existe un goulot d'étranglement.

En effet, l'extrême pauvreté est réelle en milieu rural et même dans certaines zones urbaines. En réalité, ces différentes stratégies et programmes sont souvent désarticulés du fait de l'inexistence d'un cadre d'harmonisation.

Toutefois, des résultats assez significatifs peuvent être inscrits à leurs comptes. A titre d'exemple, les 36% des financements de la DER ont été injectés dans le sous-secteur de l'élevage. En outre, la DER a investi 63% de ses fonds pour les femmes (RAC Genre, 2019). Ces options de financement montrent la volonté de prendre en compte la présence des femmes rurales dans l'agriculture et d'impulser une dynamique d'autonomisation et de réduction des inégalités de genre.

Par ailleurs, avec le fonds de la promotion de la sécurité alimentaire, les femmes évoluant dans l'élevage ont pu bénéficier entre 2016 et 2018 d'une enveloppe de plus 250 000 000 F CFA avec des montants allant de 5 à 24 000 000 FCFA.

Ainsi, l'inclusion financière reste une option d'accompagnement du développement inclusif et la réalisation de l'équité de genre. Cela montre le caractère transversal de l'inclusion financière que Kabeer (2005) considère comme des ressources qui fondent des capacités réelles d'actions des femmes. Par ailleurs, l'orientation de la microfinance sur une approche centrée sur la demande, l'élargissement de l'offre aux populations rurales, l'intégration d'innovation technologique et le renforcement du cadre réglementaire est l'affirmation d'une volonté politique dans les stratégies d'inclusion sociale et économique. A cet effet, la promotion de la finance inclusive responsable et la protection des usagers des services financiers sont convoquées pour induire une dynamique participative dans l'inclusion sociale et économique.

La BAD (2015) a recommandé l'intégration de l'inclusion financière des femmes dans les politiques publiques avec des effets certains sur la croissance de l'économie nationale. Il a été souligné que les discriminations, fondées sur le genre en matière d'accès au crédit, ont un impact significatif sur l'autonomisation des femmes et la promotion du développement durable[18].

En effet, en Afrique Subsaharienne, l'équité de genre est souvent perturbée, du point de vue économique, par des déséquilibres en matière d'accès aux opportunités et aux ressources. La participation des femmes dans l'inclusion financière devient donc un impératif d'une portée incontestable. En ce sens, le développement d'une inclusion financière, avec des mécanismes de financement innovants comme le « mobil Banking »et des dynamiques participatives, est pris en compte pour soutenir une croissance inclusive et un développement territorial.

Cette ambition de l'inclusion financière avec les objectifs de développement national traduit toute la portée sociale et économique de la politique de microfinance appelée à jouer un rôle de premier plan dans le soutien des initiatives économiques locales, la promotion d'un développement territorialisé, le développement d'alternative de financement participatif et enfin le soutien d'une stratégie de croissance inclusive.

En effet, les stratégies de développement positionnent la microfinance à la croisée des chemins du développement territorial et de la croissance inclusive. Toutefois, la microfinance, bien que tentant d'apporter une réponse à la question de l'exclusion bancaire, est loin d'être à mesure de couvrir tout le territoire national notamment les zones rurales très reculées. C'est pourquoi, il est envisageable, de développer des alternatives d'inclusion comme les coopératives d'épargne et de crédit et les groupes d'épargne pour le changement pour leur assigner une fonction complémentaire des

---

[18]Au cours d'un panel organisé dans le cadre de la 10e Conférence économique africaine à Kinshasa, mercredi 4 novembre 2015, quatre exposés ont mis en relief les obstacles relatifs à l'inclusion financière, l'autonomisation et l'accès à la terre des femmes africaines

IMF dans l'inclusion financière des personnes en situation de précarité notamment les femmes rurales.

Pourrait-on les considérer comme des alternatives d'inclusion financières et d'autonomisation des femmes rurales sans se positionner comme de simples appendices distributrices de services financiers aux personnes très pauvres et vulnérables ?

A juste titre, le ministère en charge de la microfinance d'économie sociale et solidaire devrait impulser dans les localités les plus reculées des dynamiques locales d'inclusion financière capable de redynamiser les économies territorialisées pour induire une équité de genre. Mais encore faudrait-il asseoir un cadre de collaboration interministérielle pour faire de l'inclusion financière un pivot commun au développement inclusif, à l'équité de genre et au développement économique local. Cette perspective stratégique est d'une extrême importance car l'accès aux services financiers n'a pas encore atteint un niveau viable au Sénégal. Cette problématique soulève la nécessité de passer au peigne fin l'évolution des paramètres de l'inclusion financière au Sénégal.

II. Evolution des paramètres de l'inclusion financière à travers l'accès, l'utilisation et la qualité

Les banques classiques et les IMF sont des acteurs en première ligne de l'inclusion financière. En ce sens, toutes les personnes qu'elles laissent en rades sont dans une situation d'exclusion financière.

L'accès, l'utilisation et la qualité sont, à tout point de vue, des éléments déterminants dans l'inclusion financière. L'accès financier ou l'accessibilité financière se définit avec une différenciation avec l'utilisation, dans un cadre d'offres et de demandes de services financiers (Claessens, 2006). L'accès est considéré comme la disponibilité où l'offre de services financiers à des personnes exclues par les systèmes financiers avec une prise en compte de la qualité et du coût qui doivent être à des niveaux acceptables.

Nous allons, ainsi, examiner l'accès aux services financiers, leur utilisation et leur niveau de qualité à travers les faits les plus significatifs pour analyser l'inclusion financière au Sénégal. En dépit des progrès enregistrés au cours de cette décennie au niveau des systèmes financiers d'Afrique subsaharienne, des millions d'africains n'ont toujours pas accès à des services financiers abordables. Selon les données de la base Global Findex de la Banque Mondiale, sur l'accès aux services financiers, seuls 24% de la population de l'Afrique subsaharienne disposent d'un compte dans une institution financière formelle (ANSD, 2016). Ce taux est très faible et demeure préoccupant si l'on considère que l'inclusion financière sert à la fois de stratégie de lutte contre la précarité et d'impulsion d'une croissance plus inclusive et durable. Au Sénégal, ces taux de pénétration sont aussi faibles, avec des disparités régionales, malgré les réorientations de la stratégie d'inclusion financière.

i) L'accessibilité financière à travers les banques et les IMF

La pénétration des services financiers au Sénégal, malgré une évolution constante comme nous le montre le tableau suivant (tableau 1), illustre des caractéristiques montrant l'ampleur de l'exclusion financière.

Tableau 1 : Taux global de pénétration démographique des services financiers

Année	TGPDSF
2006	1 ,22
2007	1,327
2008	1,437
2009	1,486
2010	4,624
2011	3,965
2012	6,337
2013	19,811
2014	31,497
2015	41,227
2016	23,017

Source : Adaptation données, BCEAO, 2017

Ces données montrent une évolution de la pénétration démographique des services financiers entre 2006 et 2010. En 2011, nous constatons une légère baisse de l'évolution ainsi qu'en 2016. D'une manière générale, la tendance est à la hausse avec un pic en 2015 et prouve l'existence de réels efforts déployés pour l'inclusion financière. Cependant, le taux de pénétration des services financiers reste très faible.

Par ailleurs, une interprétation de la pénétration des services financiers des banques et des IMF doit intégrer les paramètres démographiques et géographiques en vue d'un affinement des analyses.

- **Pénétration globale démographique des services bancaires et de microfinance**

La pénétration globale démographique des services bancaires et de microfinance au Sénégal comme nous le révèle le graphique suivant (graphique 1), est dans une progression constante mais elle reste encore très faible.

Graphique 1 : Evolution du Taux De Pénétration Démographique Des Services Bancaires et de microfinance de 2006 à 2016

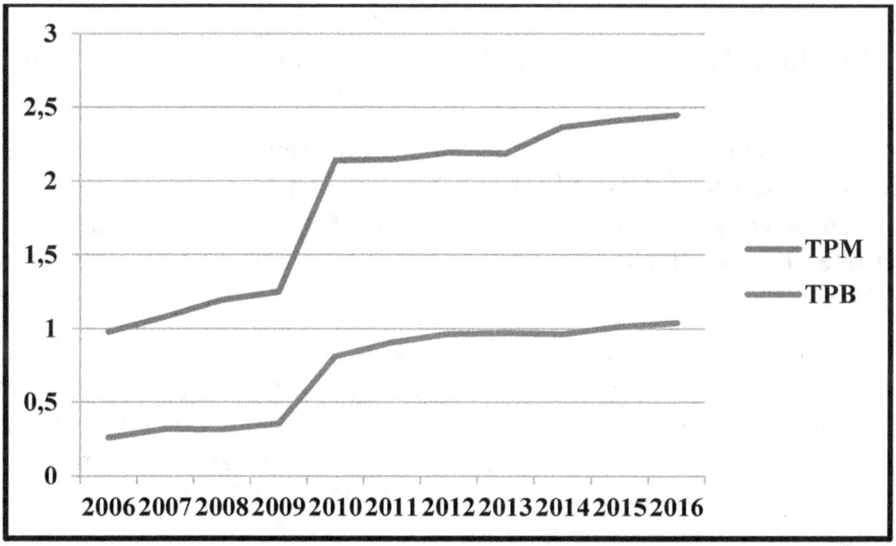

Source : Exploitation de la base de données de la BCAO, 2018

Selon les données de la BCEAO (2018), le taux de pénétration démographique des Services bancaires et de microfinance suit la même tendance de 2006 à 2016. La tendance observée est en hausse de 2006 à 2010 mais nous notons des variations très faibles au niveau du taux de pénétration démographique.

Nous constatons, en outre, que le secteur bancaire a un taux de pénétration démographique plus faible que celui de la microfinance. En 2016, le taux de pénétration démographique de la microfinance est de 1,40% contre environ 1,21% en 2013 alors que le secteur bancaire était de 0,97% en 2013 contre 1,04% en 2016.

En partie, cela pourrait être expliqué par le fait que les IMF sont plus flexibles et ont l'avantage de développer des stratégies d'adaptation en vue de renforcer leurs maillages jusqu'à atteindre une zone géographiquement éloignée.

Toutefois, malgré les tendances d'évolutions de la pénétration démographique, les IMF et les banques enregistrent des taux de pénétration très faibles au Sénégal.

Par conséquent, avec un taux de croissance de la population de 2,8% (Banque mondiale, 2017), avec une variation annuelle, de nouveaux besoins sociaux sont induits, notamment, ceux liés aux services financiers. L'offre de services financiers n'est donc pas proportionnelle à l'évolution de la croissance démographique et de la demande sociale.

En effet, l'augmentation de la population entraine forcément une augmentation des besoins en services financiers.

Ainsi, dans le domaine de l'inclusion financière, les services financiers décentralisés (SFD) constituent dans le contexte actuel, un moyen privilégié de lutte contre la pauvreté. En effet, ils offrent des services et produits financiers adaptés aux populations aux revenus faibles et précaires.

Par ailleurs, il est à noter que les taux de pénétration enregistrés dans les régions les plus pauvres sont encore très faibles. C'est le cas dans les régions de Fatick, Kaffrine et Kolda où nous avons respectivement, en 2016, 6,3%, 8,4% et 12% qui sont nettement en deçà du taux national qui est de 17,2% (ESRIF, 2017).

Cette faiblesse s'explique par les nombreux obstacles auxquels les SFD font faces. Entre autres obstacles, l'ESRIF (2017) relève :

- La gestion informelle de certaines SFD ;
- L'absence de synergie entre les acteurs ;
- La faible diversification des produits financiers offerts par les SFD ;
- L'insuffisance de l'offre de services financiers ;
- La faiblesse des capacités des dirigeants ;
- La faiblesse de l'épargne due en partie aux croyances socioculturelles du milieu (pratiques de la thésaurisation) ;
- Les taux d'intérêt très élevés.

Par ailleurs, il est noté l'existence des disparités territoriales dans l'accès aux services financiers notamment entre les centres urbains et les zones rurales avec des taux respectifs de 31% et 10,4%. En effet, les institutions financières sont surtout concentrées dans les grands centres urbains comme Dakar et Thiès comme l'atteste la figure suivante.

<u>Graphique 2</u> : Répartition des institutions financières formelles au Sénégal

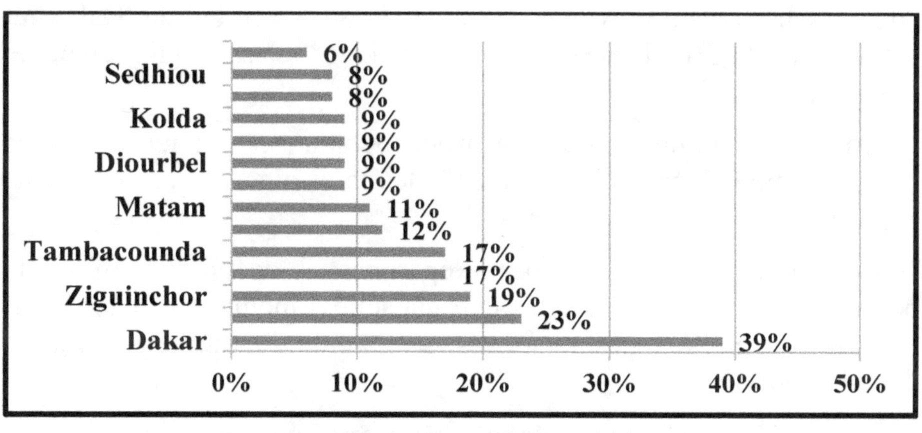

<u>Source</u> : Données, Enquête sur la Situation de Référence de l'Inclusion Financière au Sénégal (ESRIF), 2017

Dans les régions de Kaffrine, Kolda et Fatick classées respectivement 10ème, 11ème et 12ème, les taux de répartition sont de 9%, 9% et 8%.

La répartition des institutions financières dans les 14 régions a un effet indéniable sur les taux d'accès déclinés à travers le diagramme ci-dessous.

<u>Graphique 3</u> : Taux d'accès à une institution financière au Sénégal

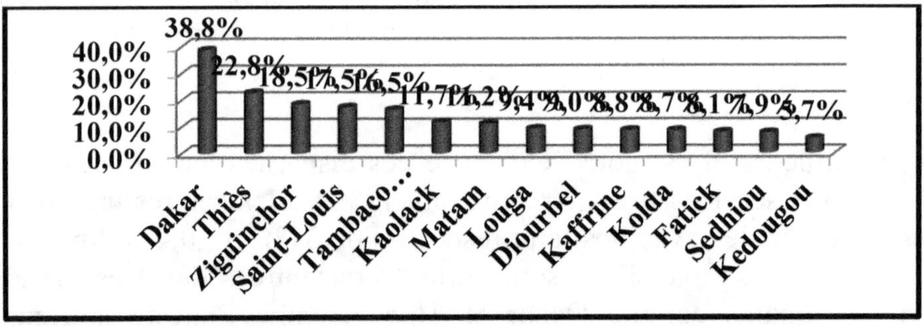

<u>Source</u> : Rapport Enquête sur la Situation de Référence de l'Inclusion Financière au Sénégal (ESRIF), 2017

Le taux de détention d'un compte varie d'une région à une autre. Il atteint son niveau maximal (38,8%) dans la région de Dakar et s'établit à 22,8% dans la région de Thiès classée en deuxième position.

Dans les régions de Kaffrine, Kolda et Fatick classées respectivement 10ème, 11ème et 12ème, les taux d'accès sont de 8,8%, 8,7% et 8,1%.

C'est pourquoi, les groupes d'épargnes et de crédits informels pourraient être considérés dans leur capacité à inclure financièrement dans les trois régions des personnes en situation d'extrême pauvreté et de vulnérabilité.

- **Pénétration globale géographique**

Le taux global de pénétration géographique comme le montre le tableau ci-dessous (tableau 2) suit une tendance au rythme de l'augmentation des institutions de services financiers sur l'étendue du territoire national et de la croissance de la population.

Tableau 2 : Taux Global de Pénétration Géographique des Services Financiers

Année	TGPDSF
2006	4,026
2007	4,499
2008	5,002
2009	5,312
2010	16,997
2011	14,956
2012	24,549
2013	78,826
2014	130,983
2015	174,875
2016	100,797

Source : Adaptation Données BCEAO, 2017

Nous constatons que, de 2006 à 2016, l'évolution du taux de pénétration géographique des services financiers au Sénégal est constante. L'évolution est modérée de 2004 à 2012, et s'est relancée à partir de 2013.

Le taux de pénétration géographique est passé de 78,826 en 2013 à 100,797 en 2016 alors qu'en 2012 il était de 24,549.

Cependant, il existe des disparités territoriales dans l'accès aux services financiers notamment entre les centres urbains et les zones rurales.

En effet, les institutions financières sont surtout concentrées dans les grands centres urbains comme Dakar et Thiès. Néanmoins, elles sont présentes dans presque toutes les régions du pays, en vue de permettre aux populations d'accéder aux services financiers même dans les zones les plus reculées (ANSD, 2013).

Toutefois, cette pénétration géographique a été accélérée par les évolutions du secteur de la microfinance qui est en pleine expansion dans le pays. Le portail de la microfinance révèle une évolution du secteur de la microfinance sur laquelle il est possible d'appuyer un développement économique plus inclusif avec la facilitation de l'accès aux services financiers, aux personnes et aux organisations en situation de précarité. Mais la microfinance apparait au Sénégal comme un appendice complétant le secteur bancaire classique et reste, à juste titre un système populaire d'inclusion financière au service des personnes, des ménages, et des PME moins nantis. Cette situation se confirme dans l'utilisation des services financiers, au niveau du territoire national.

ii) Utilisation des services financiers

Une appréciation de l'utilisation des services financiers envisage d'analyser leur usage qui est un des déterminants de l'inclusion financière. Au-delà de l'utilisation globale, peuvent être analysées l'utilisation des services bancaires et l'utilisation des services de microfinance

- **Utilisation globale des services financiers**

Comme l'illustre le tableau suivant (tableau 3), le taux d'utilisation globale des services financiers proposé par les banques et les IMF a connu une nette progression de 2007 à 2008 avec une baisse constatée en 2009. Sur la période de 2010 à 2017, la tendance de hausse est constatée. Toutefois, le taux d'utilisation des services financiers reste faible et pourrait être expliqué par des facteurs comme le manque d'informations, la faiblesse des revenus, la lourdeur des formalités administratives et le coût des transactions.

Tableau 3 : Taux Global d'Utilisation des Services Financiers (Base Population Totale)

Année	TGUSF	TBE	TUSB
2007	20,75%	24,21%	9,14%
2008	26,29%	30,76%	10,68%
2009	22,81%	26,61%	7,83%
2010	26,94%	30,96%	9,47%
2011	30,18%	33,80%	10,56%
2012	35,06%	36,48%	11,61%
2013	40,07%	40,81%	14,44%

2014	50,34%	45,10%	16,84%
2015	52,43%	43,35%	15,39%
2016	61,91%	45,84%	16,05%
2017	64,08%	47,88%	17,93%

Source : Adaptation, Données BCEAO, 2017

Cependant, il serait intéressant de comparer l'utilisation des services bancaires et celles des services de microfinance.

- **Utilisation des services bancaires**

Le taux de bancarisation au Sénégal est relativement faible. En effet le déficit de bancarisation est bien une réalité comme l'atteste le tableau suivant (tableau 4).

Malgré la progression de 24,21% en 2007 à 47,88% en 2017, le taux de bancarisation est encore faible au Sénégal.

En nous intéressant à l'usage réel des services bancaires, le taux d'utilisation est très faible, il environne 17,93% en 2017 contre 9,14% en 2007 (BCEAO, 2017). Toutefois, il faut noter, malgré la faiblesse du taux d'utilisation des services financiers, une progression timide est constatée d'année en année, comme l'illustre le tableau suivant (tableau 5).

Toutefois, le système bancaire a connu une forte évolution avec la création de nouvelles institutions au niveau des zones d'activités économiques comme Thiès, Mbour, Touba, Kaolack, Saint-Louis et Ziguinchor. Cependant le réseau bancaire reste très concentré à Dakar et les grandes villes comme Thiès, Kaolack, Saint-Louis et Ziguinchor. En dépit de l'amélioration et la diversification des produits financiers au Sénégal ces dernières années, la pénétration du secteur bancaire demeure assez modeste, ce qui explique en partie la faible utilisation des produits bancaires au Sénégal.

- **Utilisation des services de la microfinance**

La microfinance, du fait de sa capacité de maillage du territoire national a un taux d'utilisation plus élevé que celui des banques. Il est constaté, en effet, une tendance de progression des institutions de microfinance au Sénégal. Les indicateurs produits par l'Enquête sur la Situation de Référence de l'Inclusion Financière au Sénégal (ESRIF, 2017) confirment cette tendance.

L'offre de services financiers, au Sénégal, est assurée par 448 institutions formelles en activité, dont 24 banques, 3 établissements financiers, 387 systèmes financiers décentralisés (SFD), 29 sociétés d'assurance, 2 émetteurs de monnaie électronique (EME) et la société nationale de la Poste (ESRIF,2017).

En 2018, le secteur de la microfinance a enregistré un nouvel agrément et 85 retraits d'autorisation d'exercice portant l'effectif à 303 institutions agréées qui ont utilisé un réseau de 905 points de services, soit 12 agences ou guichets de plus qu'en 2017.

Le nombre d'adhérents au niveau des SFD est ressorti à 3 062 327 comptes ouverts, soit une hausse de 7,1% par rapport à 2017. Cette évolution résulte de celle des personnes physiques, plus particulièrement au niveau des femmes qui ont ouvert 98 662 comptes de plus par rapport en 2018 pour atteindre 1 212 983.

Le taux de financement de l'économie par les SFD, appréhendé par le ratio de l'encours de crédit sur le PIB, est estimé à 3,1% en 2018, soit 0,04 point de pourcentage de plus qu'en 2017.Du point de vue macroéconomique, les SFD concourent à hauteur de 58 milliards à la valeur ajoutée globale de l'économie, ce qui représente 0,4% du PIB et 19% de la richesse engendrée par tout le secteur financier.

iii) La qualité des services financiers

La qualité de l'offre de services financiers intègre la prise en compte de tous les groupes spécifiques et leurs niveaux de satisfaction vis-à-vis des services qui leurs sont fournies. Selon l'Observatoire de la Qualité des Services Financiers du Ministère des Finances et du Budget du Sénégal (2019), malgré quelques acquis sur la satisfaction des usagers, il existe des insuffisances qui méritent d'être prises en charge. Ces contraintes tournent autour de la qualité de l'offre de produits et de services financiers. Leurs études révèlent que 27,7% du sociétariat considère que l'offre de produits est peu adaptée.

Au niveau des IMF, la satisfaction des sociétaires sur leur niveau d'implication dans la gestion est faible. L'OQSF (2019) révèle, en outre, que40% des sociétaires trouvent l'existence de difficultés dans le changement de domiciliation de compte, avec une proportion de 68,5% de sociétaires qui estiment que leurs SFD sont restés indifférent sous peu coopératifs, une insuffisance du nombre de guichets (41,8%) des sociétaires.

Par ailleurs 41,8% d'entre eux sont insatisfaits du point de vue de l'instruction des prêts. A ce sujet, les garanties exigées, pour bénéficier du crédit, sont jugées « contraignantes » par 40,5% des sociétaires. Il en est de même que la qualité du suivi des prêts que 47,5% des sociétaires jugent insuffisante. Par ailleurs, 65,5% des sociétaires jugent les taux d'intérêt élevés. Ces coûts élevés sont aussi signalés sur les découverts par 43,7% des sociétaires[19].Globalement, les usagers trouvent que les coûts sont très élevés pour la plupart des services qui leurs sont offerts. Cela peut constituer une barrière sévère pour l'inclusion financière surtout pour les personnes à revenus faibles.

En ce qui concerne l'accessibilité des points de services, les usagers des régions éloignées éprouvent quelques difficultés. Les usagers des régions de Kolda (35,6%) et de Kaffrine (30,9%) ont des contraintes pour accéder au point de services financiers. Cela nous montre que l'accessibilité est faible si une zone est géographiquement éloignée et enclavée.

Par ailleurs, la protection des usagers de la microfinance devrait être prise en compte dans l'amélioration de la qualité des services financiers (Mbengue et al.,2011). Les améliorations sont orientées notamment sur les principes suivants : le respect de la transparence des conditions, la communication des informations clés lié à la transaction, l'équité et l'éthique dans le traitement des consommateurs, la mise en place de mécanismes (internes et externes) efficaces pour la correction des erreurs, le traitement des réclamations et enfin le règlement des différends.

En définitive, la qualité des services de microfinance est soumise à une rude épreuve du fait de la variation de son système de mise en œuvre. Fall et Servet (2010) affirment en ce sens que les services de microfinance varient d'une zone à une autre, en fonction des spécificités de chaque système financier, des niveaux de pauvreté, de l'ampleur des subventions et de l'implication des pouvoirs publics.

---

[19]Enquêtes, Finance, réussir busines par la Rédaction-11 novembre 2013

Ainsi, une approche homogène de la qualité semble être plus aisée au niveau des services bancaires que dans les IMF. En effet, le secteur bancaire a enregistré ces dernières années un bond significatif en matière de qualité. La BCEAO (2018) affirme qu'au niveau des services bancaires, les taux d'intérêt appliqués sur les crédits à la clientèle ont connu une baisse de 0,13 point pour ressortir à 6,79% en 2018 contre 6,92% en 2017. Cette tendance baissière est constatée durant les six dernières années. Au niveau des pays de l'UEMOA, les crédits accordés par les banques à leur clientèle sont moins onéreux au Sénégal (5,89%), en Côte d'Ivoire (6,33%) et au Burkina (7,44%) selon la BCEAO (2018). En outre, il est révélé qu'ils sont plus chers au Niger (9,23%) et en Guinée-Bissau (9,15%).

Ces données reflètent, en partie, le progrès à l'actif du secteur bancaire du Sénégal.
A ce sujet, l'ANSD (2010) souligne l'existence de réels progrès qui fonde une confiance des usagers en la solidité du système bancaire. En effet, car 48,8% des entreprises et 24,1% des particuliers ont déclaré disposer de plusieurs comptes ouverts dans les livres de banques différentes. Par ailleurs, l'augmentation du nombre d'agences de banque dans les zones de grande activité économique et le début d'implantation dans les localités éloignées sont souligné par l'ANSD (2010) comme révélateurs du développement d'une politique de proximité.
En outre, une meilleure gestion de la relation de clientèle se dessine dans le secteur bancaire avec le développement de stratégie de marketing. Selon l'ANSD (2010) près de 76% des entreprises ont trouvé ce service satisfaisant et ce taux s'établit à 35,4% chez les clients « particuliers ».

Cependant, l'étude de l'ANSD (2010), malgré les progrès significatifs réalisés dans le secteur bancaire, fait état d'un certain nombre de contraintes. En effet, la qualité des services bancaires pourrait être améliorée car certains clients ont traduit des insuffisances.

Entre autres axes d'amélioration souhaitée, nous avons :

- L'adaptation de l'offre de services,
- La révision du coût des services,
- L'amélioration de l'accessibilité des agences bancaires,
- L'amélioration de l'accueil de la clientèle.

En définitive, à travers les déterminants de l'inclusion financière, la problématique de l'exclusion de certaines organisations et des personnes en situation de précarité est bien une réalité au Sénégal. L'accessibilité financière soumise à une diversité de contraintes, reste très faible et hypothèque ainsi le niveau d'utilisation des services financiers.

Cela laisse apparaitre, la nécessité de déployer des efforts pour améliorer la qualité des services. L'exclusion financière, de par sa portée significative, exerce une influence sur le niveau de développement économique et la pesanteur du fardeau de la pauvreté. C'est en ce sens, que l'examen des barrières d'inclusion financière se profile comme une exigence pour la prise en charge de stratégies inclusives.

III. Les barrières de l'inclusion financière

L'exclusion financière est bien une réalité dans les pays du Sahel en général et en particulier le Sénégal. Divers obstacles sont relevés et ces derniers se manifestent concrètement en Afrique subsaharienne.

L'inclusion financière fait face à divers obstacles qui écartent les pauvres des services financiers. Ces obstacles sont de deux catégories : les premiers sont liés à la situation socioéconomique des pauvres et les seconds, d'ordre institutionnel, sont à cheval sur les dispositifs d'inclusion et les politiques incitatrices.

En réalité, les personnes en situation de pauvreté sont dans des conditions sociales et économiques qui les écartes, à priori des services financiers. Guérineau et Jacolin (2014) ont identifié le pouvoir d'achat et le revenu par habitant comme des facteurs qui peuvent limiter l'inclusion financière des personnes en situation de précarité. Par ailleurs, La banque mondiale (2014) a identifié une panoplie de barrières à l'inclusion financière. Ces barrières, en tant que facteurs explicatifs de l'exclusion financière, sont liées à des origines à la fois économiques, sociales et géographiques.

Sur le plan économique, les facteurs explicatifs évoqués sont la faiblesse des revenus et le coût élevé des transactions. Ces deux facteurs sont bien des caractéristiques perceptibles dans les ménages pauvres des pays en voie de développement.

Sur le plan social, il est noté que beaucoup d'individus, en Afrique, trouvent qu'il est impossible de détenir un compte du fait d'une méconnaissance de la réalité et des logiques des services financiers. En outre, d'autres considèrent que l'obtention d'un compte par un membre de la famille les exclus des possibilités d'inclusion financière. Par ailleurs, la banque mondiale (2014) évoque que le motif religieux et le manque de confiance aux institutions financières constituent également des facteurs bloquants l'inclusion financière. Ainsi, certains individus n'éprouvent pas le besoin d'accéder aux services financiers.

L'étude de la banque mondiale révèle aussi que du fait de l'enclavement et de l'éloignement géographique de certaines zones en Afrique, l'impossibilité d'accès aux documents officiels et la distance géographique avec les institutions financières se positionnent comme des facteurs qui entretiennent l'exclusion financière.

De l'étude de la Banque Mondiale (2014), nous pouvons identifier les barrières qui sont les plus pesantes en Afrique par rapport aux restes du monde.

Le graphique suivant identifie ces barrières que nous pouvons considérer comme déterminantes en Afrique.

Graphique 4 : Les barrières de l'inclusion financière en Afrique

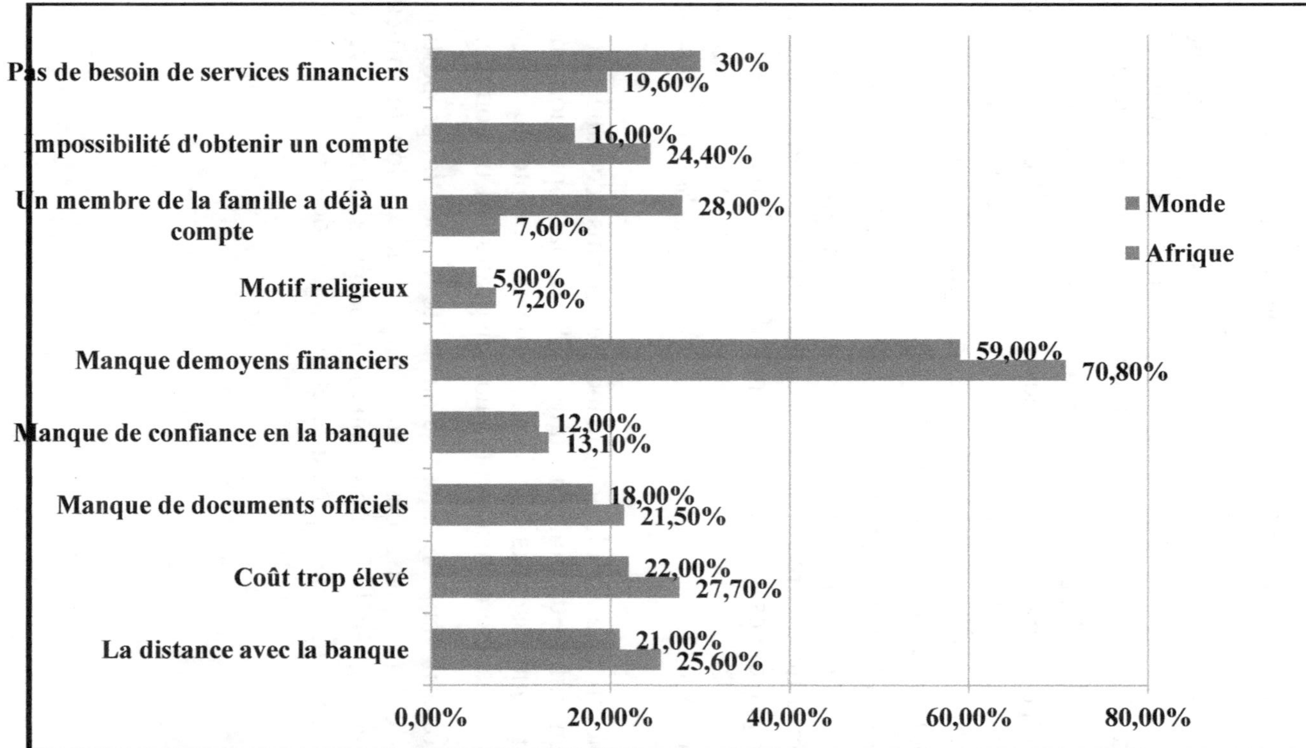

Source: World Bank Global Findex Database 2014. BSI Economics

Ce graphique montre que les barrières les plus saillantes en Afrique sont l'impossibilité d'obtenir un compte, le motif religieux, le manque de moyen financier, le manque de confiance en la banque, le manque de documents officiels, le coût trop élevé des interactions et la distance avec les banques. Pour toutes ces barrières considérées, l'Afrique, comparé aux restes du monde, héberge un ensemble de facteurs, d'une intensité forte, qui freine l'inclusion financière.

Nous pouvons ajouter à ces facteurs le faible niveau d'instruction et l'analphabétisme qui sont des facteurs déterminants dans l'exclusion financière. En effet, l'inclusion financière des femmes, est surtout limitée par l'analphabétisme qui constitue chez elles, une barrière pour leur inclusion sociale et économique.

Par ailleurs, l'ANSD (2016), avec l'enquête sur l'inclusion financière, a identifié un certain nombre de raisons de la non disposition d'un compte bancaire. Cette étude révèle, en effet, que 91% des personnes enquêtées estime que le faible revenu est la principale cause de la non utilisation des services financiers avec notamment 93,3% en milieu rural contre 90,5% dans les zones urbaines.

Cela montre que l'exclusion financière est plus accentuée en milieu rural qu'en milieu urbain. En outre, 3,3% de la population enquêtée considèrent que les frais élevés de tenue de compte au niveau des institutions financières justifient la non disposition d'un compte.

Toutefois, il faut signaler, selon cette étude, la proportion de personnes qui n'a pas accès à un compte varie selon le milieu de résidence au Sénégal. Comme nous le montre le tableau suivant, les personnes en situation de précarité et qui n'accèdent pas aux services financiers sont en majorité en zone rurale.

Tableau 4 : Proportion des personnes non utilisatrices de compte par milieu de résidence selon les principales causes

Les principales causes de non disposition d'un compte	Milieu de résidence			
	Dakar Urbain	Autres Urbains	Rural	National
Institution trop éloignée	0	0,6	3,8	2,3
Institution trop coûteuse	2,8	1,6	4,1	3,3
Absence de documents nécessaires pour ouvrir un compte	3	3,1	3,3	3,2
Absence de confiance	1,5	1,9	2,1	1,9
Manque d'argent	85,9	90,5	93,3	91
Raisons religieuses	0	0,1	0,4	0,2
Un membre de la famille a déjà un compte	0,4	0,3	0,2	0,2
Autres	9,9	4,2	3,1	4,8

Source : ANSD, L2s, Enquête modulaire mensuel juillet /août 2016

Outre « la possession d'un compte par un membre de la famille », pour toutes les autres barrières de l'inclusion financière, nous notons, au Sénégal, un taux plus élevé en milieu rural qu'en milieu urbain. Une lecture de ces barrières confirme la nécessité d'élargir l'éventail des dispositifs d'inclusion financière des femmes surtout celles des zones rurales.

A ce titre, les dispositifs d'inclusion financière de proximité, facilité par les organisations de la société civile, pourraient jouer un rôle dynamique dans l'inclusion sociale et économique des femmes en vue de leur autonomisation.

En effet, la base de données des ONG (Savix, 2018) a dénombré plus 200 000 groupes d'épargne et de crédit en Afrique Subsaharienne contribuant à l'inclusion des personnes pauvres à revenus faibles. Ces dispositifs populaires peuvent être considérés, comme des systèmes de transition des femmes rurales vers les IMF et la finance numérique. En outre, il faut considérer leur capacité à asseoir un socle pour le processus d'autonomisation des femmes rurales.

Par ailleurs, il faut noter que les tontines sont adoptées par les femmes pour réaliser des activités génératrices de revenus. Sarr (2015) souligne que les tontines étaient les principales sources de financement des activités des femmes avant leur insertion dans les circuits des IMF. L'auteur souligne que les femmes établissent une liaison entre les tontines et les IMF pour développer davantage leurs activités de production. Sur ce rapport, nous pouvons considérer que les circuits financiers informels peuvent arriver à un certain niveau de développement, soutenir des activités productives comme le commerce, la production artisanale et agricole.

Sarr (2015) soutient que les femmes ne délaissent pas les systèmes de mobilisation de l'épargne, ni les autres sources d'accès aux ressources financières lorsqu'elles accèdent aux services financiers des IMF. Ainsi, l'accès des femmes à plusieurs sources de financement s'avèrent être une stratégie pour développer les microréalisations. Cela confirme aussi l'existence de barrières à l'inclusion financière des personnes en situation de pauvreté qui agit favorablement sur le développement de circuits financiers informels. Le Sénégal, comme tous les pays de l'Afrique fait face à des obstacles pour la généralisation de l'inclusion financière. En effet, en Afrique Subsaharienne, comme nous le montre le graphique suivant (graphique 2), 24% seulement de la population âgée de plus de 15 ans détient un compte bancaire dans une institution financière formelle contre 55% pour les pays de l'Asie de l'Est-Pacifique et 44% pour ceux des Pays à Revenus Intermédiaires (Banque Mondiale, 2017). La situation est beaucoup plus alarmante dans les pays de la Zone Franc où le taux de bancarisation de cette tranche de la population est autour de 9%.

Graphique 5 : Taux de bancarisation de la population de plus de 15 ans

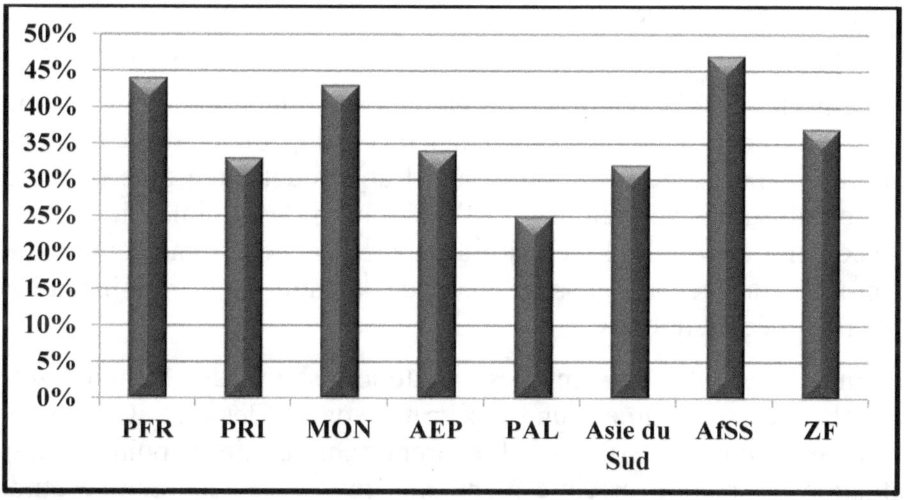

Source : Global Findex, Banque mondiale (2017), adaptée par l'auteur

Ces données reflètent la réalité de l'exclusion financière et entrent en droite ligne avec l'affirmation de Guérineau et Jacolin(2014) qui considèrent que le taux de bancarisation dépend du niveau de développement du pays.

En Afrique subsaharienne, les populations en général et plus particulièrement les femmes rencontrent d'énormes difficultés pour accéder aux institutions financières et aux crédits. Ainsi, le faible niveau de bancarisation et la difficulté d'accéder aux crédits ne permettent pas aux populations en général et les femmes en particulier d'avoir des activités génératrices de revenus leur offrant la possibilité de lutter efficacement contre l'exclusion sociale et économique.

C'est en ce sens que le Sénégal a un faible niveau de bancarisation que la BCEAO (2017) situe à 24,21% en 2007 et 47,88% en 2017.Toutefois, ce progrès ne signifie pas que l'inclusion financière est à un niveau viable. Ce niveau d'inclusion financière n'est pas, en réalité en mesure de soutenir des activités extra-domestiques. En effet, l'inclusion financière devrait permettre d'améliorer significativement les revenus et la capacité d'épargne des femmes en situation de pauvreté. C'est pourquoi, des alternatives d'inclusion financière des pauvres sont prises en charge dans la plupart des programmes de développement au Sénégal. En ce sens, le PNUD (2015), affirme la volonté de l'Etat du Sénégal, à travers le PUDC, « de transformer les conditions de vie des populations et de lutter contre les inégalités sociales ».

Parmi les finalités poursuivies par ce programme figurent en bonne place : le renforcement des capacités des groupements professionnels en entreprenariat rural, la fourniture d'un paquet intégré de services, l'autonomisation des femmes et l'intégration de la dimension genre. De ce point de vue-là, l'inclusion financière se positionne comme une approche transversale dans le cadre de la lutte contre les inégalités sociales et économiques.

En ce sens, les dynamiques d'autonomisation des femmes sont appréhendées comme une priorité dans les stratégies de développement inclusif. Il est donc important de faire le point sur leur situation pour appuyer cette recherche qui vise à réaliser une étude empirique de l'inclusion financière de proximité sur l'autonomisation des femmes rurales.

IV. L'inclusion financière des femmes rurales, vue sous l'angle du développement

Le développement local en tant que moyen d'opérationnalisation de la politique de décentralisation vise l'implication de communautés dans la réalisation du progrès économique et social.

Il se situe dans les lègues du développement endogène cherchant à améliorer les conditions de vies des populations à partir des ressources locales.

Colin (1988) affirme que « le développement est considéré comme endogène si le mécanisme qui oriente les facteurs de l'intérieur et ceux de l'extérieur est contrôlé et réglé de l'intérieur. Si les facteurs internes et externes sont contrôlés de l'extérieur, il est interprété comme exogène ».

Pour (Haverkort *et al.* 2003), le développement endogène est un développement basé principalement, quoique de manière non exclusive, sur des ressources disponibles localement (les connaissances, les cultures et les dirigeants locaux) et déterminé par la manière dont les populations se sont organisées, avec l'ouverture nécessaire pour intégrer les connaissances et les pratiques aussi bien traditionnelles qu'extérieures. Il inclut des systèmes d'apprentissage et d'expérimentation locaux afin de construire des économies locales et y retenir les bénéfices de l'activité.

Ces conceptions du développement endogène montrent effectivement que la réalisation du progrès dans un territoire devrait de faire en son sein, avec la mobilisation des ressources locales.

En intégrant l'équidé de genre dans le développement endogène, une place est donnée aux femmes comme actrices et productrices d'utilité. En ce sens, la production et la valorisation des opportunités locales apparaissent dans leurs fonctions.

A ce sujet, Sagna 2015 remarque que, dans le contexte rural, les femmes sont présentes dans des activités de faibles envergures. Ainsi, leur inclusion financière, à tout point de vue, agit positivement sur leur participation au développement économique local.

Sagna 2015 situe l'impact des services des IMF sur le volume d'activités, la diversification et l'envergure des activités économiques.

Nous pouvons considérer que l'inclusion financière des femmes peut accroitre leur participation au développement local et favoriser ainsi une équité de genre à l'échelle des territoires.

L'inclusion financière des femmes occupe en effet une place importante dans les stratégies de développement territorial. La lettre de politique de microfinance (2016-2020) et la SNEEG (2015) ont d'ailleurs pris en compte l'inclusion financière des femmes comme des mesures de développement inclusif. L'accès des femmes aux services financiers a enregistré ces dernières années des résultats très significatifs.

En effet, le niveau d'accès des femmes aux SFD au niveau national montre que de réels efforts ont été fournis. Il apparait une légère évolution du sociétariat féminin dans les statistiques des IMF au Sénégal. En 2018, la proportion de femme dans le sociétariat était de 40% contre 39% en 2016. Au titre des emprunteurs actifs, le nombre de femmes est cependant en nette progression (37% en 2016 à 40% en 2018).

En outre, les dépôts des femmes représentent 29% de l'encours d'épargne national soit 94 milliards de francs en 2016 contre 28% en 2018 soit 94 milliards (DRSSFD, 2018). En ce qui concerne le crédit, les femmes représentent seulement 19% soit près de 62 milliards de francs en 2016 contre 36% soit 144 milliards.

Sur la même période, selon les documents de la Situation Economique et Sociale (SES) régionale de 2016 pour ce qui est de l'encours d'épargne et l'encours de crédit, les femmes représentent respectivement 30,9% et 24,3% dans la région de Fatick, 19,1% et 12,3% dans la région de Kaffrine et 30,0% et 19,9% pour Kolda.

Cette faible représentativité des femmes dans les régions les plus pauvres et géographiquement éloignées est liée à un système de plus en plus contraignant, couteux et exclusif. En effet, les services financiers offerts aux femmes sont souvent décalés du point de vue de leurs conditions aux réalités socioculturelles des femmes. Guerin et Servet 2002 ont affirmé que du point de vue historique, la microfinance inscrit ses transactions dans une relation de proximité qui illustre également son caractère territorial. Ainsi, pour se positionner comme un instrument de développement économique local, la microfinance devrait adapter ses approches et ses stratégies au contexte dans le quels elle se meut. Dans un contexte de pauvreté, la prise en compte de l'équidé de genre par les dispositifs d'inclusion financière est nécessaire car la pauvreté concède au premier plan les femmes.

En outre, les conditions d'accès sont souvent décriées par les populations vulnérables et le ciblage des IMF s'oriente vers les populations disposant de garantie et de réelles capacités de remboursement. Ainsi, certaines collectivités territoriales surtout celles des régions pauvres, ont un faible niveau de dynamisme économique. Par conséquent, les femmes sont faiblement mobilisées pour le développement local. Cela contribue naturellement à l'exclusion socioéconomique des femmes en situation de pauvreté dans les processus de transformation sociales.

A cet effet, l'inclusion financière devrait être prise en compte dans les stratégies de développement territorial.

Cependant, il est paradoxal de constater que les IMF sont faiblement représentées dans les zones géographiques éloignées notamment en milieu rural.

Ainsi, d'autres alternatives comme les tontines, les associations d'épargne et de crédits, les GEC s'érigent de plus en plus en milieu rural comme des dispositifs d'inclusion financière des femmes.

En effet, dans le contexte des zones géographiquement éloignées, ces dispositifs s'imposent comme des modèles alternatifs d'inclusion sociale et économique des femmes. Elles sont des associations d'épargnants qui décident librement de mettre en commun des fonds pour une durée bien déterminée définie en fonction du nombre de membres.

Ils gagnent de plus en plus du terrain et contribuent à l'inclusion financière des femmes en situation de pauvreté. Par le billet de la solidarité, ces dispositifs permettent aux femmes d'accéder à un capital construit avec l'épargne des autres.

De surcroît, ils apparaissent comme de véritables compléments aux IMF et permettent de lutter contre l'extrême pauvreté des femmes rurales tout en soutenant le processus de leur autonomisation.

En outre, ces dispositifs d'inclusion financière participent à la mise en œuvre d'une équidé territoriales et sociale dans la mesure ou ils contribuent à redynamiser les économies locales.

Ainsi, l'inclusion financière des femmes contribue effectivement au développement local.

Section 2 : Analyse situationnelle des dynamiques d'autonomisation des femmes au Sénégal

En se positionnant sur une analyse situationnelle des dynamiques d'autonomisation des femmes au Sénégal, nous nous situons dans une perspective de cerner les écarts entre les hommes et les femmes au Sénégal, du point de vue social, économique et politique.

D'emblée, nous avons passé en revue la Stratégie Nationale pour l'Egalité et l'Equité de Genre en vue de cerner le cadre institutionnel de l'autonomisation des femmes pour ensuite aborder les caractéristiques de l'équité de genre au Sénégal.

I. Analyse de l'orientation stratégique de l'Etat en matière d'équité de genre

Les questions d'équité de genre suscitent un intérêt, de plus en plus, marqué au niveau de la communauté internationale. Différentes conférences mondiales sur les femmes[20]comme celles de Mexique (1975), de Copenhague (1980), de Nairobi (1985) et de Beijing (1995) ont été organisées dans le but de promouvoir l'égalité de genre. L'égalité de genre est perçue comme un des éléments déterminant dans les questions de population et de développement durable. Elle se profile, ainsi, comme une ambition planétaire et a été traduite par l'Etat du Sénégal à travers des stratégies et des politiques.

Ces stratégies s'inscrivent dans une volonté de pris en charge des besoins pratiques et des intérêts stratégiques des femmes pour sous-tendre leur participation dans la vie économique et sociale. Il en va de soi, que la stratégie nationale cherche à donner des réponses concrètes aux contraintes subies par les femmes comme, entre autres, la précarité des conditions de vie, les discriminations dans l'accès et dans le contrôle des ressources.

Par ailleurs, la consolidation de la politique de décentralisation avec l'entrée en vigueur des lois 96-06 et 96-07 portant Code général des Collectivités locales et transfert des compétences à celles-ci ainsi que la loi n° 2013-10 du 28 décembre 2013 de l'acte 3 visant l'équité

---

[20] Ces différentes conférences sur les femmes ont été organisées par les Nations Unies dans le but de proposer le programme mondial sur l'égalité des sexes. La dernière conférence en l'occurrence celle de Beijing a permis l'adoption par 189 pays d'une Déclaration et d'un Programme d'action, pour l'autonomisation des femmes. Ces instruments constituent les principaux documents de politique mondiale en matière d'égalité des sexes.

territoriale a nécessité une meilleure considération des femmes dans les efforts de développement économique et social.

Malgré l'intégration de l'équité de genre dans le Document Stratégique de Réduction de la Pauvreté (DSRP), les inégalités de genre ont toujours persisté au Sénégal réduisant ainsi les femmes à une situation de vulnérabilité. En effet, l'axe stratégique du DSRP relatif à l'amélioration des conditions de vie des groupes vulnérables et au niveau des secteurs de l'éducation et de la santé a permis, au Sénégal, de faire de réels efforts pour réduire les inégalités de genre.

Toutefois, certaines contraintes persistent toujours dans des secteurs aussi stratégiques que la santé, l'éducation et les droits humains. Mais dans les secteurs économiques où les rôles et potentialités différenciées des femmes et des hommes ne sont pas suffisamment analysés pour pouvoir bénéficier, en conséquence de mesures appropriées dans les programmes d'actions prioritaires.

C'est dans ce contexte que l'Etat du Sénégal s'est appuyé pour réorienter la stratégie en matière d'équité de genre. Cette stratégie s'était fixée, à partir de 2015, comme vision de tenir pleinement compte des besoins et des intérêts différents des femmes et des hommes dans le cadre d'un Sénégal émergent, sans discrimination basée sur le genre en garantissant aux hommes et aux femmes les mêmes chances de participation au développement et de jouir des bénéfices de sa croissance.

Fort de cet engagement, l'Etat du Sénégal avait choisi de concrétiser cette vision en formulant une Stratégie Nationale pour l'Egalité et l'Equité de Genre. La SNEEG ambitionne donc de contribuer de façon déterminante à l'atteinte des objectifs de développement du pays tels que traduits dans les cadres de référence que sont la Déclaration de la Politique de Population, le Document de Stratégie de la Réduction de la Pauvreté et les Objectifs de développement Durable en veillant à l'égalité et à l'équité de genre. De manière spécifique, la SNEEG devrait concourir à l'amélioration des conditions de vie des différentes catégories de la population, au renforcement de leurs capacités et à la diversification des sources de croissance du pays.

En ce sens, la SNEEG trouve sa finalité dans la réalisation de l'égalité et de l'équité de genre au Sénégal à travers deux objectifs à savoir :

i) L'instauration d'un environnement institutionnel, socioculturel, juridique et économique favorable à la réalisation de l'égalité de genre au Sénégal,

ii) Et l'intégration effective du genre dans les interventions de développement dans tous les secteurs.

De ce point de vue-là, l'inclusion financière des femmes devrait servir de levier d'intégration des femmes au développement avec la mobilisation d'une pluralité d'acteurs à la tête de laquelle nous avons la société civile (associations et ONG), les services déconcentrés de l'Etat, les collectivités territoriales, les agents de développement et le secteur privé. En réalité, la SNEEG est une perspective d'inclusion sociale et économique des femmes en tant que composantes dynamiques de la société. Il est donc important de les valoriser par une position sociale tout en renforçant leurs potentialités.

En outre, la promotion économique des femmes en milieux rural et urbain pour une réponse pratique à la faiblesse de leur pouvoir économique. Il va en dire que toutes tentatives de promotion économique des femmes nécessitent un exercice équitable de leurs droits et devoirs et le renforcement de leur accès et de leur position au niveau des sphères de décision. Il faut bien sûr compter, également, sur l'amélioration de l'impact des interventions en faveur de l'égalité et de l'équité de genre en renforçant le dispositif institutionnel, la synergie entre les acteurs, le système de suivi et d'évaluation.

II. Etat de la situation de l'équité de genre et de l'autonomisation des femmes au Sénégal

Dans cette sous-section, nous abordons l'équité de genre en faisant l'état de la situation des femmes sur les aspects liés au statut social, à la promotion économique et la participation politique. En circonscrivant l'autonomisation des femmes sur ces trois aspects, nous considérons ces trois dimensions : le social, l'économie et la politique.

II.1 Influence du statut social des femmes dans l'équité de genre

i) Le statut social des femmes : un pivot dans les relations de genre

En considérant les femmes comme des actrices économiques intégrantes des sociétés, elles doivent, à cet effet, avoir un statut social amélioré pour exercer, en plus de leur responsabilité sociale des rôles économiques et politiques. Mais force est de constater que dans la société sénégalaise, elles sont généralement confinées dans une responsabilité marginale en dépit de leur dynamisme économique et de leur poids démographique.

En 2017, les femmes représentaient 50,2% de la population (ANSD, 2020) mais elles ont un faible poids économique. Ce faible poids économique est une résultante du statut que leurs confère la société.

Ainsi, l'analyse de leur statut social s'avère être, à tout point de vue, un facteur important à considérer dans leur niveau de participation économique. Il s'agit d'appréhender les différents aspects de la vie sociale des femmes pour percevoir la réalité de leur statut social.

Les sociétés traditionnelles en général, avec une diversité ethnique, reproduisent la hiérarchisation sociale de la famille dans les rapports de genre. Par conséquent, la place et le rôle des femmes déterminent leur statut social avec des répercutions sur le plan économique. Ainsi, les hommes et les femmes ont un traitement différent du point de vue de l'accès et du contrôle des ressources. Cette situation découle d'une organisation sociale spécifiée en fonction des valeurs culturelles.

Mbodj (1997), à travers une étude dans la société Wolof, a montré que les rôles et les statuts des hommes et des femmes sont déterminés en fonction du sexe dès la naissance à partir du rituel du massage. Ce massage, de manière symbolique, englobe des pratiques rituelles centrées sur le corps de l'enfant qui vont le sectionner pour le déterminer socialement en tant que femme ou homme. A cet effet, le massage de la fille tente de configurer une beauté physique et comportementale alors que celui de l'homme la puissance physique et la force. Ce modèle de socialisation oriente dès le bas âge la fille à une fonction de « gardienne de chambre » et de « gestionnaire » de l'esthétique domestique. Quant aux garçons, on le configure socialement comme un dominateur capable d'exercer un pouvoir.

Comme le montre Mbodj (1997), cette culture de la féminité, à travers la socialisation, prédispose la femme à la subordination et l'homme à une fonction de domination. Cela se répercute, également, sur les relations de genre, qui prédisposent les femmes à une subordination les écartant du contrôle et de l'accès aux ressources ainsi que des formes d'expression du pouvoir. Le système de relation sociale et économique donne à la femme un statut dans lequel la dépendance, la subordination et la soumission représentent des valeurs et des normes.

Par ailleurs, avec une forte prédominance du système patriarcal, les ménages reproduisent un système de relation sociale et économique avec une subordination des femmes et une domination des hommes. La subordination de la femme à l'homme s'enracine ainsi dans des normes sociales qui font de l'homme une autorité au sein de l'institution familiale.

En ce sens, Adjamagbo, Antoine et Dial (2004), considère que l'homme incarne son pouvoir et la femme, à travers un conformisme, accepte la soumission. Les relations sociales génèrent des normes qui renforcent le pouvoir de l'homme à qui les femmes et les enfants manifestent une obéissance. Sarr (1997) affirme que la femme et les enfants ont l'obligation de respecter et de se soumettre à l'homme qui s'occupe de sa famille.

Culturellement, l'homme est donc détenteur du pouvoir au sein du ménage et définit le système de fonctionnement et l'ensemble des règles même celles relatives à la production et la consommation.

A cet effet, les hommes prennent les principales décisions et fournissent les moyens de subsistance du ménage en tant qu'unité collective d'habitation, de production et de consommation. Cette situation confère à la femme un statut social qui l'écarte des principales décisions économiques.

Selon Mbodj (1997), l'homme a droit à un travail rémunéré à l'extérieur de l'habitation et se donne ainsi un pouvoir de direction, de décision et de domination. En ce sens, la domination économique des hommes tire toute sa légitimité du statut social réservé aux femmes.

Sur cette lancée, Sagna (2015), confirme que le statut et le rôle de « chef de famille » et de principal pourvoyeur de revenu revient de droit à l'homme. Par conséquent, il a une autorité légitime et un accès privilégié aux moyens de production (éducation, formation, biens fonciers, information, crédits, etc.). Quant à la femme, elle exerce simplement une fonction de soutien à l'homme dans l'accomplissement de ses charges sociales et de sa fonction d'autorité (Sagna, 2015). L'incarnation de l'autorité par l'homme et la subordination de la femme se répercutent, ainsi, dans toutes les institutions sociales et économiques en apparaissant comme des normes préétablies.

En outre, le rite du mariage assigne à la femme un rôle de procréation, de protection et d'entretien mais rehausse, toutefois, selon Sarr(1997) et Adjamagbo et al.(2004) le statut social de la femme à qui on attribue socialement un rôle d'épouse et de mère.

Mais ce statut social ne se prolonge pas dans la sphère économique notamment dans l'accès et le contrôle des ressources.

Par ailleurs, avec la précocité relative du mariage des filles, les relations de genre sont naturellement déséquilibrées du fait de l'immaturité qui est peu favorable pour le développement d'une conscience de négociation et d'une capacité de choix. Selon l'ANSD (2013), au Sénégal, l'essentiel de la population célibataire à moins de 25 ans pour les hommes (76,6%) et moins de 20 ans (70,2%) pour les femmes. La situation matrimoniale est de ce fait un facteur déterminant dans l'ampleur de la dépendance des femmes.

En outre, les tâches domestiques sont exclusivement réservées aux femmes qui éprouvent plus de difficultés que les hommes pour exercer une activité hors du foyer. Sagna (2015) affirme qu'en milieu rural, les tâches domestiques sont plus pénibles et sont associées à des activités comme les cultures de subsistance, de la transformation artisanale des produits agricoles et halieutiques, le petit commerce, l'élevage...

Par contre, en milieu urbain, à cause de la crise économique et de l'accroissement de la pauvreté, les femmes combinent avec leurs tâches domestiques des activités économiques à l'extérieur de leurs foyers pour améliorer leurs revenus.

Ainsi, du fait de la possibilité d'accéder à un revenu, les femmes urbaines ont un statut social meilleur que celui des femmes rurales. Globalement, le système social, à la base de l'affectation aux femmes des tâches domestiques, réduit leur pouvoir de participation économique en dehors de leurs foyers.

Il existe, cependant, d'autres facteurs explicatifs de la faible participation économique des femmes. Nous en retenons le niveau d'instruction (Kabeer, 2005), l'accès aux informations et aux opportunités économiques.

En définitive, le statut social des femmes qui est un aboutissement des relations de genre donne à ces derniers des besoins spécifiques en termes d'équité sociale et économique mais aussi des aspirations différenciées dans la conquête des intérêts stratégiques. L'amélioration du statut social des femmes peut donc influencer positivement l'équité de genre qui se positionne comme préalable dans la redistribution de rôles sociaux, économiques et politiques aux hommes et aux femmes.

ii) L'équité de genre en tant que résultat de la transformation des relations sociales

L'équité de genre pourrait être appréhendée dans son degré de réalisation à travers le statut social des femmes qui dépend, lui-même, des formes de structuration sociale. Le statut social des femmes découle, en effet, du système de relation sociale.

Dans le cadre de l'intégration des relations entre les sexes dans le développement des chaînes de valeur, Laven et Verhart (2011) ont introduit deux dimensions fortement impliquées : structure et « agence ». Selon ces auteurs, la structure constitue l'ensemble des facteurs tels que la classe sociale, la religion, le sexe, l'origine ethnique, la coutume, etc. qui limitent ou influencent les possibilités que les individus ont. Cela révèle l'influence du système social dans les relations de genre qui déterminent le statut de la femme dans la société.

En ce qui concerne l'« agence », elle détermine la capacité des individus à agir de manière indépendante et de faire leurs propres choix librement.

Ainsi, à travers des facteurs endogènes ou exogènes, les femmes ont la possibilité de remettre en cause l'ordre préétabli dans les relations sociales pour améliorer leur statut. Dans une certaine mesure, le statut social des femmes conditionne la réalisation d'une équité de genre.

Le statut social de la femme est équitable lorsque les femmes sont traitées de manière égale que les hommes et que la société tienne compte de leurs besoins spécifiques. Ainsi, le concept d'équité employé dans beaucoup de domaines de connaissances rappelle la quête d'égalité entre les sexes et de justice sociale.

En effet, l'équité se réfère aux notions d'impartialité et de justice, et se rapproche ainsi de celle d'égalité des chances (Fedisch, 2013 ; Goetz, 2007 ; Reeves et Biden, 2000). L'équité se positionne dans les relations de genre comme un idéal pour garantir aux hommes et aux femmes un même traitement dans la société.

En ce sens, l'équité apparaît comme un paramètre essentiel dans l'application du genre dans les relations sociales (FAO, 2014). Ainsi, dans un souci de restituer à l'approche genre une dimension concrète, l'équité de genre devient le moyen par lequel la justice et l'impartialité sont considérées dans les relations entre les hommes et les femmes.

En effet, selon Reeves et Biden (2000), l'équité de genre désigne l'équivalence dans les résultats de la vie pour les femmes et les hommes, en reconnaissant leurs différents besoins et intérêts, et nécessitant une redistribution du pouvoir et des ressources.

La redistribution du pouvoir et des ressources, de manière égalitaire, entre les hommes et les femmes, dépend des relations de genre qui, dans certains cas, sont très favorables aux hommes pour octroyer aux femmes un statut de dépendance et de subordination. Ainsi, persistent, dans la plupart des sociétés, des inégalités de genre qui se manifestent au niveau économique, social et politique.

Sur le plan économique, le statut social des femmes peut hypothéquer leurs capacités à contrôler et à accéder aux ressources. Cela constitue en termes de manifestations des inégalités de genre.

Toutefois, une distinction est faite entre les inégalités qui résultent de circonstances indépendantes de la volonté des individus et celles qui proviennent des croyances et des perceptions de la société (Banque Mondiale, 2012, Werhane et Painter-Morland, 2011). Mais, il reste clair que les inégalités de genre se construisent dans les sociétés et influencent négativement l'égalité entre les sexes et l'équité de genre.

En réalité, les relations de genre sont façonnées par les comportements individuels, ainsi que les institutions sociales, par exemple les normes et les valeurs sur le rôle que les hommes et les femmes doivent remplir dans la production (Laven et Verhart, 2011). Ainsi, les rôles économiques dans la société, comme la production, sont distribués, de manière équitable ou inéquitable, en fonction du statut social des femmes. Cet état de fait est déterminant dans le statut social des femmes et leur participation à la prise de décision.

iii) Manifestation de l'équité de genre dans les secteurs sociaux au Sénégal

La participation économique des femmes et leur autonomisation dépendent de la mise en œuvre effective de l'équité de genre. L'équité de genre dans les secteurs sociaux, du point de vue de l'accès aux services, est à ce titre déterminant à l'amélioration du statut des femmes.

En effet, l'éducation et la santé se positionnent dans le processus d'autonomisation des femmes comme une manifestation de l'équité et de l'égalité de genre.

L'objectif d'éducation des filles, tant en milieu rural qu'en milieu urbain, entre ainsi dans toutes les stratégies définies par le Sénégal notamment le PDEF (1998-2008) et le PAQUET (2013-2025).

Mais force est de constater, au Sénégal, l'éducation d'une manière générale subi sévèrement les effets de la pauvreté. A ce propos, Dramani, Fall, Cisse, Diagne et Diop (2012) affirment qu'il existe d'une part, des corrélations fortes entre pauvreté chronique des individus et les conditions de vie des enfants et d'autre part, une relation de causalité entre le statut actuel de pauvreté des individus et le niveau d'instruction ainsi que celui de ces parents.

Cette situation n'épargne guère les filles, lorsqu'elles sont dans des conditions de vie défavorables et un certain niveau de pauvreté.

Le statut social des femmes est en partie lié à l'éducation des filles. L'éducation, en tant que moyen de renforcement du capital humain et de réduction de la pauvreté, améliore la productivité du travail et constitue un levier pour le progrès sanitaire, socio-économique et démocratique.

Il entre donc, en droite ligne, dans l'amélioration du statut social des femmes. Mais elle fait face à des contraintes qui hypothèquent la capacité des filles dans l'avenir à jouer un rôle moteur sur le plan social et économique.

Au niveau de l'enseignement préscolaire, l'ANSD (2018) montrait que sur un effectif de 208 502 enfants, les 52,2% sont des filles. Le milieu rural regroupe près de 40% des élèves dans le préscolaire.

Au niveau du cycle élémentaire des efforts sont réalisés en matière d'éducation des filles. En 2015, le nombre d'enfants nouvellement admis au CI, rapporté à la population ayant l'âge l'égal de fréquenter la première année de l'élémentaire a atteint 104,5% avec 111,2% chez les filles et 104,5% pour les garçons.

Le Taux Brut d'admission des filles est plus élevé que celui des garçons. Il en est de même que le taux brut de scolarisation au primaire (TBS) qui est passé de 86,8% en 2014 à 86,4% en 2015 avec une intensité plus forte chez les filles (92,3%) comparativement aux garçons (81,0%). Cette situation montre, éloquemment, les progrès réalisés en matière d'éducation des filles.

En outre, l'achèvement du primaire, en tant qu'objectif défini dans la politique sectorielle de l'éducation en vue de lutter contre les déperditions, permet une appréciation des performances au niveau élémentaire.

L'ANSD souligne qu'en 2018, le taux d'achèvement est estimé à 60,9% contre 62,5% en 2014 avec un taux d'achèvement des filles (66,2%) contre 55,8% chez les garçons (55,8%), quel que soit la région. A partir du cycle élémentaire, nous constatons un renversement des performances entretenu par les corvées domestiques et les mariages précoces. Le taux de transition de l'école élémentaire à l'école moyenne est estimé à 86,6% au niveau national avec 87,4%

pour les garçons contre 86,2% pour les filles. Le taux de transition des garçons est plus élevé que celui des filles.

Par ailleurs, des disparités sont notées selon le sexe dans la transition de l'enseignement moyen à l'enseignement secondaire avec 46,6% pour les garçons et 39,2% pour les filles. Le taux de réussite des garçons est donc supérieur à celui des filles. Cette tendance se répercute au niveau de l'enseignement secondaire. L'intensité de la fréquentation scolaire, mesurée à travers le TBS, concerne la tranche d'âge de 16 à 18 ans qui est estimé à 34,1% et reste plus élevée chez les garçons avec 34,5% contre 32,5% pour les filles.

Le baccalauréat sanctionnant la fin des études secondaires et le début d'un éventuel accès à l'enseignement supérieur a donné, en 2015, selon l'ANSD (2018) un taux de réussite de 31,8% avec 34,3% pour les garçons contre 28,9% pour les filles.

Une analyse globale de l'indice de parité révèle que, malgré le fort taux d'accès des filles à l'éducation, les performances des garçons sont meilleures. Pour tous les diplômes sanctionnant la fin des études élémentaires, moyennes et secondaires, le taux de réussite des garçons est plus élevé que celui des filles en 2015 (ANSD). Cela constitue un des facteurs qui limitent l'autonomisation des femmes notamment leur accès aux pouvoirs de décision, aux fonctions politiques mais surtout leur participation économique.

Ainsi, l'équité de genre subit donc des disparités entre les sexes au niveau de l'éducation. A ces contraintes des filles dans le système éducatif formel s'ajoute l'analphabétisme des femmes qui reste un véritable obstacle pour l'équité de genre et l'amélioration du statut social des femmes.

L'analphabétisme affecte, en effet, plus les femmes que les hommes car sur une proportion de 54,6%, d'analphabètes les 62,3% sont des femmes contre 37,7% pour les hommes (RGPHAE, 2013). En outre, la part des dépenses publiques en alphabétisation sur le budget national s'élève à 1%, loin du taux de 3% retenu par la conférence de Bamako de 2007 sur le financement de l'éducation non formelle recommandé aux Etats.

Comme nous le montre le graphique suivant, l'analphabétisme des femmes est d'une certaine ampleur au Sénégal et constitue un des obstacles de leur autonomisation.

Graphique 6: L'analphabétisme de la population adulte par groupes d'âges quinquennaux selon le sexe au Sénégal

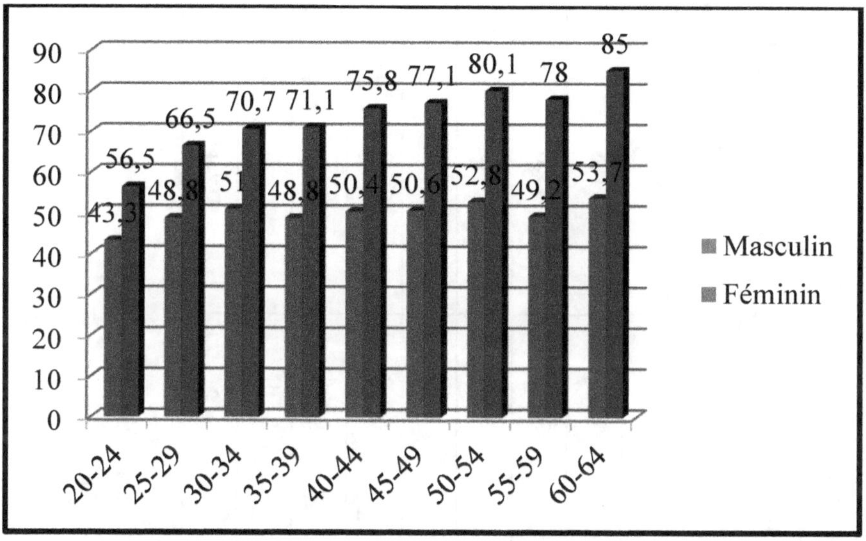

Source : ANSD, RGPHAE, 2013, données adaptées par l'auteur

L'analphabétisme touche plus les femmes au Sénégal quel que soit la tranche d'âge considérée.

En outre, nous notons des disparités selon le milieu de résidence comme l'atteste le tableau suivant.

Tableau 5: Niveau de l'analphabétisme de la population adulte par groupes d'âges quinquennaux selon le milieu de résidence au Sénégal

Groupes d'âges quinquennaux	Urbain		Rural	
	Masculin	Féminin	Masculin	Féminin
20-24	31,9	41,7	55,9	72
25-29	38,2	52	61,8	81,1
30-34	40,5	57,1	63,6	84,4
35-39	38	57,4	61,5	85,5
40-44	37,5	61	64,2	89,1
45-49	37	63,8	65,3	90,8
50-54	37,6	66,4	67,2	92,9
55-59	33,6	64,9	65,3	3
60-64	36,6	73	69,1	95,3

Source : ANSD, RGPHAE, 2013, données adaptées par l'auteur

L'analphabétisme touche plus les populations des zones rurales que celles du milieu urbain et quel que soit le milieu de résidence, il affecte plus les femmes que les hommes.

Par ailleurs, une comparaison faite entre Dakar et les trois régions concernées par notre recherche montre que l'analphabétisme des femmes est plus faible à Dakar avec 18%contre 23% à Fatick, 29% à Kaffrine et 30% à Matam comme l'atteste le graphique suivant.

Graphique 7 : Comparaison du niveau de l'analphabétisme entre Dakar et les régions de l'étude

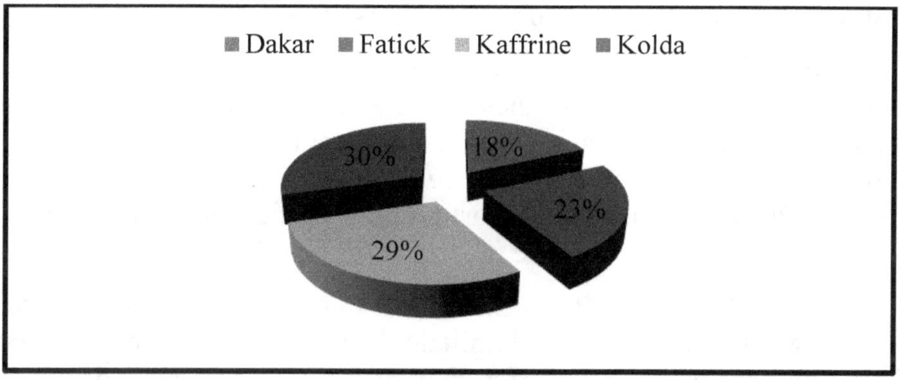

Source : ANSD, RGPHAE, 2013, données adaptées par l'auteur

La situation de l'analphabétisme au Sénégal révèle des disparités selon le sexe et le milieu de résidence. Cela montre qu'il constitue un obstacle sérieux pour l'autonomisation des femmes rurales surtout celles de régions les plus pauvres et géographiquement éloignées.

Par ailleurs, les disparités selon le genre se manifestent dans l'accès aux soins de santé. L'équité de genre, en matière de santé, est un élément à considérer dans l'autonomisation des femmes. En effet, les femmes ont des besoins spécifiques, en matière de santé, liés à leur fonction de reproduction, à leur statut social et économique.

La mortalité maternelle demeure, toujours, un problème de santé publique car la probabilité de décéder entre 15 et 50 ans est estimée à 59‰ pour les femmes (ANSD, 2017). L'ANSD révèle, en outre, que le Risque de mortalité maternelle sur la Durée de Vie (RDV), dans les conditions actuelles de fécondité et de mortalité, est estimé environ à 1 décès sur 80 femmes suite à des causes maternelles durant sa vie reproductive.

L'ampleur de la mortalité maternelle montre une certaine précarité de la santé des femmes. Ces dernières, tout en subissant une dépendance vis-à-vis des hommes, ont des revenus faibles du fait de la faiblesse de leur niveau de participation économique. Le niveau de participation économique est, en outre, une résultante du statut social qui n'est pas encore favorable à la participation aux prises de décisions essentielles.

Par ailleurs, l'intégration de la procréation dans la fonction sociale des femmes constitue dans leur statut social un facteur déterminant. En ce sens, leur niveau d'implication dans l'éducation, la protection et l'entretien des enfants peut réduire le temps qu'elles peuvent consacrer à des activités économiques hors du foyer.

Avec un indice de fécondité de 4,6 enfants par femme (ANSD, 2017), les possibilités d'exercice d'une activité économique sont plus importantes chez les hommes. Toutefois, il faut signaler que cet indice subit une baisse légère car cet indice est passé de 6,4 enfants en 1986 à 4,6 en 2017. Cela traduit en partie une évolution des femmes et un accès amélioré aux services de planification familiale.

De réels efforts sont constatés en matière d'espacements des naissances et de planification familiale dans le cadre de l'amélioration de la santé des femmes. En effet, le nombre médian de mois depuis la naissance précédente est de 34,6 mois (ANSD, 2017). Cette situation de fait peut avoir une influence positive sur les possibilités d'exercices d'activités économiques par les femmes.

Par ailleurs, la généralisation des soins prénatals améliore les conditions sanitaires des femmes. L'EDSC (2017) révèle que la presque totalité des femmes de 15 à 49 ans qui ont eu une naissance de 2013 à 2017 ont reçu des soins prénatals dispensés par des prestataires qualifiés (97%).

En outre, l'enquête affirme que près de six femmes sur dix ont effectué au moins quatre visites prénatales (57 %) et dans 64 % des cas, la première visite prénatale a eu lieu à moins de quatre mois de grossesse.

Le suivi amélioré des grossesses a un impact positif sur la mortalité maternelle et peut être imputé à l'amélioration de la couverture du territoire par les points de service sanitaire et aux effets des campagnes de sensibilisation. Cala contribue, également, au processus d'autonomisation des femmes par l'accroissement de leur possibilité d'actions.

Par ailleurs, l'assistance médicale de qualité a connu de réels progrès. Parmi les naissances ayant eu lieu de 2013 à 2017, près de quatre sur cinq ont eu lieu dans un établissement de santé (78%) et que 68% des naissances se sont déroulées avec l'assistance de personnels qualifiés souligne l'EDSC (2017). Ainsi, l'accouchement ne devrait plus être une contrainte, avec l'apparition de pathologies, jusqu'à entrainer chez les femmes un long temps d'absences dans les circuits d'activités économiques.

En ce sens d'ailleurs, les soins postnatals sont améliorés car près de huit femmes sur dix (77%) ont reçu des soins après l'accouchement par un personnel qualifié dans les deux jours qui ont suivi la naissance. Cela a comme impact une réduction des maladies après la grossesse qui contribue au maintien des activités économiques.

Cependant, les grossesses précoces restent toujours récurrentes car entre 2013 et 2017, la proportion des femmes âgées de 15 à 19 ans ayant commencé leur vie procréative n'a pas changé et se situe toujours autour de 16 %. Cette situation est plus perceptible en milieu rural à cause des mariages précoces et laisse apparaitre des problèmes de santé spécifiques aux femmes.

En réalité, dans les pays de la CEDEAO, les mariages précoces sont bien une réalité. Comme nous le montre les données suivantes, l'incidence du mariage précoce reste encore très élevée.

Tableau 6 : Incidence du mariage précoce dans la CEDEAO

Régions	**Taux**
Sénégal	33%
Gambie	36%
Guinée Bissau	22%
Guinée	52%
Sierra Léone	44%
Liberia	38%

Côte d'ivoire	33%
Mali	55%
Bourkina Fasso	52%
Bénin	32%
Togo	25%
Ghana	25%
Niger	76%
Nigeria	43%

Source: UNICEF's State of the World's Children, Girls not Brides (2015); 2016 Sahel and West Africa Secretariat (SWAC/OECD)

L'incidence du mariage précoce est de 33% au Sénégal contre 76% au Niger et 22% en Guinée Bissau. L'incidence du mariage précoce est à un niveau qui pourrait hypothéquer l'autonomisation des femmes, eu égard à des problèmes de santé qu'elles pourraient engendrer.

Outre, les problèmes de santé qu'ils impliquent les mariages précoces entrainent l'abandon précoce des études, l'impossibilité d'intégrer des systèmes d'apprentissage de métiers et l'inclusion économique tardive.

Par ailleurs, l'excision est toujours pratiquée et nous notons dans l'EDSC (2017) une prévalence, parmi les femmes de 15 à 49 ans, de 24% et que parmi les filles de 0 à 14 ans, 14% d'entre elles ont été excisées, environ 8% ont subi l'excision avant 1 an et 6 % entre 1 an et 4 ans. Cela montre des résistances à l'abandon de l'excision qui est un élément à considérer dans le statut social et les droits des femmes. Le traumatisme précoce engendré par cette pratique sociale pourrait entretenir une acceptation par les femmes du devoir de subordination. Cette subordination pourrait se prolonger dans les systèmes d'inclusion des femmes dans l'accès et le contrôle des ressources.

Par ailleurs, malgré les énormes progrès enregistrés dans l'amélioration de la situation sanitaire des femmes un certain nombre de contraintes persiste.

L'ANSD (2017) affirme que « parmi les femmes de 15 à 49 ans, 53 % ont au moins un problème d'accès aux soins de santé. Comme nous le montre le graphique suivant, tant en milieu rural qu'urbain, les femmes rencontrent des problèmes.

Graphique 8 : Problèmes d'accès aux soins de santé rencontrés par les femmes

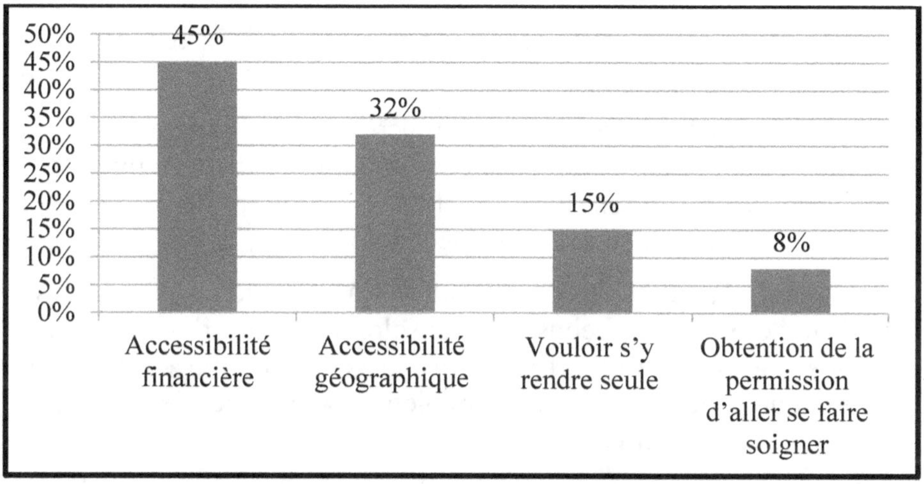

Sources : Données ANSD, 2017, adaptée par l'auteur

Ces problèmes posent de réels obstacles pour l'autonomisation des femmes en matière de santé.

En définitive, la santé des femmes, un facteur primordial de leur autonomisation, est améliorée de manière générale dans tout le territoire national. En effet, le taux d'accès aux soins sanitaires est acceptable et le taux de mortalité maternelle baisse d'une manière considérable.

Toutefois, la faiblesse des revenus des femmes pourrait hypothéquer leur prise en charge sanitaire de manière efficace. C'est pourquoi l'inclusion financière pourrait être considérée un moyen offert aux femmes pour améliorer leurs conditions sanitaires.

En effet, elle facilite l'accès à l'épargne, au crédit, à l'assurance maladie et aux moyens de paiement qui sont mobilisables pour se garantir des services sanitaires de qualités. Les services de santé, en se dotant d'une accessibilité financière géographique et technique contribue effectivement à l'autonomisation des femmes qui est une condition essentielle pour leur inclusion sociale et économique.

II.2 Les inégalités économiques de genre au Sénégal

La promotion économique est déterminante dans le processus d'autonomisation des femmes.

Mais, elle subit les influences des types de relations économiques entre les femmes et les hommes.

Les relations de genre, sur le plan économique, varient selon les contextes et subissent également des mutations dans le temps sous l'influence de plusieurs facteurs dont l'évolution de la société, l'acceptation de la modernité et les technologies.

Van Osch T. et al. (2009) considère que l'inégalité de genre se manifeste de plusieurs façons et varie selon l'endroit, l'époque et les classes sociales. Il résume l'inégalité de genre comme « l'inégalité d'accès et de contrôle sur, les divers biens et ressources de la société, matériels et non matériels ».

L'accès et le contrôle des ressources matérielles et immatérielles vont donc déterminer les caractéristiques de l'équité économique de genre. En réalité, à travers les rôles des hommes et des femmes dans l'économie, nous pouvons déduire des inégalités de genre lorsque les femmes sont dans une subordination qui est liée aux constructions sociales. Au Sénégal, les inégalités de genre sont très manifestes sur le plan économique. L'ANSD (2013) souligne que les rôles économiques et les activités dévolues aux femmes sont généralement répartis en fonction des représentations sociales. Ces représentations sociales produisent des inégalités économiques qui se manifestent au niveau des emplois rémunérés, la création d'affaires et la mise en place d'activités productives.

Au Sénégal, les femmes sont très concernées par le chômage et le sous-emploi. En effet, sur un taux de chômage estimé à 13,4%, une répartition, selon le genre, révèle des taux de chômage respectifs de 9,5% et 16,7% chez les hommes et les femmes (ANSD, 2015). Cette inégalité a été confirmée par l'Enquête Nationale sur l'Emploi au Sénégal (2015) avec un taux d'activités de 65,2%, qui est plus important chez les hommes (72,1%) que chez les femmes (52,3%). Par ailleurs, le Recensement Général de la Population et de l'Habitat, de l'Agriculture et de l'Élevage (2013) avait révélé que sur dix (10) hommes en âge de travailler, sept (7) sont actifs alors que chez les femmes le taux d'activité est de 33,3%. Même la deuxième Enquête de Suivi de la Pauvreté (2011) avait révélé que le taux d'activité est plus important chez les hommes (60%) que chez les femmes (40%).Par ailleurs, le sous-emploi lié à la durée du travail était estimé à 32 % (ESPS, 2011) avec 40,3% pour les femmes contre 20,9% pour les hommes. En réalité, le chômage et le sous-emploi frappe plus les femmes que les hommes au Sénégal.

En outre, une analyse du nombre d'employeurs, selon le genre, montre que les femmes sont nettement défavorisées. En effet, la proportion de femmes employeuses est de 0.9% contre 3,1% chez les hommes selon l'ANSD (2015). Cela montre une faible présence des femmes dans des positions de prises de décision.

Par ailleurs, les femmes évoluent dans des secteurs d'activités qui reflètent bien leur situation économique et sociale. En effet, selon l'ANSD (2015) les femmes sont moins nanties que les hommes du point de vue des activités économiques exercées.

Ces données nous montrent que les femmes sont actives dans les activités génératrices de revenus, le travail non rémunéré à la ferme familiale et dans les exploitations familiales. En outre, elles reflètent une forte présence des femmes dans le secteur agricole. En effet, le Sénégal compte 755 532 ménages agricoles dont les 73,8% vivent en milieu rural (AVSF, 2013). L'AVSF révèle aussi que seules 11,4% des ménages agricoles sont affiliés à une organisation de producteurs. Ce qui atteste la prédominance des systèmes d'exploitation agricole familiale où les femmes jouent un rôle de premier plan. Ce système d'agriculture est traditionnellement orienté vers la subsistance, limitant ainsi sa capacité à générer des revenus. Ainsi, les inégalités de genres se constatent dans le secteur agricole car, selon toujours l'AVSF (2013), 84,7% des chefs de ménages agricoles sont des hommes contre 15,3% des femmes. Cela a une répercussion sur l'accès des femmes à la terre.

Au Sénégal, la législation foncière n'intègre aucune discrimination liée aux sexes en matière d'accès à la terre mais les femmes accèdent difficilement à la propriété foncière.

Selon l'ANSD (2019), une faible proportion de femmes possède des terres (5,2 %). Toutefois, 2,1% d'entre elles sont dans une situation de possession commune contre moins de 2,6 % qui possèdent seules des terres. Cette situation révèle qu'au Sénégal, la problématique de l'accès des femmes à la terre est toujours réelle.

Ainsi, les inégalités de genre se manifestent au niveau de la propriété foncière. En réalité, l'accès à la terre subit l'influence du code de la famille qui donne à l'homme le titre de chef de famille. Ce titre est souvent évoqué par les différentes formes d'organisation sociale à cheval dans les systèmes de production agricoles. En réalité, la codification des rapports entre les hommes et les femmes au sujet de la terre met en relief l'homme avec divers statuts comme chef d'exploitation agricole familiale, chef d'unité de production, chef de carré, chef de ménage…

Ainsi, un rapport de domination est établi entre l'homme et la femme au sujet de la terre qui fait l'objet d'une maitrise sociale. En effet, la femme exploite généralement des parcelles affectées par l'homme qui exerce de fait une propriété foncière. L'ANSD (2016) révèle, d'ailleurs que, dans les parcelles exploitées, les hommes sont plus présents (75,8%) que les femmes (24,2%). Ces disparités sont toutefois plus accentuées en milieu rural avec 77% pour les hommes contre 23% pour les femmes. Cette disparité se confirme même au niveau mondial car selon la FAO[21] (2020), les femmes possèdent moins de 2% de la terre, alors que le pourcentage des ménages dirigés par les femmes continue de croitre.

L'acuité des inégalités de genre dans le secteur agricole fait que les femmes font du secteur informel un refuge. En effet, nous notons une forte présence des femmes dans le secteur informel qui est « une économie souterraine ». Mais malgré leurs dynamismes dans ce secteur, les efforts des femmes sont faiblement valorisés par les statistiques.

Le rapport 2015-2016 d'ONU FEMMES révèle qu'au Sénégal 75% des femmes évoluent dans le secteur informel. Il est également affirmé que75% des femmes sont dans le marché du travail, contre 86% des hommes.

---

[21]http://www.fao.org/focus/f/women/Sustin-f.htm, consulté le 04 décembre 2020

Les femmes sont dans une véritable « économie de débrouille » pour faire face à leurs propres besoins et ceux de leur famille. Leur forte présence dans le secteur informel pourrait être expliquée par leur faible représentation au niveau des entreprises formelles.

Selon le recensement général des entreprises au Sénégal, 99,8% des entreprises sont répertoriés comme des petites et moyennes entreprises. La répartition, selon le sexe, des entreprenant au Sénégal laisse apparaître une forte proportion d'hommes (81,8%). Ils évoluent essentiellement dans le secteur informel et absorbe une part de la main d'œuvre (ANSD, 2017).

Du fait du manque de qualification, les femmes sont présentes dans le secteur informel où elles s'investissent dans diverses activités comme le commerce, l'artisanat et l'agro-alimentaire. Certaines activités comme l'agro-alimentaire et la couture présentent un potentiel d'évolution par contre certaines activités de génération de revenu se limitent à la couverture des besoins des femmes et de leur famille.

Le faible accès des femmes aux ressources économiques et à la propriété foncière contribue largement à l'anéantissement des efforts consentis pour leur autonomisation économique. Dans une large mesure, du point de vue de l'accès et du contrôle des ressources productives, les femmes sont nettement plus défavorisées que les hommes. Cette inégalité économique est à la base d'un paradoxe lié à la grande participation des femmes au développement humain et leur faible accès aux bénéfices (PNUD, 1995).

La DGCID (2008), en mettant un accent sur cette inégalité aux allures mondiales précise que les femmes constituent 70% de la population vivant avec moins de 1 dollar par jour alors qu'elles réalisent les 70% du travail rémunéré et non rémunéré. En outre, elles ne gagnent que les 10% des revenus mondiaux. Sur la même lancée, il souligne que les femmes reçoivent moins de 5% des crédits bancaires.

Du point de vue de la propriété des entreprises individuelles, l'ANSD (2017) révèle que la majorité d'entre elle, au Sénégal, est détenue par des hommes car les femmes ne détiennent que les 31,3%.

Il est, ainsi, fait état, de disparité selon le genre au niveau de la répartition des propriétaires des unités économiques et la taille de l'entreprise. En effet, pour tous les types d'entreprises, les unités économiques appartiennent en grande partie à des hommes et les femmes gèrent généralement les 32,8% des entreprises. En outre, elles sont beaucoup moins présentes que les hommes dans les petites entreprises où elles représentent 10,3% (ANSD, 2017). Cette situation conforte la forte présence des femmes dans le secteur informel.

En définitive, les femmes sont très présentes dans l'agriculture et le secteur informel mais eu égard à diverses contraintes comme les difficultés d'accès au financement, le manque de qualification et les effets des pesanteurs sociales, elles ont un poids économique plus faible que celui des hommes. Cela traduit naturellement, l'existence d'inégalité de genre sur le plan économique qui pourrait justifier la mise en œuvre des stratégies d'autonomisation des femmes.

Au Sénégal, l'élaboration de la Stratégie Nationale d'Autonomisation Economique des Femmes (SNAEF) est en cours de finalisation, alignée sur le PSE et les orientations des ODD. Cette stratégie se veut un cadre pour :

- ➢ Améliorer l'efficacité de l'action publique en matière de promotion économique des femmes ;
- ➢ Renforcer la contribution des femmes au processus de développement économique, en particulier sur les filières prioritaires ;
- ➢ Améliorer la résilience économique des ménages pauvres et vulnérables à travers l'autonomisation des femmes.

Toutefois, il est important de mettre le focus sur :

- L'accès à l'information, aux marchés porteurs et solvables dans des conditions de sécurité et de garantie des transactions ;
- La formation à l'entreprenariat dans des structures appropriées et selon des modalités modernes avec les matières pertinentes à la création, au développement et à l'expansion des entreprises performantes dans des secteurs porteurs de l'économie sénégalaise ;
- La disponibilité, l'accessibilité des structures d'appui et de conseil ;
- La disponibilité, l'accessibilité des structures des conditions et des modalités de financement ;

- Des dispositions législatives et règlementaires plus souples.

Par ailleurs, les femmes au Sénégal sont toujours confrontées à des contraintes telles que : l'accès à la terre et la sécurité du régime foncier, l'accès aux mécanismes de financement, l'accès aux facteurs de production et aux services de vulgarisation, mais aussi aux effets du changement climatique. La question de l'accès des femmes à la terre et à leur contrôle sur les ressources a toujours été l'un des défis majeurs du pays, en dépit du fait que la Constitution consacre le principe de l'égalité d'accès à la terre. La question n'est donc pas liée à l'aspect juridique mais plutôt à des raisons éminemment sociales, culturelles et politiques.

Soucieux de cet état de fait, l'Etat a mené plusieurs politiques allant dans le sens de promouvoir l'autonomisation économique des femmes. Toutefois, cette autonomisation économique des femmes au Sénégal reste un défi en raison de la complexité de l'environnement socioculturel, en particulier pour les femmes vivant en milieu rural. En effet, malgré une législation protectrice et égalitaire, des raisons éminemment sociales et culturelles rendent difficile l'accès des femmes à la terre. La prédominance du régime coutumier sur le droit moderne et les barrières sociales et culturelles telles que les questions de succession sur la terre limitent fortement la portée de la consécration du principe d'égalité. A cela s'ajoute le manque de connaissances sur les droits des femmes en matière de revendications territoriales et de procédures d'attribution, de lois et de réglementations garantissant un accès égal à la terre ; l'absence des femmes dans les cadres de concertation communautaires de décisions ; l'accès à l'information aux femmes ; le manque d'information sur l'achat de terre et la procédure devant le notaire.

Face à cette situation, l'Etat du Sénégal dans le but de corriger les inégalités à l'accès aux actifs agricoles et de renforcer le positionnement des femmes dans le secteur agricole, a pris les mesures ci-après :

- Affecter au moins 15% des aménagements à réaliser à partir des eaux de surface et 20% des aménagements à réaliser à partir des eaux sous- terraines aux femmes ;
- Allouer au moins 20 % des engrais subventionnés aux femmes ;

- Attribuer aux moins 20% de semences certifiés de riz et d'arachide aux femmes ;
- Affecter 10% au moins des tracteurs subventionnés aux femmes ;
- Octroyer 40 % des financements de l'agriculture aux femmes ;
- Octroyer 20% des financements aux projets de recherche agricole aux femmes ;
- Porter à 20% le taux de représentation des femmes dans les instances de décision dans le domaine de l'agriculture.

Grâce à cette circulaire N°0989 du 05 juin 2018 du Ministère de l'Agriculture et de l'Équipement rural sur la réduction des inégalités de genre au niveau des activités agricoles, de 2014 à 2017, l'accès des femmes à la terre est passée de 13, 8% en 2014 à 28,8 en 2017.

II.3 L'équité de genre et l'accès aux droits et aux pouvoirs

Au Sénégal, les inégalités liées au genre persistent dans le domaine de l'accès aux droits et aux pouvoirs malgré l'élaboration de la stratégie nationale d'égalité et d'équité de genre et le vote de la loi sur la parité. En effet, la faible application des textes nationaux liés à l'équité et à l'égalité de genre, hypothèque sévèrement l'habilitation politique des femmes. Et pourtant, l'accès des femmes aux pouvoirs politiques est une des conditions de leur autonomisation. Sa traduction dans la législation nationale de dispositions d'instruments internationaux des droits des femmes n'est cependant pas effectivement mise en pratique pour soutenir l'accès des femmes aux pouvoirs politiques.

En réalité, l'autonomisation des femmes sur le plan des droits et du pouvoir est confrontée à un certain nombre de contraintes. En effet, l'analyse de la situation de l'équité et de l'égalité de genre au Sénégal du point de vue de la jouissance des droits et l'exercice des devoirs pour l'homme et la femme laisse apparaître des déséquilibres manifestes. Aussi bien sur le plan social que politique, les hommes et les femmes disposent d'opportunités et privilèges différenciés malgré les multiples initiatives qui sont mises en œuvre par les acteurs et partenaires au développement. Cette différenciation n'est pas à la faveur des femmes et les oblige à développer des stratégies d'adaptations pour porter des revendications en vue d'améliorer leurs conditions d'existences. Sur le plan de la gouvernance des institutions des disparités de genre sont notées en matière d'accès et de contrôle du pouvoir.

L'appréciation de la présence des femmes et des hommes dans la gouvernance des institutions est centrée sur l'exécutif, le législatif et le conseil économique et social. Au niveau du l'exécutif, les nominations concernent plus les hommes que les femmes. Ces nominations concernent les positions de Directeur général, Directeurs national, Ambassadeur et de Président de Conseil d'Administration. La proportion de femmes dans ces positions a varié sur la période 2011-2014. De13,2% en 2011, la proportion de femme nommée est passée à 8,6% en 2013 et 11,7% en 2014, soit une moyenne de 11,16 % sur la période (source).

En somme, sur plus d'une dizaine d'année, les documents officiels montrent que la participation des femmes au gouvernement est restée faible et erratique d'une année à une autre. Au niveau de l'administration, dans le cadre d'une étude du Programme de Bonne Gouvernance réalisée en 2011, il était établi que les hommes étaient plus représentés que les femmes dans les emplois de la fonction publique. Comme nous le montre le graphique suivant, des disparités existent dans la représentation dans la fonction publique au niveau des classes d'âge considérées.

Graphique 9 : Effectif des fonctionnaires étudiés selon le genre et le classe d'âge

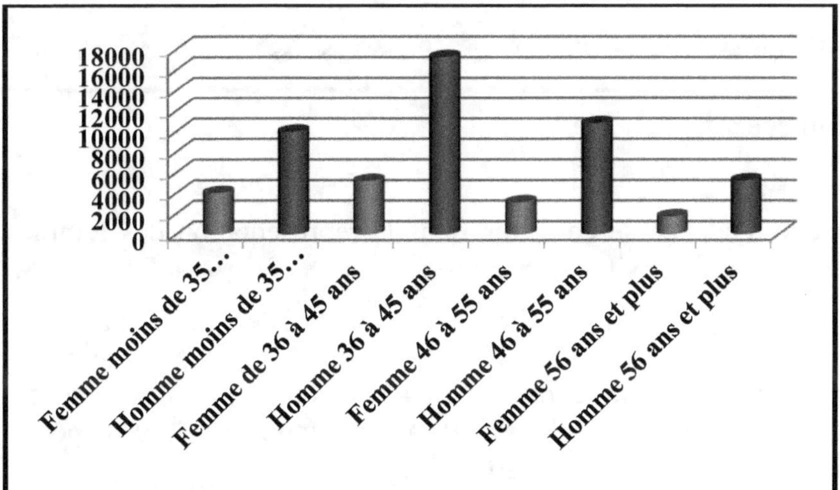

Source : Ministère de la Femme, 2011

Au niveau du pouvoir législatif, malgré le vote de la loi sur la parité (donner la loi et la date), les hommes sont plus représentés que les femmes et cela depuis les indépendances à nos jours. La loi sur la parité n'a pas encore réalisé au niveau du pouvoir législatif une égalité parfaite entre les hommes et les femmes.

Comme nous le montre le graphique suivant, l'égalité parfaite n'est pas encore réalisée au niveau du pouvoir législatif.

Graphique 10 : Evolution des taux de représentation des femmes et des hommes à l'Assemblée Nationale

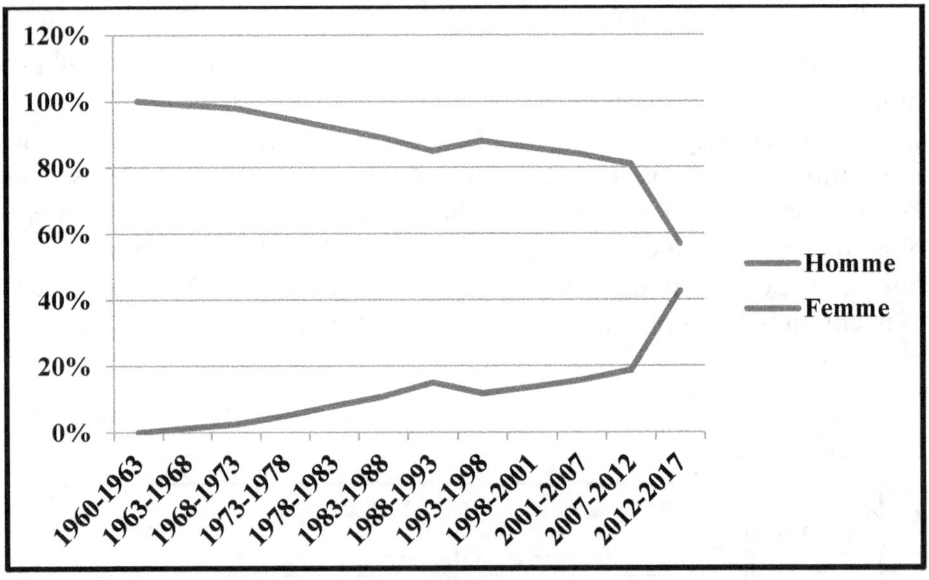

Source : ANSD, 2012

Cette tendance se confirme dans la représentation des femmes au niveau des collectivités territoriales.

Toutefois, dans les collectivités territoriales, avec la troisième réforme de l'acte 3, combinée à la loi sur la parité, la présence des femmes a nettement évolué. Nous avons un taux de présence de 46,5% pour les conseillers départementaux et 47,9% pour les conseillers municipaux (UAEL, 2015).

Comme le montre le graphique suivant, les femmes sont moins représentées que les hommes au niveau du pouvoir local.

Graphique 11 : Evolution de la parité femme/homme au Sénégal dans les collectivités locales

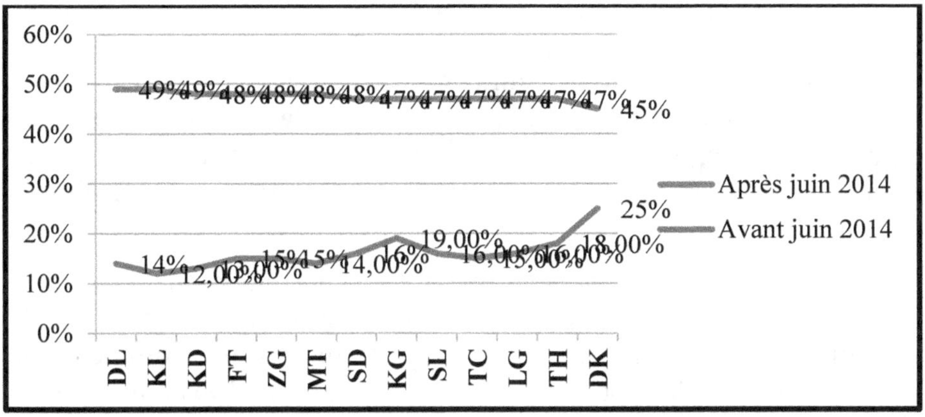

Source : CAEL, 2015

La représentation des femmes dans les gouvernements locaux a toutefois évolué en 2014 avec la loi sur la parité mais elle varie d'une région à une autre. En effet, les dernières élections locales de 2014 ont permis une entrée massive des femmes dans les gouvernements locaux avec un taux global moyen de 47,2% selon le CAEL (2015). Cela constitue un avantage certain pour la promotion de la citoyenneté et l'accès au droit chez les femmes. Cependant des efforts doivent être consentis au niveau de l'accès aux instances de décision des gouvernements locaux notamment les bureaux et les commissions techniques.

Toutefois, il faut signaler l'existence de résistances socioculturelles, religieuses ainsi que des influences internes au sein des partis politiques qui limitent la participation et la représentation des femmes au niveau de la gouvernance locale. En outre, certains travaux (il faut les citer) révèlent qu'en raison des réalités socioculturelles, les femmes n'ont pas droit à la parole pour s'exprimer librement dans les organes délibérants. C'est pourquoi les femmes font des associations féminines des refuges pour incarner une capacité d'influence de la société. Faute de ne pas avoir la possibilité de s'exprimer dans les parties politiques pour prétendre à des fonctions électives, les femmes se sont toujours réfugiées dans le mouvement associatif.

Depuis les indépendances, un mouvement féminin avait émergé pour prendre en charge les revendications des femmes. Ce qui a contribué à la création du secrétariat d'Etat à la promotion féminine puis du Ministère du Développement Social. Le mouvement associatif féminin a, ainsi, pu faire le maillage du territoire national avec deux organisations faitières que sont la FAFS et la FNGPF. Ces deux organisations faîtières ont largement contribué à l'impulsion de principes et de pratiques d'émancipation et de promotions féminines au Sénégal.

En outre, elles ont favorisé l'émergence d'une citoyenneté féminine malgré que cette dernière soit aussi frapper par les effets des inégalités de genre. En effet, les rapports inégalitaires entre l'homme et la femme sur le plan social affectent fortement l'exercice de la citoyenneté par les femmes. En outre, leur habilitation politique est hypothéquée du fait qu'elles sont influencées par des considérations liées à leur statut de dépendance au niveau de la famille et de la société en général. Ces influences se manifestent même au niveau de leur aspiration et motivation pour une autonomisation.

Ainsi, l'absence d'une volonté collective de remise en cause des structures de rapports inégalitaires liés au genre se constate comme un obstacle de l'« empowerment » politique. Par ailleurs, l'exercice par les femmes de leurs droits, au même titre que les hommes subissent des contraintes d'ordres institutionnelles et socioculturelles.

Sur le plan institutionnel, la contrainte majeure est l'absence d'adéquation entre la législation nationale et les textes internationaux. Ainsi, nous notons l'existence de velléités de discriminatoires dans les textes nationaux.

Au niveau de la SNEEG, à titre d'exemple, la notion d'équité souffre d'une certaine ambigüité car les différents champs alimentés ne sont pas clairement posés. En outre, l'effectivité de l'application des textes liés à l'Equité et l'Egalité de Genre ne trouve pas un cadre exécutoire approprié avec une logique de partenariat.

Par ailleurs, les violences faîtes aux femmes ont atteint une certaine ampleur ces dernières années et ne sont pas suffisamment prise en charge avec des structures spécifiques. Au courant du mois de juin 2019, la presse sénégalaise a relayé quatre cas de meurtres, dont deux à Dakar, un à Thiès et un à Tamba. Cette situation, au bout de toutes les chroniques, pose la problématique de la réduction de la vulnérabilité des femmes. En outre, l'intégration des femmes dans les instances de décision pour une meilleure prise en compte de leur spécificité sur le plan juridique est posée par tous les cercles avertis.

Mais force est de constater qu'une prédominance des hommes dans les instances de prise de décision avec son corollaire à savoir la faible prise en compte des questions d'égalité et d'équité de genre. Il faut relever à cet effet la faible prise de conscience des décideurs et des leaders d'opinion sur les questions de genre et l'inexistence de compétences en genre dans ces instances.

Sur le plan social, la persistance et la prédominance du système patriarcal de la société sénégalaise exercent des effets à tous les niveaux de la vie économique et sociale. En outre, les relations inégalitaires de genre au sein des ménages et de la société sont dans la plupart des travaux, considérées comme une résultante de la faible connaissance par les femmes elles-mêmes de leurs droits et leur culture politique.

En définitive, l'accès aux pouvoirs politiques et aux droits dans sa configuration actuelle est un facteur bloquant l'autonomisation des femmes.

Conclusion

L'inclusion financière et l'autonomisation des femmes s'imposent comme des nécessités de premier ordre dans le cadre de la lutte contre la pauvreté. L'analyse des paramètres de l'inclusion financière au Sénégal a révélé une exclusion relative des personnes en situation de pauvreté. Cette exclusion justifie en partie la stratégie de réorientation de la politique de microfinance initié au Sénégal. Cette stratégie dans une perspective inclusive accorde une importance à l'inclusion financière des personnes à revenus faible et s'arrime sur les différentes politiques de développement comme le PUDC.

En effet, l'Etat du Sénégal affiche une volonté de mettre en œuvre une inclusion financière pour lutter contre la pauvreté. La Politique Sectorielle de la Microfinance (2004-2013) a servi de base à la stratégie (2016-2020) de développement du secteur de la microfinance. Cette stratégie porte des défis immenses notamment l'impulsion d'une croissance inclusive et à la lutte contre la pauvreté. Mais force est de constater que l'affirmation de cette volonté politique est loin d'effacer la réalité de l'exclusion financière au Sénégal.

En effet l'évolution des paramètres d'inclusion financière n'est guère luisante car la pénétration des services financiers malgré une progression montre l'ampleur de l'exclusion financière. En effet, avec un taux global de pénétration géographique de 100,797% (BCEAO, 2018), nous constatons que certaines régions ne sont pas couvertes par les institutions. En outre, le taux d'utilisation des services financiers proposé par les banques et les IMF a évolué de 2006 à 2008.La faiblesse du taux d'utilisation des services financiers est expliquée par des facteurs comme le manque d'informations, la faiblesse des revenus, la lourdeur des formalités administratives et le coût des transactions.

Par ailleurs, nous avons relevé des contraintes en matière de qualité au niveau des services des IMF et des banques. Cependant, le secteur bancaire du Sénégal a largement progressé comparé à ceux des autres pays de l'UEMOA. Toutefois, le secteur bancaire ne couvre pas l'intégralité du territoire car il se limite au grand centre urbain. Cela positionne naturellement les IMF dans les zones enclavées et éloignées avec un apport non négligeable. Mais, l'exclusion financière est réelle et est entretenue à la fois par des facteurs économiques et non économiques.

Parmi ces facteurs, nous retenons la faiblesse du pouvoir d'achat et des revenus qui limite l'inclusion financière des pauvres (Guérineau et Jacolin, 2014). En outre, la répartition du revenu national, très déterminante dans l'inclusion financière, est percevable à travers les inégalités sociales et économiques. Ces inégalités, ponctuées par l'absence d'éducation financière et le manque d'éducation, agissent sur le niveau d'exclusion financière. Elles se confirment, d'ailleurs, dans la situation des dynamiques d'autonomisation des femmes.

En effet, au regard de la persistance des inégalités de genre, l'Etat a mis au point une stratégie s'inscrivant dans la pris en charge des besoins pratiques et des intérêts stratégiques des femmes afin de favoriser leur participation dans la vie économique et sociale. Cette stratégie, en effet, vise à faire face aux contraintes subies par les femmes. Ces contraintes sont à la fois d'ordre social, économique et politique. Sur le plan social, en plus des épreuves subies par les femmes du point de vue de leur statut, les problèmes d'éducation et de santé agissent négativement sur le processus de leur autonomisation. Au plan économique, nous avons la précarité des conditions de vie, les discriminations dans l'accès et dans le contrôle des ressources qui se manifestent comme des entraves à l'autonomisation des femmes. En outre, le chômage, le sous-emploi, la faiblesse des activités et le faible accès aux services financiers hypothèquent réellement l'équité de genre du point de vue économique.

Par ailleurs, malgré les acquis notés avec la mise en pratique de la loi sur la parité, la participation politique des femmes est faible et reste soumise aux réalités socioculturelles et économiques. C'est en ce sens que nous avons, dans cette recherche, l'ambition d'identifier les apports de l'inclusion financière, sur les dynamiques d'autonomisation des femmes rurales en situation de précarité et de pauvreté.

Chapitre 3
Etude de l'impact de l'inclusion financière de proximité sur l'autonomisation des femmes rurales pour un développement local

Introduction

A travers ce chapitre, nous abordons l'étude empirique de l'impact de l'inclusion financière de proximité sur l'autonomisation des femmes rurales pour un développement local. D'emblée, il faut préciser que ce thème de recherche s'inscrit dans l'optique de revalorisation de l'inclusion financière dans les stratégies de lutte contre l'extrême pauvreté.

Les résultats produits, en tant que réponses aux questions soulevées, restent soumis à la rigueur épistémologique dans sa finalité de quête de connaissances scientifiques justifiées. Ainsi, nous avons opté pour la méthode qualitative qui est une des démarches, parmi tant d'autres des études empiriques surtout lorsque ces dernières s'inscrivent dans les logiques de la philosophie du pragmatisme.

La recherche a été, par conséquent, soutenue par une méthodologie et un cadre d'analyse présentés dans la section 1 avec une clarification des concepts clés pour indiquer la méthode scientifique adoptée pour aborder les problèmes soulevés.

Cette section appuie la seconde qui aborde, d'une part, la présentation et l'analyse des résultats de la recherche et d'autre part, les implications de politiques économiques et sociales.

Section 1 : Cadre d'analyse et méthodologie de la recherche

Cette section aborde, d'abord, le cadre d'analyse et les concepts clés qui déterminent le fil conducteur de cette recherche. Le cadre d'analyse s'appuie sur les théories de l'inclusion financière et de l'autonomisation des femmes pour déterminer d'une part le modèle d'analyse et d'autre part les principales variables de la recherche.

En se situant, dans l'optique d'une étude empirique, nous avons étudié l'impact de l'épargne et le crédit sur l'autonomisation des femmes rurales. Ainsi, nous avons dégagé les dimensions de l'autonomisation des femmes susceptibles d'être influencées par l'accès aux services financiers.

Mais d'emblée, nous avons clarifié les concepts d'inclusion financière de proximité et d'autonomisation des femmes pour positionner la recherche dans ses stratégies d'investigations. Ces stratégies d'investigations ont été élucidées à travers la démarche méthodologique. Ce cadre méthodologique le type de recherche, la population enquêtée, les instruments de collecte, de traitement et d'analyse des données et enfin les contraintes et limites de l'étude.

I. Cadre d'analyse de la recherche :

Nous nous sommes fixés comme objectif d'étudier l'impact de l'inclusion financière de proximité à travers les GEC sur l'autonomisation des femmes rurales.

Il est donc question, dans cette sous-section, de poser le cadre d'analyse qui s'est appuyé sur la revue de la littérature et les variables de la recherche.

En partant des caractéristiques socioéconomiques des femmes rurales en situation de pauvreté, il s'agit d'étudier la capacité des GEC à fournir aux femmes des services financiers mobilisables pour leur autonomisation et la réalisation d'activités économiques. Ensuite, nous analyserons l'impact de ces services financiers de proximité sur les capacités réelles d'action et de portage de mouvements collectifs pour une transformation des relations de genre aux niveaux social, économique et politique.

Cette recherche aborde donc la question de l'empowerment des femmes, dans sa perspective globale, à travers l'inclusion financière qui est à la fois une stratégie économique et sociale.

Ainsi, nous avons appliqué les modèles d'analyse de Mordusch (1999), Burjorjee et Scola (2015) sur l'accès aux services financiers et Kabeer (2005), Mayoux (2006) en ce qui concerne l'autonomisation des femmes. Il s'agit d'abord d'étudier la capacité des GEC à fournir aux femmes des services financiers adaptés à leurs conditions socioéconomiques.

C'est en ce sens, pour analyser l'inclusion financière des femmes rurales à travers leurs représentations, nous nous sommes appuyés sur les modèles théoriques de Mordusch (1999), Burjorjee et Scola (2015). Ces modèles d'analyse ont été appliqués, certes, dans les IMF mais ils peuvent être adaptés dans le contexte des dispositifs informels. En effet, la convenance, l'adaptation, la flexibilité et la continuité peuvent effectivement être appréhendée à travers les représentations des usagers à qui les services financiers sont destinés. L'analyse de la capacité des GEC à favoriser l'inclusion financière des femmes est en outre appréciée à partir des déterminants que sont l'accès, l'utilisation et la qualité.

Ensuite, nous avons analysé l'impact de l'épargne et du crédit sur l'autonomisation des femmes rurales en appliquant les modèles de Kabeer (2005) et de Mayoux (2006). Ces deux modèles d'analyse appréhendent l'autonomisation des femmes à travers l'octroi de pouvoirs et de capacités à la base de changement individuel et collectif. En ce sens, le pouvoir permet aux femmes de s'affranchir du gouffre de la pauvreté à travers l'inclusion financière que nous considérons comme un moyen pour réaliser l'empowerment des femmes rurales.

En effet, l'accès à l'épargne et au crédit, en tant que services financiers de base, permet d'octroyer aux femmes des pouvoirs et des capacités aux niveaux social, économique et politique.

Nous avons appuyé notre analyse, à cet effet, par le croisement des trois paradigmes de la microfinance (Mayoux, 2006). En partant de l'analyse critique des deux pôles dominants en micro finance à savoir la viabilité financière et la réduction de la pauvreté, l'approche de l'« empowerment »des femmes a été proposée comme paradigme. Le paradigme de l'« empowerment »des femmes est positionné comme un résultat ou un produit qui dépend de la viabilité financière de la micro finance et de sa capacité à réduire la pauvreté.

En effet, l'accès des femmes aux services financiers octroie, selon Mayoux (2006), un pouvoir aux femmes, qui est à la base de leur autonomisation.

L'autonomisation des femmes se situe dans un processus de changement individuel interne (le pouvoir en). A notre niveau, nous considérons que l'accès des femmes rurales pauvres à l'épargne et au crédit est d'abord un vecteur de changement individuel.

En effet, l'accès des femmes aux services financiers entraine un changement individuel (pouvoir en) qui se prolonge dans champs social. Par ailleurs, l'épargne et le crédit accroissent les capacités réelles d'actions des femmes rurales (pouvoir de) proposées aussi par Kabeer (2005) dans son analyse. En effet, les ressources en plus de leurs capacités, à lutter contre le dénuement matériel permettent l'habilitation sociale des femmes. En outre, les capacités réelles d'action entrainent la mobilisation collective (pouvoir avec) tout en réduisant la subordination et la dépendance des femmes par une réduction des inégalités de genre (pouvoir sur).

Dans cette recherche, nous analysons la viabilité des services financiers des GEC en tant que ressources contribuant à la réduction de l'extrême pauvreté chez les femmes rurales et la réalisation de leur autonomisation. Les services financiers, en tant que ressources, agissent donc sur l'autonomisation des femmes que nous pouvons analyser sous l'angle conflictuel dans la mesure où elles hébergent des enjeux de transformation sociale, de modification des relations de genre et de pouvoirs. Ainsi, l'autonomisation entre dans l'optique de transformer les relations de pouvoir dans la société. Nous appréhendons cette transformation par l'inclusion financière qui participe à l'autonomisation des femmes.

Kabeer (2005) considère que le pouvoir des femmes s'appuie sur les capacités réelles d'action, les ressources et les réalisations.

Les capacités réelles d'action conditionnent la mise en œuvre des choix. À ce titre, elles sont à la base du processus d'autonomisation. Il exige que les femmes aient des motivations et des aspirations pour améliorer leur statut social à travers leurs capacités de négociation et de remise en cause du système social préétabli. En outre, leur niveau d'instruction se profile comme un facteur essentiel pour leur ouverture et leur prise de conscience. S'agissant des ressources, elles sont des outils qui permettent d'exercer les capacités réelles d'action.

Dans notre analyse, nous considérons que l'épargne et le crédit agissent sur les capacités réelles d'action des femmes et de portage de mouvements collectifs. En outre, ils permettent aux femmes de créer des activités économiques, d'accéder à des compétences et de contrôler leurs ressources (réalisations).

Kabeer (2005) appréhende, donc, l'autonomisation à travers une interrelation entre ses différents facteurs. Par ailleurs, les modèles d'analyse de Mayoux (2006) et de Kabeer (2005) trouvent leur point d'ancrage dans les effets perceptibles de l'inclusion financière sur l'empowerment des femmes. La capacité de choix et la capacité d'action sont ainsi, des effets qui attestent de l'autonomisation des femmes et se traduisant par l'ébauche d'une conscience collective à la base du changement sociétal.

Dans notre recherche, nous supposons que l'inclusion financière de proximité garantit un accès aux services financiers de base (épargne et crédit) pour agir significativement sur les réalisations économiques, les capacités réelles d'actions (le pouvoir de décision, la capacité de négociation, les aspirations) et les capacités de mobilisation collective des femmes rurales.

En ce sens, l'inclusion financière, à travers les GEC, contribue à l'« empowerment » des femmes rurales sur le plan social, économique et politique lorsque des services financiers viables leurs sont fournis. En outre, ces services financiers contribuent à les extirper de la sphère de la pauvreté extrême.

Ainsi, pour analyser l'impact de l'épargne et du crédit sur l'autonomisation des femmes rurales, à travers une méthode qualitative, nous avons choisi des variables à même de faciliter l'étude des capacités de choix, d'actions, de pouvoirs et de réalisations. Après avoir étudié l'accessibilité des services financiers de proximité (épargnes et crédits) ainsi que leur utilisation et leur niveau de qualité, nous avons étudié leur impact sur l'autonomisation des femmes rurales du point de vue social, économique et politique.

Dans un premier temps, nous avons appréhendé la capacité des services financiers de proximité à fournir effectivement aux femmes des ressources de leur autonomisation par la réalisation d'activités économiques.

Il s'agit, d'analyser, la portée des ressources dans la promotion économique des femmes à travers les microréalisations économiques ainsi que l'accès et le contrôle des ressources.

Dans un deuxième temps, nous analysons les représentations des femmes sur les capacités réelles d'actions et de portage de mouvements collectifs pour engendrer des transformations sociales significatives.

Les capacités réelles d'actions sont appréhendées à partir de trois dimensions : la capacité de négociation, la participation à la prise de décision et le portage d'aspiration. En ce qui concerne la mobilisation collective, elle intègre le processus d'autonomisation des femmes dans ses dimensions relatives à la participation citoyenne et l'implication politique qui sont des droits contribuant à l'ébauche d'une conscience collective.

En effet, l'autonomisation des femmes se manifeste à travers l'intégration de réseaux locaux et de gouvernements locaux, cadres d'expression du développement local. Cela traduit, ainsi, la dimension collective de l'autonomisation des femmes qui devrait être capable d'impulser un mouvement sociétal à même d'entrainer l'équité de genre et la transformation des relations sociales.

Nous considérons, à ce titre, que l'accès des femmes rurales à l'épargne et au crédit à travers les services financiers de proximité agit sur leurs consciences collectives à la nécessité d'un changement dans les relations de genre. Ainsi, Il est nécessaire pour affiner cette recherche, d'analyser les représentations des femmes sur l'équité de genre.

Toutefois, dans cette recherche, nous avons positionnés dans leur contexte social, économique et politique les femmes avec leurs dispositifs d'inclusion financière. Ainsi, l'identification des caractéristiques socioéconomiques des femmes membres de GEC est nécessaire pour mettre en exergue leur situation de pauvreté et par la même occasion percevoir leurs stratégies de réactions avec l'inclusion financière.

Par ailleurs, l'approche de l'autonomisation, dans cette recherche, à travers l'accès des femmes rurales à l'épargne et au crédit se situe dans quatre dimensions interdépendantes. La première dimension concerne les ressources en l'occurrence l'épargne et le crédit qui sont à la base du processus d'autonomisation (« le pouvoir en »).

Une analyse est faite sur la capacité des GEC à garantir aux femmes l'accès aux services financiers de proximité en l'occurrence l'épargne et le crédit d'une manière convenable et adaptée si l'on considère leur situation d'exclusion financière et de pauvreté.

En d'autres termes, il s'agit d'appréhender la viabilité des GEC en tant que dispositifs d'inclusion financière de proximité exclusivement destiné à des personnes en situation d'extrême pauvreté et d'exclusion.

La deuxième dimension évoque les réalisations facilitées par les GEC notamment les activités productives ainsi que l'accès et le contrôle des ressources (« le pouvoir avec »). En effet, l'épargne et le crédit se focalisent sur l'aptitude des femmes à créer des AGR, d'accéder et de contrôler les ressources stratégiques qui, naturellement, dans les sociétés traditionnelles sont parfaitement maitrisées par les hommes.

En effet, avec le système patriarcal, le système économique reproduit les réalités du système social qui, pour la plupart des cas, réserve aux femmes la subordination et la dépendance. La question est dès lors de savoir si l'épargne et le crédit en tant que ressource peuvent contribuer à la reconfiguration des relations de genre dans le système économique à travers l'activité productive et l'accès aux ressources stratégiques.

Il est donc nécessaire d'étudier l'impact des services financiers sur la création d'activités génératrice de revenus ainsi que l'accès et le contrôle de ressources par les femmes rurales. Ces deux finalités constituent des socles pour l'autonomisation des femmes dans la mesure où elles fondent les capacités de choix et d'actions et dans une certaine mesure le pouvoir.

En ce qui concerne la troisième dimension, il s'agit d'étudier l'impact de l'épargne et du crédit sur les capacités réelles d'action et de mobilisation collective des femmes (« le pouvoir de »). Ces deux paramètres permettent d'analyser l'amélioration du statut social et du niveau de participation dans les faits sociaux des femmes rurales. En effet, l'acquisition par les femmes de pouvoirs d'actions et de capacités de choix dans leurs ménages et plus largement dans la société permet de réaliser leur autonomisation à travers la transformation des relations sociales.

Ainsi, l'épargne et le crédit, en tant que ressources économiques, agissent sur les systèmes social et politique.

Enfin, la quatrième dimension, en tant que résultat ou produit, s'intéresse aux représentations des femmes sur les transformations sociales et les changements induits par l'inclusion financière (« le pouvoir sur »). Il s'agit, plus précisément, des représentations des femmes sur l'équité de genre en tant que moyens pour garantir une égalité de chances sur le plan social, économique et politique.

En réalité, les mentalités et les attitudes des femmes qui découlent naturellement de la conscience individuelle et collective sont plus que nécessaires à l'ébauche de changement dans les relations de genre. Par conséquent, l'empowerment économique, à travers l'épargne et le crédit, octroie aux femmes des pouvoirs et des capacités qu'elles peuvent mettre au service du changement lorsqu'elles le désirent.

Nous nous posons ainsi la question de savoir si l'inclusion sociale et économique impulsent effectivement de nouvelles consciences capables de remettre en cause le système social préétabli dans la répartition des ressources stratégiques, des moyens de production et des systèmes de proses de décision.

Les représentations sur l'équité de genre sont donc le pivot de la transformation sociale. En ce sens, les perceptions des femmes sur l'empowerment économique qui exerce une influence sur le changement social, condition essentielle de la transformation des relations de genre pour la mise en œuvre d'un développement local équitable et inclusif.

Par ailleurs, pour rester dans une approche qualitative, nous fondons les données empiriques de cette recherche sur les représentations des femmes. Les représentations des femmes se démarquent des attributions qui sont souvent des paramètres de mesure des performances des programmes de lutte contre la pauvreté.

Autrement dit, les représentations des femmes sous-tendent des échanges multidirectionnels et leur prise en compte pourrait déboucher sur une meilleure connaissance de ces dernières sur un champ bien déterminé. En outre, les perceptions des femmes sur l'inclusion financière et l'autonomisation pourraient faciliter l'élaboration de données pertinentes pour affiner les politiques sociales et économiques et les adaptés aux contextes dans lesquels elles sont appelées à se mouvoir. Là, nous évoquons l'existence probable de paradoxes sur l'approche genre qui dans un certain sens peut se focaliser sur le changement à produire dans les relations sans guère prendre en compte les positions des femmes ainsi que leur niveau d'évolution.

Par ailleurs, au-delà de son prolongement dans la définition de la méthodologie, ce cadre d'analyse nous a permis d'identifier les variables de la recherche et leur dimension. Comme indiqué dans le tableau suivant, notre recherche s'est adossée, d'une manière transversale, sur les dimensions du processus d'autonomisation des femmes. Il s'est agi de garder, dans un lien étroit, les composantes sociales, économiques et politiques susceptibles d'être influencées par l'épargne et le crédit.

Tableau 7 : Dimensions et définitions des paramètres de l'impact de l'autonomisation des femmes rurales à travers l'inclusion financière de proximité

Dimensions	Définitions
Economique	Accès à l'épargne et au crédit
	Création d'AGR (réalisation)
	Accès et contrôle des ressources
Social	Participation à la prise de décision
	Capacités de négociation
	Motivation et aspiration
Politique	Mobilisation collective des femmes
	Participation citoyenne
	Intégration des gouvernements locaux
	Représentation sur l'équité de genre

Source : Auteur

La prise en compte de ces différentes dimensions a rendu possible l'élaboration des instruments et de la stratégie de collecte de données.

Nous avons considéré, dans notre analyse, les trois dimensions de l'autonomisation des femmes (économique, sociale et politique) pour étudier l'impact de l'inclusion financière de proximité. Cependant, la clarification des concepts de cette recherche permettrait de la positionner dans son champ d'investigation.

En effet, les concepts de la recherche méritent d'être clarifier pour une meilleure compréhension du cadre d'analyse et des données qui vont en émaner. L'inclusion financière et l'autonomisation des femmes doivent donc être appréhendées dans leurs sens d'utilisation au niveau de cette recherche.

❖ L'inclusion financière de proximité

L'inclusion financière est considérée à travers la littérature comme une intégration des personnes et des micro-organisations en situation d'exclusion financière. En parlant d'inclusion financière de proximité, nous évoquons les stratégies adoptées par les IMF et les ONG pour positionner des services financiers populaires et informels.

La culture de la solidarité et les liens sociaux sont mis en exergue pour développer une économie sociale avec des services financiers de proximité afin de lutter contre l'extrême pauvreté et l'exclusion financière.

L'inclusion financière de proximité offre, donc, des services financiers locaux qui correspondent à des structures financières non formelles ou plus ou moins formalisées. Il existe une diversité de dispositifs d'inclusion financière à caractères populaires et locales initié dans le cadre de la lutte contre l'extrême pauvreté. Nous pouvons, en identifier, entre autres les Tontines (Terme dérivé, Selon le Dictionnaire historique de la langue française, du nom de son inventeur le banquier italien Laurenzo Tonti (1653)), les Coopératives d'épargne et de crédit (Coopec), les Associations Villageoises d'Epargne et de Crédit et les Groupes d'Epargne pour le Changement (GEC) (ou « saving group »).

Dans le cadre de cette recherche nous avons travaillé avec les GEC qui sont des institutions socioéconomiques locales pour cibler par la même occasion des femmes à très faibles revenus vivant dans des zones rurales géographiquement éloignées. Ces dispositifs locaux d'inclusion financière s'appuient sur les relations de voisinage et la culture de la solidarité pour développer des services d'épargne et de crédits. Les crédits sont fournis à partir d'un mécanisme démocratique et participatif sur la base de l'épargne constituée par les membres sous forme d'achat de part lors des réunions hebdomadaires. Ces parts sont définis au même titre que les intérêts par les membres qui peuvent aussi générer d'autres cotisations pour créer une assurance maladie et une caisse de solidarité.

Des crédits peuvent être fournis à une très grande échelle sur une base communautaire avec une rentabilité et une performance sociale qui prennent leur racine dans une caution sociale et solidaire.

❖ L'autonomisation des femmes

L'autonomisation des femmes est l'acquisition d'un pouvoir à partir d'une conscience individuelle qui est elle-même stimulé par une capacité d'actions. La capacité d'actions est produite par l'accès à des ressources matérielles ou immatérielles qui vont susciter le désir de changement qui pour être conquis se manifeste dans une conscience collective (Kabeer, 2005).

L'autonomisation des femmes suppose ainsi la capacité de choisir qui permet à la femme de négocier et de prendre des décisions qui la concerne sans aucune contrainte. En ce sens, la capacité de choix est une manifestation du pouvoir qui peut exercer une influence dans la transformation des relations sociale.

Toutefois, la conscience de l'existence de possibilité de choix favorise une autonomisation des femmes dérivée de la volonté de conquérir un pouvoir.

L'autonomisation des femmes renvoie aussi à l'équité de genre qui permet de spécifier les besoins des femmes et à l'égalité de genre qui garantit un traitement égal entre les hommes et les femmes en termes d'accès aux droits.

Dans le cadre de cette recherche, nous analysons l'autonomisation des femmes à travers la l'inclusion financière portée par les groupes d'épargne pour le changement. Cette finalité attribuée à la recherche fonde sa méthodologie qui est elle-même dictée par sa nature qualitative.

II. Cadre Méthodologique :

La revue de la littérature nous a permis de constater une rareté des travaux sur la problématique de l'autonomisation des femmes rurales à travers l'inclusion financière surtout au niveau des régions les plus pauvres du Sénégal. Cela guide l'intention de cette recherche.

Dans cette sous-section, il s'agira d'indiquer la nature de la recherche, la population à l'étude et les instruments de collecte de données. En outre, nous aborderons les méthodes de collecte, de traitement et d'analyse des données pour ensuite cerner les limites et les contraintes de cette recherche.

i) Nature de la recherche

Sur la base des objectifs et des hypothèses de la recherche, nous avons opté pour un modèle conceptuel de recherche qualitative, qui a guidé la revue de la littérature et l'affinement de la méthodologie.

Graphique 12 : Modèle conceptuel de la recherche

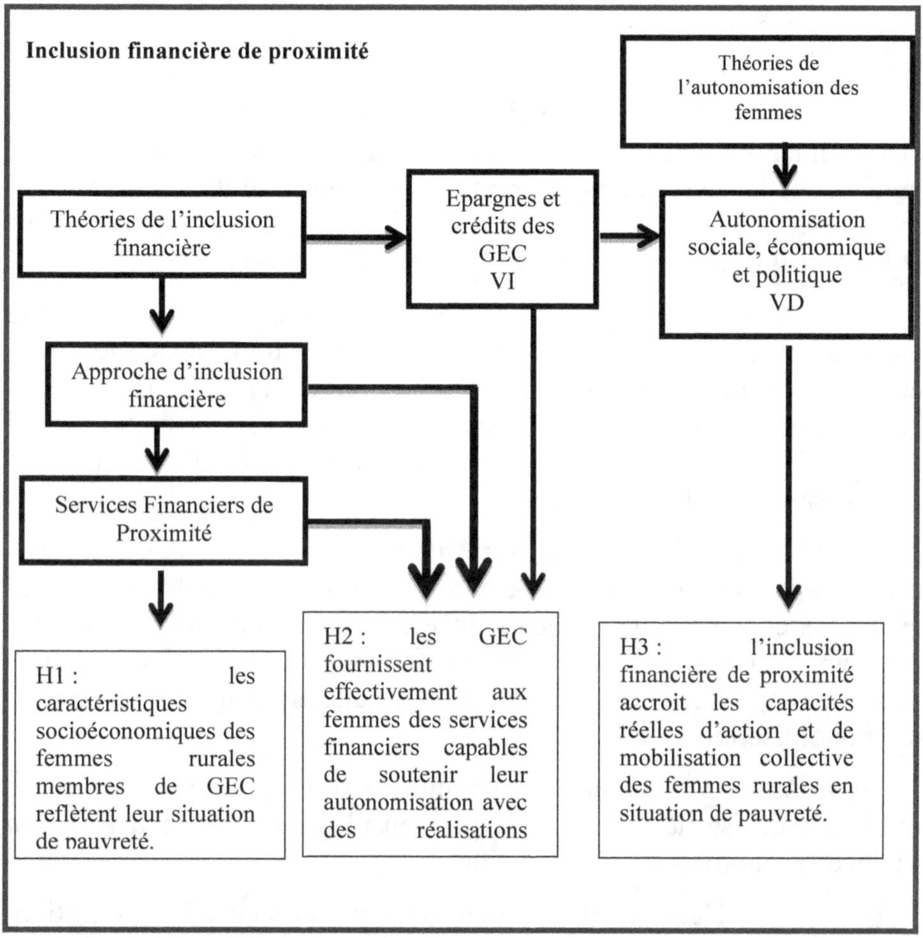

__Source :__ Auteur

Ce modèle conceptuel de recherche qualitative propose l'exploration de théories relatives à l'inclusion financière et l'autonomisation des femmes tout en évoquant dans chaque domaine les piliers qui devraient supporter les analyses.

Cette recherche s'appuie, en outre, sur la philosophie du pragmatisme avec une valorisation des connaissances, des représentations et des pratiques des femmes actrices de l'inclusion financière de proximité.

A ce sujet, James (1907) considérait d'ailleurs que le terme est rarement compris clairement. En effet, l'application du pragmatisme dans une recherche suppose des précautions et des cadrages spécifiques au domaine d'étude. De même qu'en philosophie, le pragmatisme n'est pas un ensemble homogène dans le domaine des sciences sociales.

Dans cette recherche, il s'agit de partir de la pratique et des actions des femmes pour les amener à élaborer des savoirs. Bohman (2002) précise que le savoir peut-être pratique de beaucoup de manières pour montrer comment la connaissance et plus largement les appréciations et les perceptions peuvent être construites à partir de l'action.

Ainsi, le pragmatisme peut être assimilé à une science de vérité dans la mesure où il s'applique dans les situations concrètes pour étudier des phénomènes. Il est pour James (1907), un de ses précurseurs, important de se préoccuper des « vérités établies ». Il apparait là que l'action est un socle de vérités car elle héberge des connaissances et des savoirs.

L'application du Pragmatisme dans le domaine des Sciences économiques et sociales, sur la base de constats, « vérités établies », cherche à construire des connaissances. Pour ce faire, nous comptons nous appuyer sur les conditions des femmes rurales et leurs actions pour mesurer l'effet d'une inclusion financière sur leur processus d'autonomisation.

Une option a été faite de la méthode dite qualitative parmi les modalités qui se développent de plus en plus dans les recherches en sciences économiques et de Gestion.

En ce sens, Hervé (2013) a identifié, dans la recherche en gestion, quatre paradigmes : le positivisme, le néo-positivisme, le constructivisme et l'interprétativiste. Il affirme que la recherche qualitative se situerait du côté des paradigmes constructivistes ou interprétativiste.

Nous avons, dans le cadre de cette recherche, tenté d'intégrer deux paradigmes opératoires parmi ceux établis par Hervé (2013), à savoir le constructivisme et l'interprétativiste. Par ailleurs, il faut signaler que la rigueur scientifique a été de mise pour la vérification validant les connaissances. Comme le souligne James (1907) « cette opération a une fonction de validation rétrospective : La vérité vit à crédit ».

En réalité, les pensées et les croyances sont des vérités qu'il faut passer au peigne fin pour qu'elles délivrent des connaissances. D'où l'importance de vérifications faites par une confrontation directe des informations avec les faits observés pour sous tendre les vérités. Les croyances et les idées, une fois vérifiées, établissent un socle de connaissances à toutes les technostructures.

En définitive, notre recherche s'inscrit dans la philosophie du pragmatisme qui lui confère une nature qualitative. D'où cette option méthodologique confortée par la position de certains chercheurs qui la considèrent comme une démarche adaptée à l'étude de sens attribués par un individu ou un groupe à un phénomène ou à une réalité sociale.

Cette recherche sur l'autonomisation des femmes rurales à travers l'inclusion financière de proximité exploite les positions, les attitudes et les perceptions des femmes qui sont d'une importance capitale dans les appréciations. Ce type de recherche permet, à partir d'une approche systémique, de partir du vécu des individus ou d'un groupe pour analyser leur situation, leur expérience et leur positionnement. Ainsi, la méthode de recherche qualitative dans sa portée empirique et systémique appréhende, d'une manière transversale, les réalités sociales, culturelles, économiques et politiques des femmes dans une perspective pragmatique.

Toutefois, il faut signaler que la plupart des études sur l'analyse de la pauvreté privilégient des approches quantitatives. En effet, les chercheurs ont tendance à considérer la méthode quantitative comme objective être représentative.

Mais, dans le cadre de cette recherche, notre ambition est d'appréhender objectivement le caractère complexe et transversal de l'autonomisation des femmes induite par l'inclusion financière. En ce sens, le choix de la méthode qualitative nous permet de donner aux femmes membres de GEC la possibilité de percevoir d'une manière critique leur situation sociale, économique et politique.

Ainsi, le niveau de conscience, les perceptions et les représentations des femmes peuvent être mises en exergue pour apprécier objectivement leur niveau d'autonomie. L'application de cette méthode offre un moyen de construction des connaissances à partir d'entretiens libres avec des femmes plus ou moins dépourvues sur leurs pratiques et de leurs vécus quotidiens. Il en ira pour étudier l'impact de l'inclusion financière, en tant que levier de lutte contre la pauvreté sur leur autonomisation, qui reste un impératif pour l'équité de genre.

Et prenant conscience du degré de subjectivité possible dans des études pareilles, nous avons opté pour une analyse qualitative des questions liées à l'autonomisation des femmes.

Dans le cadre de cette perspective épistémologique, le choix de la méthode qualitative permet de combiner les approches inductives et déductives sur les données recueillies afin de vérifier les hypothèses. C'est ainsi que la logique d'enquêtes qualitatives est mise à contribution dans cette recherche sans que ne soient hypothéquées les possibilités d'exploitation des archives, des textes et des documents de base sur l'inclusion financière et l'autonomisation des femmes.

A propos du degré de subjectivité possible dans les études d'impacts, Ndione (1994) cité par Sagna (2015) affirme que : « le chercheur "classique" se dit soucieux d'objectivité. En fait cette objectivité est plus illusoire que réelle. La population ne s'encombre pas de ces détours de langage, car de toute façon, sa recherche s'insère dans la parenté, dans son espace, dans ses préoccupations indissociablement économiques, culturelles, familiales ou cliniques ».

Etant donné que la recherche embrasse des domaines variés, la logique systémique s'impose pour que soient mises en exergue les interactions et les interrelations des différents objets de connaissance. Cette démarche nous permet de ne pas juxtaposer des domaines de savoirs sans identifier leurs liens logiques.

En outre, le choix des femmes a enquêté est très déterminant dans cette recherche qualitative. Elles doivent non seulement être dans un contexte de pauvreté mais elles doivent être aussi des actrices dynamiques dans l'inclusion financière de proximité.

ii) Population à l'étude et Outils de collecte de données :

En guise de rappelle, l'objectif de cette recherche est d'analyser l'impact de l'inclusion financière sur l'autonomisation des femmes des femmes rurales. La validité des données dépend en partie du choix des unités d'observation et des outils de collectes de données.

- **Population à l'étude et l'échantillonnage :**

L'enquête est réalisée auprès des femmes ayant adhérées aux GEC. La méthode d'échantillonnage est de type stratifié et s'est appliquée à l'échelle des collectivités territoriales dans trois régions parmi les plus pauvres du Sénégal. Nous avons en effet 19 collectivités territoriales où sont développés des programmes d'inclusion financière des femmes rurales avec 7 pour Fatick, 6 pour Kaffrine et enfin 6 pour Kolda. La non prise en compte de la région de Sédhiou qui est la plus pauvre du Sénégal est liée au faible développement d'inclusion financière.

Nous avons dans le cadre de l'étude sélectionné 9 collectivités territoriales (3 par région) sur la base des critères de la polarité, du dynamisme économique et de l'expérience des GEC.

Le nombre total de GEC dans les 19 collectivités territoriales est de 100 avec 40 pour Fatick, 30 pour Kaffrine et 30 pour Kolda répartis au niveau des villages avec un effectif de 25 femmes par GEC. De manière proportionnelle, nous avons sélectionné 36 GEC en considérant les niveaux de performances financières.

Pour l'étude de l'impact de l'inclusion financière sur l'autonomisation des femmes des femmes rurales, nous avons réalisé une enquête auprès d'un échantillon non probabiliste de 36 GEC. Ces GEC sont identifiés de façon aléatoire au niveau des collectivités territoriales sélectionnées. Sur une population mère de 900 femmes appartenant à 36 GEC, nous avons constitué un échantillon de 180 femmes. Les femmes enquêtées sont celles qui ont accepté de se soumettre aux entrevues. Elles ont été sélectionnées avec l'appui des personnes ressources des structures d'appuis.

Comme illustré dans le tableau suivant, l'enquête a couvert 03 régions administratives, 09 collectivités territoriales, 36 GEC et 180 femmes.

Tableau 8 : Echantillon de femmes enquêtées par région

Régions	Nombre de collectivités territoriales concernées par le programme	Nombre de GEC mis en place par le programme	Nombre de collectivités territoriales couvertes par l'enquête	Nombre de GEC de l'échantillon	Nombre de femmes interviewées
Fatick	7	40	3	14	72
Kaffrine	6	30	3	11	54
Kolda	6	30	3	11	54
Totaux	**19**	**100**	**9**	**36**	**180**

Source: Auteur

L'analyse de l'impact de l'inclusion financière sur l'autonomisation des femmes rurales à partir de cet échantillon est toutefois d'une certaine délicatesse à cause de toute la subjectivité qui pourrait y apparaitre. Ainsi, le choix d'outils adaptés s'est avéré nécessaire dans cette étude, eu égard à l'intention de rester dans toute la philosophie de la recherche qualitative.

- **Les Outils de collecte de données :**

L'analyse de l'impact de l'inclusion financière sur l'autonomisation des femmes rurales pose un certain nombre de problèmes qui lui sont spécifiques.

En effet, le choix d'outils appropriés demeure assez délicat si l'on souhaite rester dans toute la philosophie de la recherche qualitative.

Par conséquent, nous avons opté pour cette recherche, de combiner plusieurs outils pour collecter les données. Ainsi, trois outils d'investigation ont été mis à contribution à savoir le guide d'entretien individuel semi-directif (un à l'attention des cadres d'ONG et un autre pour les femmes membres de GEC), l'observation participante et la collecte de données secondaires. La conduite de la recherche avec des entretiens individuels semi-directifs est une option que nous avons privilégiée. En effet, cet outil permet de cerner des positions individuelles sur un phénomène étudié tout en s'appesantissant sur les expériences et les situations vécues. Cet outil a aussi l'avantage de pouvoir générer des informations très captivantes dans les études sur l'autonomisation des femmes. Car chaque femme a son histoire, son vécu et sa situation personnelle avant d'être identifiée dans un groupe de femmes.

Le fait de donner une liberté d'expression aux interviewés a permis de toucher les différents aspects de l'inclusion financière et de l'autonomisation des femmes. En outre, l'entretien libre à partir de la conversation a permis d'instaurer un climat de confiance favorable à l'approfondissement de toutes les questions soulevées. C'est ainsi que nous avons conçu un Guide d'entretien pour soutenir nos entrevues avec les femmes et les cadres d'ONG impliqués dans l'inclusion financière de proximité. Ces deux guides ont tenu compte des exigences soulevées par les variables de cette recherche qui sont-elles même conditionnées par les objectifs, les hypothèses et le cadre d'analyse. Il s'agit de l'épargne et du crédit qui sont des ressources devant agir sur l'autonomisation des femmes à travers les réalisations économiques, les capacités réelles d'actions et la mobilisation collective.

Il convient également de préciser tout le caractère dynamique itératif et transversal de ces guides d'entretien pour éviter de juxtaposer les domaines sociaux, économiques et politiques.

En réalité, les problèmes étudiés sont perçus comme des systèmes qui peuvent être interprétés, de manière croisée, avec des réponses ayant obligatoirement des dimensions sociales, économiques et politiques.

- **Le Guide d'entretien administré aux femmes membres de GEC :**

La grille d'entretien des femmes comporte 73 questions qui ont trait aux capacités d'actions et aux réalisations des femmes, les ressources fournies par les GEC et enfin une analyse des transformations induites par l'inclusion financière. La collecte de données sur le terrain s'est appuyée sur ce guide administré à cent quatre-vingt femmes membres de GEC. En outre, la grille a recueilli des informations sur les caractéristiques socioéconomiques des femmes ciblées par notre enquête qualitative.

En sommes, la grille d'entrevue administrée aux femmes membres de GEC, bénéficiaires d'une inclusion financière de proximité a pour objectif de cerner l'impact sur le processus d'autonomisation à travers les dimensions sociale, économique et politique.

- **Le Guide d'entretien destiné aux Cadres d'ONG :**

La grille d'entretien des cadres d'ONG, en tant que personnes ressources, aborde des aspects stratégiques de l'inclusion financière de proximité et du processus d'autonomisation des femmes rurales.

Cette grille aborde les aspects stratégiques de l'inclusion financière avec 19 points de discutions qui touchent les capacités des femmes des ressources mises à leur disposition, leur réalisation et enfin les changements produit par les GEC.

En réalité, les entretiens avec les cadres ont permis de collecter des informations stratégiques visant une meilleure compréhension des données recueillies auprès des femmes et des données secondaires.

Les différents aspects de la grille d'entretien des cadres d'ONG ont été très déterminants dans l'analyse des discours et des récits des femmes. Il faut signaler que la grille d'entretien a été testée avec trois cadres afin de vérifier l'articulation des questions et leur niveau de précision. Ce test, nous a permis de reformuler les questions et de revoir leur enchainement.

C'est après la correction qu'elle fut envoyée au Directeur de Thèse pour recueillir ses avis et amendements. C'est à la suite de cette validation que l'outil a été administré à quinze cadres d'ONG sur le terrain.

- **Observation participante:**

Le recours à cette modalité s'est imposé dans la recherche, car il nous fallait comprendre le contexte social et culturel qui représente l'environnement des discours et les représentations des femmes.

L'observation participante a été intégrée dans notre méthodologie dans la perspective d'une immersion sur le terrain en vue de saisir toutes les complexités subtiles des objets d'études. Cela nous a permis de faire preuve de recul pour cerner de manière objective des informations peu perceptibles dans les données recueillies avec les interviewes. L'observation participante, dans cette recherche, avait pour finalité de comprendre la réalité par une imprégnation et une participation dans des processus économiques et sociaux développés sur le terrain. Ainsi, nous avons assisté à des réunions d'épargne et de crédits, des sessions de clôtures de cycle et surtout des visites à domiciles.

La position d'extériorité et la nature de cette recherche, peu favorables à la compréhension objective des mécanismes développés par les sujets observé sont rendu obligatoire l'intégration de l'observation participante dans la trame méthodologique.

Ainsi, le choix de participer à certaines opérations au même titre que les acteurs, nous a permis d'avoir un accès à une panoplie d'informations qui ont servis dans l'analyse des données.

- **Les sources de données secondaires :**

Nous nous sommes évertués de disposer d'informations sur les GEC qui ont faiblement inondé les champs de la théorie économique parce qu'étant à l'étape d'innovation dans le domaine de l'économie sociale et solidaire. Les GEC sont, en effet, des stratégies développées par des ONG de référence comme World Vision International, Plan International, Child Fund et Action Aid.

Mais malgré l'existence d'un important capital d'expériences et de bonnes pratiques, les théories sont rares. Cela nous a amené à faire une revue des pratiques et des expériences pour mieux cerner la portée des GEC, en tant qu'instruments mise en œuvre pour lutter contre la précarité en terme d'intérêt pour le développement des organisations de femmes, de manière générale et de manière spécifique leur degré de pertinence et leur système de management ; les moyens de valorisation de la ressource féminine, grâce à la démarche participative et collaborative qui est un des facteurs clés de l'inclusion sociale, économique et politique.

Enfin, nous avons procédé à une exploitation de documents, d'archives, de rapports et de bases de données des ONG, pour nous faire une idée sur les différents résultats présentés dans les bilans et les rapports d'évaluation des projets pouvant être valorisés dans le cadre de notre travail. Il en est de même des publications d'Agences et d'Institutions spécialisées qui nous ont par moment faciliter la compréhension des processus et les stratégies de diffusions des dispositifs de GEC.

iii) Stratégies de collecte de données :

En matière de Recherche qualitative, il est recommandé d'avoir une stratégie de collecte appropriée pour avoir des données objectives. Les principes de la négociation, de la participation et de l'interactivité ont été pris en compte dans la collecte de données a respecté. En ce sens, un processus comportant plusieurs étapes a été l'élément fondamental de cette recherche.

Après avoir procédé à un échantillonnage conformément aux critères précisés plus haut au niveau du Cadre contextuel. Une phase préparatoire a permis d'entrer en contact avec les cadres de Word Vision Sénégal, Child Fund, Action Aid et Kajoor Janken.

Ainsi, les différents GEC ont été sélectionnés avec la fourniture des contacts téléphoniques des différents responsables de GEC.

Cette étape nous a permis d'entrer en contact avec les conseillers d'affaires des ONG qui sont des agents de terrain. Nous avons sélectionné parmi eux quatre femmes qui ont été formées en vue d'un accompagnement de l'administration de la grille d'entrevue des femmes membres de GEC. Par ailleurs, ces agents de terrain ont beaucoup facilité le ciblage de 180 femmes pour la conduite des entretiens. Cette phase préparatoire a duré un mois et plus précisément du 10 janvier au 10 février 2019.

Nous avons démarré la phase de terrain par une orientation des quatre facilitatrices que nous avons regroupé à Kaolack pour d'une part définir la stratégie de collecte et d'autre part les équipé d'un smart phone et d'un trousseau de matériels didactiques. Cet atelier d'orientation s'est tenu du 12 au 16 février 2019.

Ainsi, la collecte de données sur le terrain s'est déroulée conjointement du 20 février au 20 mars 2019 avec notre supervision. Cette période a aussi été mise à contribution pour administrer la grille d'entretien des cadres d'ONG et la collecte de documents pour la capture des données secondaires. En outre, les responsables du service du développement communautaire ont été visités pour la collecte de documents sur l'inclusion financière et les organisations féminines.

Globalement, nous n'avons rencontré aucune réticence chez les femmes pour la collecte de données car les agents de terrain ont une bonne connaissance de leur zone d'intervention et une relation conviviale avec les femmes. Les interviews des participantes se sont déroulées dans des lieux adéquats et acceptés par les femmes. Pour les cadres d'ONG, la collecte de données s'est déroulée dans leurs lieux de travail. Aussi bien avec les cadres que les femmes, nous avons conduit les entretiens dans un environnement calme garantis dans la convivialité dans le travail et la confidentialité des informations recueillies.

En outre, dans un souci de flexibilité, les entrevues avec les femmes pouvaient, en cas de besoin, être entrecoupées pour leur permettre de vaquer à leurs obligations.

Avant le début des interviews, les femmes ont été informées clairement dans la langue de leur convenance des objectifs de la recherche, la finalité de l'entretien, le caractère privé des informations recueillies et le respect de l'anonymat. Nous avons aussi rassuré les femmes et les cadres d'ONG sur l'importance de leurs points de vue en tant qu'acteurs de l'inclusion financière sur les résultats de la recherche.

En effet, leurs connaissances et leurs expériences sont à la base d'une meilleure compréhension des dynamiques d'autonomisation des femmes à travers l'inclusion financière. Ainsi, l'esprit collaboratif a été conquis afin de permettre aux interviewés de s'attacher à la vérité des réponses. De même, les femmes et les cadres ont compris que les informations fournies étaient utilisées à des fins scientifiques et de validation d'un parcours de formation doctorale.

Toutes les précautions prises pour la collecte de données nous ont permis d'avoir le consentement des femmes et des cadres ainsi que l'acceptation de toutes les modalités de l'enquête comme l'enregistrement, la prise de note et la prise de photos.

Cela nous a permis d'être réconforté d'avoir satisfait deux exigences, celle de l'étude qualitative qui ne se focalise pas sur le mesurable et celle de l'étude empirique qui est une compilation de connaissances dérivées du vécu, de l'expérience et de la situation. Ces mêmes e précautions ont été prises durant la phase de traitement et d'analyse des données.

En outre, il faut signaler que les outils de collecte de données sont complémentaires et ont été mobilisés pour l'opérationnalisation de la méthode. En effet, il a été fait recours à des entrevues, à l'observation participante et à la revue de données secondaires. Et pour la génération des données de terrains fiables, nous avons catégorisé les outils d'entrevue par rapport aux personnes interrogées (femmes membres de GEC et Cadres d'ONG). Cela nous a permis de disposer de données soumises à l'exploitation, au traitement et à l'analyse pour dégager une structure narrative.

Par ailleurs, la démarche méthodologique n'est pas linéaire et ses différentes étapes ne sont pas juxtaposées mais elles s'intègrent dans une dynamique de complémentarité pour conquérir des connaissances.

iv) Traitement et analyse des données :

Le traitement des informations recueillies a exigé une transcription intégrale et exhaustive des enregistrements audio à l'aide du logiciel de traitement de texte Word. Pour cela, nous nous sommes attachés des services de trois opérateurs qui ont été orientés sur le but, la finalité et l'importance du travail à réaliser. La transcription a respecté un certain nombre de principes requis à l'analyse de contenu et de récit.

D'abord l'audition des réponses apportées par les participants ont permis une familiarisation et une appropriation des contenus. Ensuite, la traduction en français et la transcription du contenu nous ont donné un jet de connaissances conservant l'authenticité des discours et des récits des participantes. Enfin, la codification numérique des questions et réponses a permis de constituer des unités de sens en fonction des variables de la recherche.

Par ailleurs, il faut préciser que le jet de connaissances a favorisé le rassemblement de tous les matériaux pour procéder à une analyse affinée et objective. Cela nous a permis de respecter le principe de la fidélité aux connaissances, aux appréciations et aux perceptions des personnes interviewées. Cela va dire que l'organisation, l'interprétation et l'analyse des données se sont appuyées sur un corpus de connaissances brutes qui a été une masse enrichissante d'informations qualitatives sur l'impact de l'inclusion financière de proximité sur l'autonomisation des femmes. Par ailleurs, l'organisation des informations en fonction des variables, des hypothèses et de la structure de la thèse ont ainsi facilité l'étape de la rédaction du document avec l'appui d'un assistant.

En outre, il faut préciser qu'avec l'appui d'un informaticien, le logiciel Stata a été utilisé pour coder les données et les mettre en relation avec le cadre d'analyse. Ce logiciel a aussi permis d'interroger les données de base pour dégager les différentes composantes à présenter et à analyser conformément au cadre d'analyse et aux différentes variables de la recherche. Toutefois, les divergences et les positions communes des femmes et des cadres d'ONG ont été identifiés en vue d'un approfondissement des analyses.

En définitive, le traitement et l'analyse des données ont permis de fournir des éléments de réponse aux questions soulevées par cette recherche. Cependant en plus des contraintes que nous avons rencontrées, cette recherche héberge des limites qui méritent d'être précisées.

v) Contraintes et limites de l'étude :

La réalisation d'une recherche sur l'inclusion financière et l'autonomisation des femmes dans les régions de Fatick, Kaffrine et Kolda n'a été, du tout, une tâche aisée. La première difficulté est d'ordre bibliographique. En général, les travaux scientifiques sur les trois régions portent en général sur leur milieu humain, social et économique.

Les données sur l'inclusion financière en général sont fournies par les travaux de l'ANSD, le portail de la microfinance et certaines IMF à travers leurs rapports. Au niveau de l'autonomisation des femmes, les travaux sont essentiellement réalisés par des anthropologues, politologues et des sociologues.

Certains de ces travaux ont abordé la condition de la femme dans le contexte de ces régions mais, le processus d'autonomisation de la femme n'est pas abordé sur le plan économique avec toutes ses problématiques.

Toutefois, Organisées dans neuf (09) collectivités territoriales de ces trois régions, les enquêtes se sont déroulées dans de bonnes conditions. La cible a compris la finalité de la recherche et coopéré durant tout le processus. La principale difficulté rencontrée est la non- disponibilité de certaines femmes du fait de leur mouvement au niveau des marchés hebdomadaires. Ainsi, Avec elles, nous avons reprogrammé dans beaucoup de cas les entretiens en fonction de leur disponibilité.

En outre, du fait de la délicatesse des questions soulevées par les entretiens (autonomisation et rapport de genre), les femmes dans certaines situations manifestaient une certaine réticence. Mais la mise en confiance dans la relation d'enquête a permis de faire face à cette difficulté. Tous les entretiens enregistrés en Wolof, Peuls et Sérères ont fait l'objet d'une traduction fidèle. Il faut signaler que le caractère local de ces langues a soulevé des contraintes durant la transcription écrite en français.

La traduction concrète des concepts de la recherche a nécessité des efforts soutenus. Il en est de même pour les termes utilisés par les femmes qui devaient être restitués fidèlement durant la transcription.

Par ailleurs, du fait de la nature qualitative de la recherche, la généralisation à l'échelle de la région des résultats obtenus reste une limite certaine. Cependant, nous avons pris le soin d'approfondir les interprétations les réalités concrètes observées, en leur attribuant un sens au niveau de l'analyse dans une dynamique interprétative.

L'adaptation aux réalités du terrain et les aptitudes pédagogiques ont beaucoup contribué à la maitrise de diverses contraintes. Toutefois, l'exhaustivité et la qualité de nos résultats ne sont pas du tout indemne de reproches possibles. En effet, la recherche souffre, entre autres, de limites liées à une large couverture géographique, à la poly-compétence, la taille des ambitions et la modicité des moyens.

Section 2 : Présentation, analyse et implication des résultats de la recherche

Dans cette section, nous présentons les résultats de la recherche qui ont été également analysés.

Les résultats concernent d'abord les caractéristiques socio-économiques des femmes à l'étude afin d'identifier leur profil. Ensuite, nous aborderons le processus d'autonomisation des femmes à travers les ressources fournies par les GEC.

Ainsi, nous partons de l'accès des femmes à l'épargne et au crédit à travers les GEC pour ensuite étudier les réalisations économiques des femmes rurales. Dans un dernier temps, nous analyserons, l'impact des services financiers sur l'évolution des capacités réelles d'actions et de mobilisation collective des femmes rurales et leur représentation sur l'équité de genre.

A la suite de la présentation de ces résultats, des implications de politiques économiques et sociales sont formulées en vue d'une contribution à l'élaboration de stratégie d'inclusion financière et d'autonomisation des femmes.

I. Caractéristiques socioéconomiques des femmes participantes à l'étude

Dans cette sous-section, il est question de dégager les caractéristiques socioéconomiques des femmes rurales membres de GEC. Ces dernières sont dans une situation de précarité et d'exclusion financière. Nous avons identifié l'âge, la situation matrimoniale, le type de famille, le nombre d'enfants et le niveau d'instruction pour cerner leur profil.

i) Répartition des femmes selon l'âge :

L'âge des femmes varie entre 27et 62ans. Par ailleurs, une analyse de la répartition selon l'âge révèle que la tranche d'âge de 35 à 45 ans est majoritaire au niveau des GEC avec 47,22%. Le tableau suivant indique la répartition des femmes selon l'âge.

Tableau 9 : Répartition des femmes selon l'âge

Localité / Tranche d'âge	Fatick	Kaffrine	Kolda	Total	
	Effectif	Effectif	Effectif	Effectif	%
Moins de 35 ans	14	18	16	48	26,67
[35 ans- 45 ans]	29	28	28	85	47,22
[45 ans- 55 ans]	11	11	12	34	18,89
Plus de 55 ans	6	3	4	13	7,22
Total	60	60	60	180	100

Source : Auteur

En outre, il ressort de notre enquête que la moyenne d'âge des femmes est de 42 ans. Cela montre que les femmes épargnantes ont en général un certain niveau de maturité. D'ailleurs la tranche d'âgesde35à 45ans est largement majoritaire suivie, par ordre, des tranches d'âge de moins de 35 ans, de 45 ans-55 ans et plus de 55 ans. Les femmes âgées de plus de 55 ans sont moins représentées en ce sens les besoins en épargne et crédit sont plus forts durant la tranche d'âge de 35 à 45 ans période durant laquelle les femmes sont très actives avec des responsabilités sociales affirmées.

ii) Répartition des femmes selon la situation matrimoniale :

La majeure partie des femmes membres de GEC sont mariées à hauteur de 78,33%. Cela est liée au fait que la situation matrimoniale constitue dans les sociétés traditionnelles une marque de responsabilité sociale. Comme l'ont souligné Sarr(1997) et Adjamagbo, Antoine et Dial(2004), le mariage consolide les responsabilités d'épouse et de mère.

Le graphique suivant indique la répartition des femmes selon le statut matrimonial.

Graphique 13 : Répartition des femmes selon la situation matrimoniale

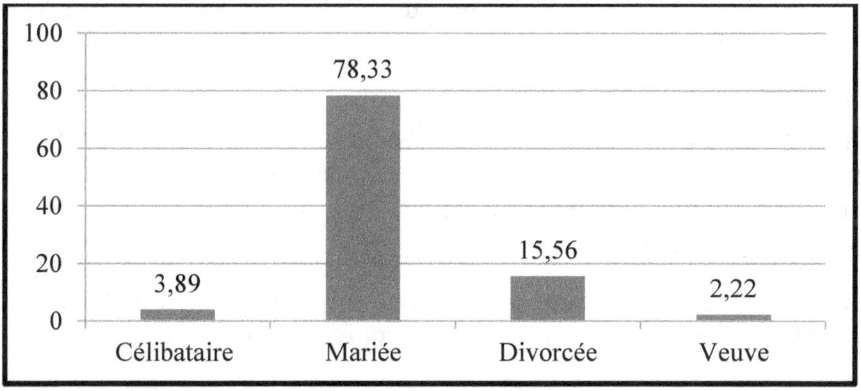

<u>Source</u> : Auteur

En outre, les données révèlent la présence dans les GEC des divorcées (15,56%), des veuves (2,22%) et des célibataires (3,89%).

Les résultats montrent que le besoin en service financiers est influencé par le statut matrimonial qui confère aux femmes rurales des responsabilités domestiques.

iii) Répartition des femmes selon le type de ménage :

Le type de ménage peut être considéré comme un soubassement des traditions et des réalités socioculturelles.

Ainsi, en milieu rural, la majorité des femmes sont dans des ménages polygames. Sur 141 femmes mariées interviewées, dans la population à l'étude, les 63,83% sont dans des ménages polygames. De l'avis des femmes, le type de ménage accroit les besoins économiques du fait que chaque épouse a une responsabilité sur ses enfants. Ainsi l'adhésion aux GEC et selon elles un moyen pour accéder à des ressources afin de faire face aux besoins de leur ménages et de leurs enfants.

iv) Répartition des femmes selon le nombre d'enfant :

Les femmes interviewées durant notre étude sont pour la grande majorité des mères de famille. En effet, 38,89% des femmes ont entre 3 et 5 enfants et 33,33% d'entre elles ont entre 1 et 3 enfants. En outre, 16,67% des femmes ont entre 5 et 7 enfants et 5% d'entre elles n'ont pas d'enfants.

Ces données, présentées dans le graphique suivant montrent que la fécondité des femmes est relativement importante.

Graphique 14 : Répartition des femmes selon le nombre d'enfants

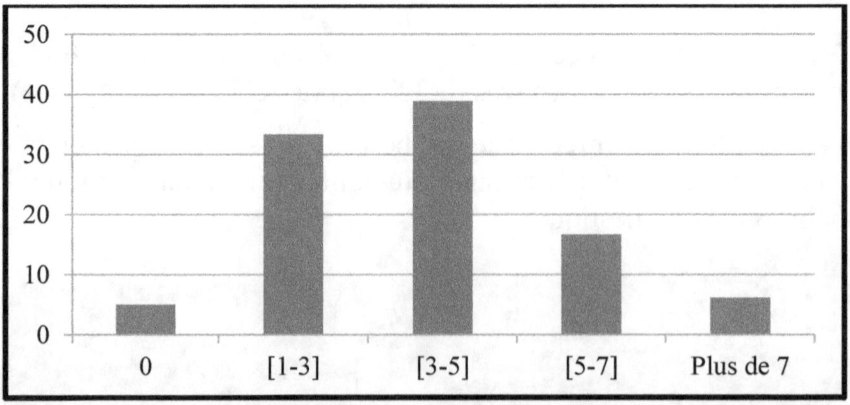

Source : Auteur

Par ailleurs, il faut signaler que les femmes attachent aussi une importance au fait d'avoir des enfants et le lit à leur statut social. Elles avouent également que le besoin d'inclusion financière et de promotion économique est influencé par la pesanteur des charges liées à l'entretien des enfants et l'amélioration de leurs conditions sanitaires.

v) Le niveau d'instruction des femmes

Le niveau d'instruction des femmes membres de GEC est relativement faible. Comme le montre le graphique suivant, notre étude révèle que 52,78% des femmes enquêtées n'ont pas fréquenté l'école. Dans la population à l'étude, 38,89% des femmes ont un niveau d'étude élémentaire, 7,22% d'entre elles ont un niveau d'étude moyen et 1,11% pour le supérieur.

Graphique 15 : Niveau d'instruction des femmes

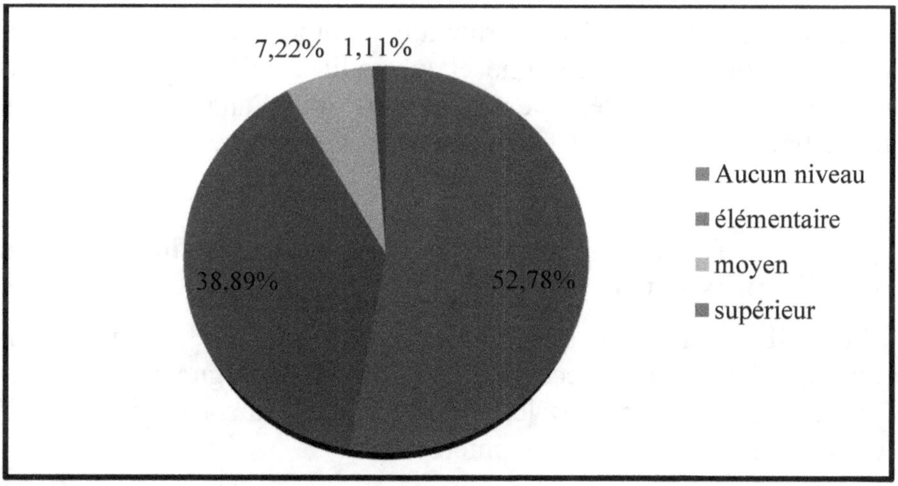

<u>**Source**</u> : Auteur

Cela montre une faiblesse du niveau d'instruction des femmes rurales à l'enquête et l'existence de l'analphabétisme qui pourraient être un obstacle à l'autonomisation des femmes. De l'avis des femmes le faible niveau d'instruction et l'analphabétisme constituent des obstacles à l'exercice d'activité en dehors du foyer. Elles affirment à cet effet, que l'inclusion financière est un moyen privilégié pour accéder à des activités génératrices de revenus

II. Le processus d'autonomisation des femmes rurales à travers les ressources fournies par les GEC

Dans cette sous-section, nous aborderons, d'abord, l'inclusion financière à travers les GEC à partir des déterminants que sont l'accès, l'utilisation et la qualité. Ensuite, nous étudierons son impact sur les capacités réelles d'action et la mobilisation collective des femmes rurales ainsi que leurs représentations sur l'équité de genre.

II.1 Les ressources fournies par les GEC et les réalisations économiques des femmes rurales

Les GEC : un dispositif d'inclusion financière des femmes rurales en situation de pauvreté

La capacité des GEC à fournir aux femmes rurales des services financiers notamment l'épargne et le crédit est déterminant pour la lutte contre la pauvreté. C'est à ce titre que l'analyse de l'accès, l'utilisation et la qualité a été abordée dans cette recherche.

i) L'accessibilité des services financiers de proximité et leur utilisation

Les GEC, en tant que dispositifs d'inclusion financière de proximité, favorisent l'accès des femmes à l'épargne et au crédit. L'épargne est volontaire et les femmes s'y adonnent en fonction de leur possibilité pour obtenir un microcrédit.

Notre étude atteste la fiabilité de l'épargne car 90% des femmes enquêtées affirment n'avoir aucune contrainte pour épargner dans les GEC. Celles qui ont des difficultés pour épargner évoquent comme raison l'insuffisance des revenus. En outre, les motivations et les comportements des femmes montrent qu'elles ont une bonne perception sur les finalités de l'épargne.

Comme nous le montre le graphique suivant, les femmes ont exprimé diverses raisons qui les poussent à épargner.

Graphique 16 : Répartition des femmes selon leur motivation de leur comportement d'épargne dans les GEC

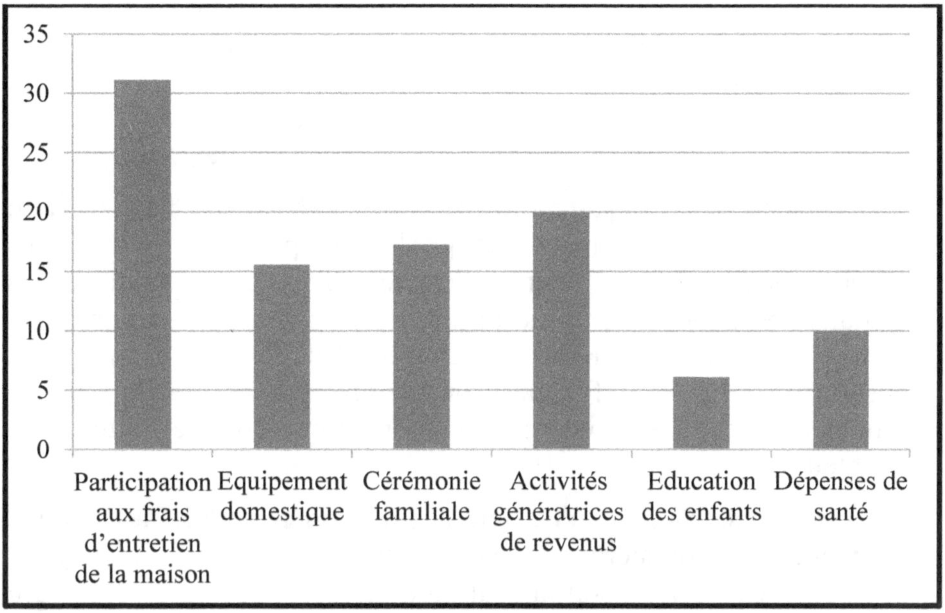

Source : Auteur

Nous constatons que les 31,11% des femmes participantes associent l'épargne à leur volonté de participer à l'entretien de leurs familles. En outre, il y'a 20% des femmes interviewées qui font de l'épargne un moyen pour créer des AGR et 15,56% d'entre elles pensent à l'équipement domestique. Par ailleurs, les cérémonies familiales (17,22%), l'éducation des enfants (6,11%) et les dépenses liées à la santé (10%) sont considérées par les femmes comme des motifs d'épargne.

Ces représentations des femmes sur l'épargne lui prêtent une fonction sociale et économique. Par ailleurs, le niveau d'épargne dans les GEC est relativement acceptable et les fonds collectés permettent la fourniture de crédits proportionnellement aux montants épargnés.

Dans les neuf (09) collectivités territoriales couvertes par notre étude à savoir Mbellacdiao, Tattaguin, Patar (Région de Fatick), Kathiote, Mabo, Malème Hodar (Région de Kaffrine), Paroumba, Kandja, Sithiang koundara (Région de Kolda) l'épargne mobilisée varie de 20 560 000 à 22 424 000 francs CFA sur un cycle de 12 mois.

Les GEC constituent donc une alternative pour le développement de la culture de l'épargne chez les femmes rurales. Ils apparaissent comme des moyens pour réaliser l'éducation financière des femmes rurales en situation de pauvreté. En outre, l'épargne constituée par les GEC permet de fournir aux femmes des crédits à un coût abordable. Comme suggéré par Mordusch (1999), Burjorjee et Scola (2015), les crédits doivent être fiables, convenables, continus et flexibles.

En ce sens, 85% des femmes affirment pouvoir obtenir un crédit du GEC dès qu'elles le souhaitent et qu'elles remplissent les conditions définies. Seules 15% d'entre elles reconnaissent rencontrer des difficultés pour avoir un crédit du fait de la faiblesse de leur épargne. Le montant moyen de crédit par femme est de 251 457 francs CFA dans les 36 GEC. Les femmes considèrent que les crédits obtenus participent à leur « empowerment » économique comme l'atteste cet indicateur qui est du reste pertinent.

Par ailleurs, 88,33% des femmes considèrent que les crédits s'obtiennent de manière convenable. Et la proximité favorise sa distribution de manière continue et durable jusqu'à la fin du cycle. En outre, le système de crédit est aussi jugé très flexible car 93,89% des femmes jugent qu'il est adapté à leurs conditions socioéconomiques.

En effet, selon les femmes, l'accès aux crédits participent à leur autonomie financière.
Les femmes s'approprient des services financiers en évoquant diverses raisons.
Entre autres raisons évoquées par les femmes pour apprécier le système d'épargne et de crédit, nous avons l'amélioration des revenus (34,32%), le maintien du système de solidarité (16,57%), la possibilité de créer des sources de revenus (18,93%), les frais financiers raisonnables (13,61%), la proximité (10,06%) et l'utilisation de méthode adéquate (6,51%).

Ces raisons confirment la volonté d'adhésion des femmes à ce système d'épargne et de crédits adaptées aux personnes en situation de pauvreté.

Ainsi, l'usage des services financiers de proximité en l'occurrence l'épargne et le crédit est réel à travers une accessibilité financière facilité par les couts abordables, la flexibilité et la convenance.

ii) La qualité des services financiers des GEC

La qualité des services financiers en tant que déterminant de l'inclusion renvoie à leurs capacités de prendre en charges les besoins d'accès des demandeurs en tenant compte de leurs réalités spécifiques, à des couts raisonnables et adaptés.

Pour étudier la qualité des services financiers des GEC nous avons ainsi considéré leur capacité à répondre aux besoins des femmes à des coûts supportables (Guérin I., Bouquet E., 2011). L'étude révèle que 53,33% des femmes sont satisfaites des crédits contre 46,67% insatisfaites.

Les raisons de l'insatisfaction sont : le faible montant du crédit, la durée du crédit, la périodicité de remboursement, les difficultés au niveau des activités économiques et l'utilisation du crédit à d'autres fins.

En sommes les problèmes soulevés au niveau de la qualité des services financiers des GEC relèvent de leurs caractères informels et d'une absence d'accompagnement.

iii) Les GEC : un moteur de transition vers des systèmes d'inclusion financière formelle

Le microcrédit, outre sa fonction complémentaire de la micro finance est une stratégie pour combattre l'extrême pauvreté dans le monde avec l'octroi de prêts non garantis aux personnes en situation de précarité (DALEY, 2006). Cependant la transition des dispositifs de microcrédit vers les institutions formelles pourrait permettre aux femmes de renforcer leur autonomisation.

Il ressort de notre étude que 23,33% des femmes ont un compte au niveau des IMF de la zone. Les femmes soutiennent qu'en liant les GEC et les IMF, elles deviennent capables de créer des activités économiques de grandes envergures. En ce sens, les GEC sont des paliers qui leur permettre de progresser vers les IMF.

Par ailleurs, nous notons l'utilisation du « mobil banking » par 78,89% des femmes membre de GEC. L'adoption du « mobil banking » par les femmes rurales est très manifeste et atteste de sa capacité à contribuer à une généralisation de l'inclusion financière. Le témoignage de Madame A. Sow est éloquent à cet égard : « mon téléphone portable représente pour moi une banque, elle me permet de mieux gérer mes revenus et d'éviter le gaspillage. Depuis que j'ai un compte mobil, je gère bien mon argent et fait tout pour éviter de dépenser tout mon revenu ».

Ce témoignage montre que le « mobil banking » pourrait accompagner l'inclusion financière des femmes rurales et contribuer à la lutte contre leur exclusion sociale et économique.

Les réalisations économiques des femmes rurales membres des GEC

L'accès aux ressources permet la concrétisation des capacités d'action à travers les réalisations économiques des femmes.

Les réalisations analysées, dans cette recherche, concernent la création d'AGR, l'accès et le contrôle des ressources.

i) La création d'Activités Génératrices de Revenus (AGR) :

Les AGR sont des activités commerciales consistant à vendre des biens et des services marchands au profit d'un individu, d'un groupe d'individus ou d'une organisation. Elles sont souvent mises en œuvre dans le cadre de la promotion économique des femmes pour la lutte contre la pauvreté.

Le microcrédit fourni par les GEC favorise effectivement, la création d'AGR qui contribue à la promotion économique des femmes rurales. La principale motivation des femmes en accédant à un crédit est de réaliser leur autonomisation économique. Elle assimile l'autonomie économique à la possession de revenue à partir d'une activité extra-domestique.

Ainsi le microcrédit est considéré par les femmes avec sa capacité à construire des rationalités. Ces rationalités assimilées à une modernité sont liées à l'exercice d'activités économiques en dehors du ménage.

Il ressort de notre étude que 96,66% des femmes ont créée des AGR avec les crédits obtenus du GEC. Cela atteste d'un recours notable des femmes aux GEC et de l'intérêt trouvé dans les AGR. Les

AGR couvrent divers domaines d'activités présentés dans le graphique suivant.

Graphique 17 : Types d'activités génératrices de revenus des femmes

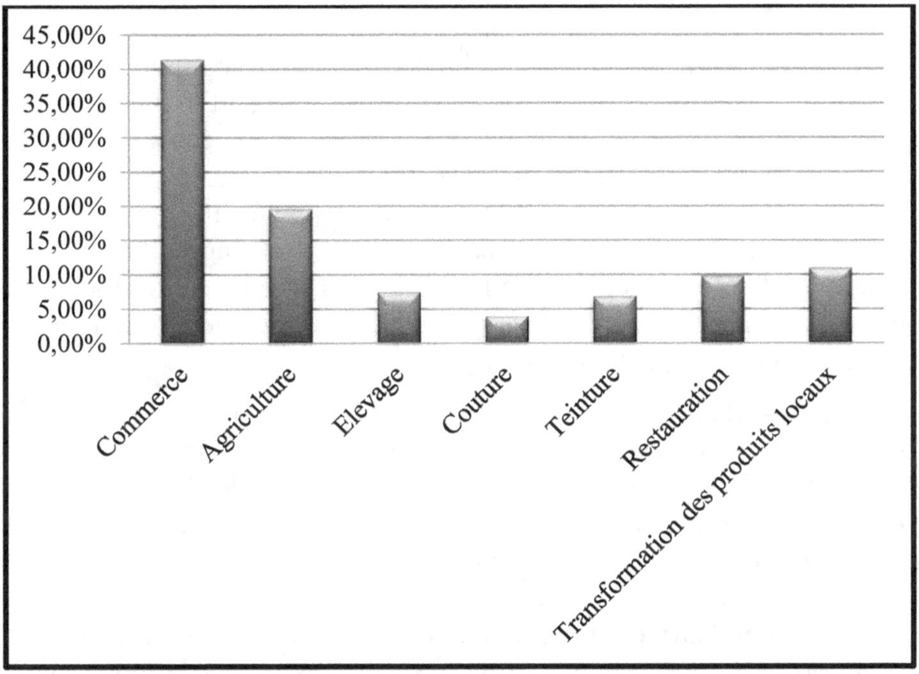

Source : Auteur

Le graphique montre que le petit commerce et l'agriculture sont les principales activités des femmes rurales comme l'a montré l'ANSD (2015). Toutefois, nous notons le développement, en milieu rural, d'autres activités comme la couture, la teinture et la restauration.

De l'avis des conseillers d'affaires des ONG, l'inclusion financière pousse les femmes à élargir l'éventail des affaires par une exploitation des opportunités locales. Il faut également signaler que les femmes ont fait état de l'étroitesse des marchés ruraux, qui ne favorise guère le développement d'activités économiques d'une certaine ampleur.

Le témoignage de NG montre la place des AGR dans la promotion économique des femmes rurales. « En intégrant les AVEC, je n'avais aucune activité, je me consacré uniquement aux tâches domestiques, à mon ménage et à mes enfants. Quand j'ai obtenu mon premier crédit, j'ai commencé par un petit commerce au marché qui s'est développé jusqu'à me permettre de réaliser cette boutique. Aujourd'hui, je suis à l'aise, j'ai un revenu correct qui me permet d'aider mon mari dans toutes les dépenses domestiques et surtout l'entretien des enfants. Je suis aujourd'hui écouté et sollicité pat toute la communauté et je suis conseillère municipale depuis 2014 ».

Ce témoignage montre la pertinence des AGR comme outils de promotion économique des femmes rurales. Il faut noter que par ailleurs, toutes les AGR crées par les femmes enquêtées sont dans le secteur informel et l'exploitation de types familiales. Cela confirme l'affirmation de l'ANSD (2015), selon laquelle la majorité des femmes rurales évolue dans le secteur informel et l'agriculture. Cette situation est selon certaines femmes liées à l'impossibilité d'accéder aux technologies qui ne favorise guère le développement d'activité de transformation des produits locaux.

Toutefois, dans la zone de Vélingara et Kolda, nous avons identifié des initiatives porteuses comme la production de savon, de miel, d'huile de palme et de produits cosmétiques à base de Karité. Selon B Diao « ces produits sont très compétitifs et se vendent chers dans les grands centres urbains ». En définitive, l'accès des femmes rurales à l'épargne et au crédit favorise la création et le développement d'activités génératrices de revenu. Ces AGR en tant que réalisations économiques contribuent à l'autonomisation des femmes rurales.

En ce sens, l'épargne et le crédit en tant que ressources sont à la base de l'empowerment économique des femmes rurales. En outre ces services financiers, à travers les AGR contribuent à l'éducation financière et au développement de l'esprit d'entreprise des femmes rurales

ii) L'accès et le contrôle des ressources :

L'accès aux crédits est une condition indispensable à la promotion sociale et économique des femmes rurales.

Les GEC sont des dispositifs qui permettent aux femmes d'accéder à des crédits convenables, flexibles et soutenables. Mais seules 54,44% des femmes affirment avoir la possibilité de décider librement de l'utilisation des crédits obtenus sans aucune influence. En effet, les femmes enquêtées subissent des influences dans l'utilisation des crédits. Les niveaux d'influence des femmes sont leurs maris (65,85%), leurs enfants (24,39%) et leurs proches parents (9,76%). Cette réalité montre la soumission des femmes et l'existence d'autres références pour la prise de décision.

Ainsi, même si les femmes accèdent aux crédits, elles ne sont pas entièrement autonomes dans le contrôle de la ressource financière. Par ailleurs, comme indiqué dans la littérature, l'accès à la terre est très déterminant dans la promotion économique des femmes du fait de leur forte présence dans l'agriculture et le caractère limité de leurs titres de propriété foncière. En outre, la ressource foncière, eu égard à son enjeu social et économique, est un facteur d'autonomisation des femmes en milieu rural. Mais notre recherche révèle que seules 12,78% des femmes ont une propriété foncière avec notamment maison (6 femmes), Terre agricole (12 femmes) et Terrain à usage d'habitation (5 femmes).

A la lumière de ces résultats, les femmes, membres de GEC, ont un faible niveau d'accès et de contrôle de la ressource foncière. En réalité, malgré la présence des femmes dans les activités agricoles, leur accès à la ressource foncière reste problématique. Cela traduit leur dépendance et leur subordination dans les exploitations agricoles qui sont sous une maitrise exclusive des hommes. Cette situation peut effectivement avoir un impact négatif sur l'autonomie économique des femmes rurales. Elle se traduit aussi sur l'accès aux intrants, aux compétences et aux technologies pour traduire des inégalités de genre sur le plan économique.

Cependant, la plupart des femmes enquêtées aspirent à accéder aux fonciers et être autonome vis-à-vis des hommes. Cette aspiration est forte chez les femmes rurales et constitue un élément à considérer dans le processus de leur autonomisation. En effet, l'accès à la terre apparait clairement comme un facteur étant à cheval sur l'« empowerment » social et économique. L'accès des femmes à la terre, tout en mettant à leur disposition une ressource stratégique, leur permet de participer à sa maitrise sociale à travers des relations de genre équitable. Il en est de même de l'accès aux intrants agricoles qui sont malheureusement distribués à l'échelle des familles où les hommes jouissent de leur statut de chefs de famille et d'exploitation. Les femmes considèrent d'ailleurs, les exploitations familiales agricoles comme des unités économiques sous la coupole des hommes. Ainsi, la famille, en tant qu'institution sociale se superpose avec l'exploitation familiale qui est une unité de production et de consommation familiale. C'est en ce sens que les exploitations familiales agricoles sont soutenues par des unités budgétaires familiales.

Par conséquent, nous avons des manifestations d'inégalité de genre dans les choix et décisions budgétaires au niveau de la famille. En définitive, l'autonomisation des femmes rurales subit les effets, de la limitation de l'accès et le contrôle des ressources. Stratégiques comme la terre.

En ce sens, l'accès à l'épargne et au crédit est selon les enquêteurs un facteur dynamique pour améliorer le niveau d'accès et de contrôle de la ressource foncière. Mais elles reconnaissent que les montants de crédit sont faibles et ne permettent pas des investissements de grande envergure. En outre, les femmes jugent que les formes de répartition de la terre, des intrants, et du financement sont fortement influencées par le système social et les relations de genre. Elles aspirent ainsi à l'accès à des crédits importants pour acquérir un capital foncier et développer des exploitations agricoles performantes.

II.2 Impact des services financiers de proximité sur les capacités réelles d'action et de mobilisation collective des femmes rurales

Impact de l'épargne et du micro-crédit sur l'évolution des capacités réelles d'action des femmes rurales

L'une des finalités de l'inclusion financière est d'améliorer les capacités réelles d'actions des femmes rurales. Ces capacités réelles d'actions englobent trois dimensions qui sont déterminantes dans la transformation des relations de pouvoirs liées au genre. Il s'agit de la capacité de négociation, la participation à la prise de décision et le portage d'aspirations. Ainsi, les capacités réelles d'actions des femmes rurales sont complexes, multidimensionnelles et difficiles à apprécier de manière quantitative. Cependant, la prise en compte des représentations des femmes peut renseigner sur la situation globale de l'évolution des capacités réelles d'action. Les représentations des femmes rurales, malgré leur nature psycho-sociale sont des effets produits par des facteurs endogènes ou exogènes. L'inclusion financière est, en ce sens, un facteur économique à la base du pourvoi de ressources aux femmes pour la création de revenus à travers des réalisations et l'amélioration du statut social.

Les GEC, en tant que dispositifs d'inclusion financière de proximité, ont une capacité de mobilisation d'une épargne collective afin d'octroyer aux femmes rurales des crédits non garantis à moindre coût et adaptés à leur réalité. Les services financiers (épargne et crédit) sont donc fournis aux femmes rurales et à leur sujet. Elles se font des représentations sur leur impact dans leurs capacités d'action en l'occurrence le pouvoir de négociation et de décision.

i) La capacité de négociation et la participation à la prise de décision

Les services financiers de proximité outre leurs capacités à réaliser un empowerment économique peuvent contribuer à l'amélioration du statut social des femmes.

La capacité de négociation et la participation à la prise de décision dépendent, selon les femmes, de l'allègement du poids de la subordination et de la dépendance en ce qui concerne les aspects sociaux et économiques. Malgré leur accès à l'épargne et au crédit, 57,22% des femmes participantes à l'étude déclarent ne pas avoir une capacité de négociation avec les hommes pour participer aux décisions de la famille contre 42,78% d'entre elles qui jugent détenir ces capacités avec leurs accès aux services financiers.

Toutefois, toutes les femmes enquêtées soutiennent que l'inclusion financière pourrait permettre un accroissement de leur capacité de négociation et leur implication dans la prise de décision à travers des facteurs illustrés dans le graphique suivant.

Graphique 18: Contribution des GEC dans la capacité de négociation des femmes

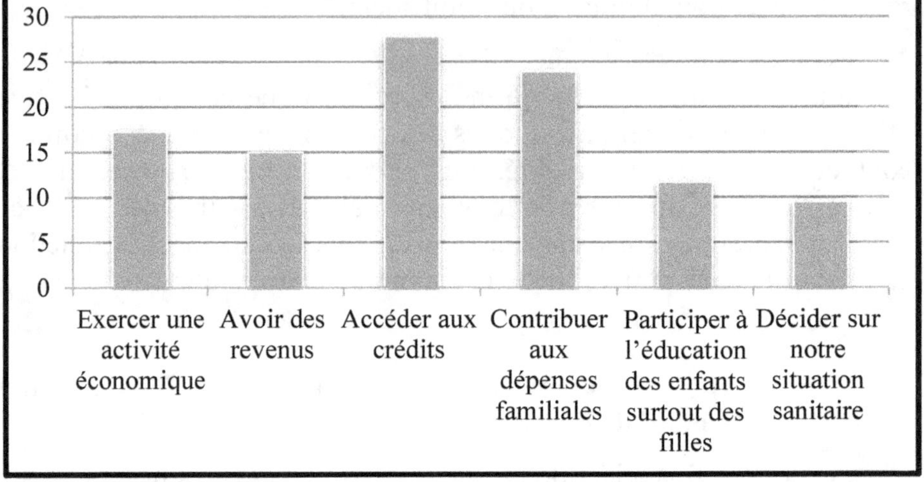

Source : Auteur

Les femmes considèrent qu'avec leur inclusion financière, elles accèdent à des possibilités pour améliorer leurs conditions de vie et leur statut social. En effet, 27,78% des femmes considèrent que l'accès aux crédits favorise l'accroissement de leur capacité de négociation du fait de l'amélioration de leurs revenus avec des activités économiques. En outre, 23,89% des femmes considèrent que la contribution aux dépenses de la famille octroi le pouvoir de négociation avec les hommes. Certaines d'entre elles (17,22%) pensent que le simple fait d'exercer une activité économique contribue à accroitre la capacité de négociation. En ce qui concerne l'obtention de revenus, 15% des femmes avouent qu'elle accroit la capacité de négociation.

Sur la base de leur représentation, les femmes lient la capacité de décider et de négocier au sein de leurs ménages à l'accès aux revenus. Ainsi, l'accès aux services financiers à travers l'amélioration des revenus, agit positivement sur les capacités réelles d'action des femmes. Cependant, elles ont formulé des aspirations qu'elles assimilent à des vecteurs de la transformation des relations sociales.

ii) Aspiration et motivation des femmes rurales

L'inclusion financière des femmes en tant que stratégie de lutte contre la pauvreté favorise le port de motivation et d'aspiration. Sur le plan économique, l'accès à la terre est une forte aspiration des femmes rurales car 26,11% d'entre elles expriment un besoin d'amélioration des conditions d'accès aux fonciers. Cela est expliqué par le fait qu'elles soient très actives dans l'agriculture. En outre, d'autres aspirations économiques sont portées par les femmes et ont trait notamment aux dépenses d'investissement de la famille (15,56%), à l'accès aux intrants agricoles (13,33%), à la participation aux décisions liées à la production (9,44%), à l'affectation et gestion des ressources de la famille (8,89%) et aux dépenses quotidiennes (7,78%).

Sur le plan social, 15% des femmes expriment le besoin de décider sur leur santé et 8,89% d'entre elles sentent le besoin d'être mieux impliquées dans l'éducation des enfants. En ce qui concerne l'allègement des travaux domestiques, seules 6,67% des femmes jugent nécessaire la prise en compte d'amélioration.

Ces résultats montrent que les aspirations des femmes rurales en matière de prise de décisions et de négociations sont d'ordres sociale et économique. Elles jugent que la prise en compte de ces aspirations et motivations agit sur l'amélioration de leur statut social. Mais force est de constater une prédominance des aspirations économiques. Ainsi, selon les femmes, l'inclusion financière contribue effectivement à l'accroissement de leurs capacités réelles d'action à travers des aspirations qui suscitent une conscience nouvelle que (Kabeer, 2005) considère comme le moteur de la transformation sociale.

Sur la même lancé, le paradigme de l'empowerment (Mayoux, 2006) est confirmé car, en plus de sa viabilité financière et sa capacité à réduire les effets de la pauvreté, l'inclusion financière doit garantir aux femmes des capacités et des pouvoirs pour que soient modifié les relations de genre.

Cependant, avec la prépondérance du système patriarcale, la subordination et la dépendance des femmes sont toujours de mises. Selon les femmes, leur subordination et leur dépendance se prolongent même en dehors des cercles familiaux.

Les représentations des femmes à leurs sujets attribuent également à la religion et la tradition un poids très prépondérant. En outre, selon les femmes, leur faible niveau d'instruction apparait comme une contrainte pour la déconstruction des relations préétablies.

En ce sens, Kabeer (2005) a établi une corrélation entre le niveau d'instruction des femmes et leur autonomisation. L'étude révèle que 52,78% des femmes enquêtées n'ont aucun niveau d'instruction. Donc le faible niveau d'instruction a une influence sur la conscience des femmes en leurs capacités à induire des transformations dans les relations de genre en général.

En définitive, l'autonomisation des femmes rurales fait face à divers obstacles et contraintes. Ainsi, la réorientation de la politique de microfinance et la stratégie nationale d'équité et d'égalité de genre, peut être considérée comme des priorités dans les politiques sectorielles au Sénégal. En effet, avec un faible taux d'accès des femmes rurales aux services financiers, leur autonomisation apparait toujours comme une urgence de développement. A cet effet, les programmes de l'Etat comme le PUDC, les innovations des IMF et des ONG doivent renforcer les stratégies d'inclusion financières des femmes rurales en situation d'extrême pauvreté.

Au Sénégal, les femmes rurales ont une faible évolution de leurs capacités réelles d'actions comparées aux femmes des centres urbains. Selon Sagna (2015), avec la crise économique, les femmes urbaines accèdent davantage aux services financiers et développent de plus en plus des activités économiques en dehors de leurs foyers avec une diversification progressive des secteurs de production.

Par contre, les femmes rurales, malgré leur inclusion financière évoluent plus dans l'agriculture de subsistance, le petit commerce et d'une manière timide l'artisanat. Ainsi, au regard de nos résultats, les capacités réelles d'actions des femmes rurales sont encore faibles pour impulser une transformation sociale axée sur une équité de genre. Ces capacités réelles d'actions intègrent le pouvoir de négociation, la participation à la prise de décision et le portage d'aspirations.

Ces paramètres doivent être intégrés pour se positionner comme le moteur de la transformation des relations de genre. Ils apparaissent aussi comme des besoins spécifiques aux femmes et qui varient, dans leur ampleur, selon le milieu de résidence, l'accès aux services financiers et le niveau de revenus.

Dans les régions les plus pauvres du Sénégal, ces besoins spécifiques des femmes rurales sont d'une certaine acuité et sont en rapport avec la situation de pauvreté. Par conséquent, ces besoins spécifiques peuvent être pris en charge par une inclusion financière se traduisant par la création d'AGR, l'accès aux compétences et l'amélioration des revenus.

En outre, leur ampleur est plus importante en milieu rural qu'en milieu urbain eu égard aux effets de l'influence des réalités socioculturelles, du niveau d'instruction et de l'analphabétisme. Cela explique l'importance de l'inclusion financière dans l'amélioration du pouvoir d'actions des femmes rurales qui est une composante de la lutte contre la pauvreté.

La pauvreté des femmes rurales a atteint de l'ampleur au Sénégal et a milité en faveur de la mise en œuvre de divers programmes comme la DER, le FONGIP pour leur inclusion financière et leur promotion économique ainsi que la réalisation d'une équité sociale et territoriale. Toutefois, des progrès réels sont constatés depuis la réforme de l'acte 3 de la politique de décentralisation avec l'érection de pôles territoires et la définition d'un cadre institutionnel pour la réduction des disparités territoriales. Mais ces progrès risquent de subir les effets de la crise sociale et économique engendrés par la pandémie de la COVID-19 qui sévit depuis le début de l'année 2020 à l'échelle planétaire. En effet, une frange importante des femmes rurales pourrait s'engouffrer davantage dans le cercle vicieux de la vulnérabilité avec l'arrêt de leurs activités économiques.

Le confinement, en tant que mesure d'urgence sanitaire, a entrainé dans beaucoup de microentreprises l'arrêt des activités. Boukaira et Daamouch (2021) ont montré dans une étude que pendant les 4 mois de confinement, 63% de TPE marocaines questionnées n'avez pas de mesures de remplacement lors de la perte d'accès à l'emplacement et donc étaient en arrêt total d'activité en cette phase.

Par conséquent, en plus du renforcement de l'inclusion financière des femmes rurales, il est nécessaire de prendre des mesures d'urgences d'accompagnement pour favoriser leurs résiliences sociale et économique. Il est, toutefois, établi que l'inclusion financière, tout en s'inscrivant dans une dynamique de réduction de l'extrême pauvreté, améliore le potentiel d'action des femmes rurales. L'amélioration des capacités réelles d'actions des femmes rurales peut s'apprécier certes à partir de dimensions qui lui sont propres mais aussi à partir des effets d'une inclusion financière viable à travers l'accès à l'épargne et au microcrédit. Elle exerce une réelle influence sur l'amélioration du statut social des femmes en situation de pauvreté car elle combine le pouvoir d'action, la compétence pratique et la conscience. Ces trois facteurs garantissent aux femmes, à partir de mouvements sociaux notamment la transformation des relations et l'équité de genre. Mais ils doivent partir de la disponibilité de ressources et de la volonté collective des femmes de remettre en cause le système de relations.

Impact de l'épargne et du micro-crédit sur Représentation des femmes sur leurs capacités de mobilisation collective des femmes rurales

L'accès à l'épargne et au crédit a un impact sur la conscience individuelle des femmes à travers leur empowerment économique et leurs capacités réelles d'actions. Cette conscience individuelle est le soubassement de la conscience collective qui est le moteur des transformations sociales.

Notre étude révèle que malgré le poids des normes sociales, les femmes membres de GEC sont porteuses d'un potentiel transformateur que nous avons analysé sur la base de leurs représentations, à travers trois dimensions. Il s'agit de la mobilisation collective, la participation citoyenne et politique, ainsi que les représentations sur l'équité de genre considérée comme le soubassement de la transformation des relations de genre.

i) Les GEC et le potentiel de mobilisation des femmes

La mobilisation collective est le moteur de la transformation sociale à l'image des changements escomptés avec la mise en œuvre de l'équité de genre. Elle est, en outre, une traduction concrète de la capacité réelle d'action des femmes sur le champ social. Les capacités réelles d'actions ainsi que les consciences individuelles des femmes constituent les préalables pour les processus de transformation sociale basés sur une conscience collective des femmes. La conscience collective permet donc d'impulser des mouvements à la base qui peuvent susciter des décisions d'une portée politique. Comme l'a souligné Kabeer (2005) les pressions politiques ascendantes doivent être exercées sur les centres décisionnels pour que des mesures descendantes soient implémentées. A cet effet, les femmes rurales en accédant à l'épargne et au crédit sont très actives dans des associations locales et des réseaux qui sont des institutions de construction du changement social. Nos entretiens révèlent que 51% des femmes sont membres de réseaux locaux où des actions de plaidoyer sont réalisées.

Malgré la faible capacité de réseautage, les femmes enquêtées en général ont une bonne compréhension de l'importance de l'intégration des réseaux régionaux et nationaux pour la défense de leurs droits. Elles ont évoqué diverses raisons pour justifier leur appartenance à des réseaux avec 45,65% pour des raisons économiques, 35,87% pour des raisons sociales et 18,48% pour des raisons liées aux droits humains.

L'enseignement a tiré de ces données est l'importance des raisons d'adhésion aux réseaux mais aussi les facteurs qui l'entrainent. De même, plus le ratio de la dimension sociale est fort (35,87% pour la dimension sociale), plus la résistance relative au changement social est forte. Mais force est de constater que le ratio de la dimension économique qui est de 45,65% révèle que les femmes considèrent que le changement social est plus favorisé par les aspirations économiques. Ainsi, de leurs avis, l'accès à l'épargne et au crédit peut être considéré comme un facteur incontournable dans la transformation sociale.

En outre, la dimension économique de la pauvreté est plus perçue que sa dimension sociale par les femmes. Cela positionne l'inclusion financière dans la panoplie des stratégies du changement social et de la transformation des relations de genre.

En ce sens l'épargne et le crédit, en milieu rural contribue à l'instauration d'une équité de genre dans la mesure où ils renforcent les pouvoirs économiques des femmes.

Les femmes positionnent en dernière lieu les droits humains dans les dimensions de la pauvreté. La lutte contre les violences faites aux femmes reste une préoccupation majeure dont elles parlent dans toutes les trois réseaux. En effet, la lutte contre l'excision est posée par la majorité des femmes comme une exigence sociale qui doit mobiliser davantage les femmes. Sur la base des représentations des femmes rurales, l'amélioration du potentiel économique à partir de l'accès à l'épargne et au crédit contribue au renforcement de leur pouvoir pour une diminution voire une élimination des violences qu'elles subissent. En ce sens, l'accès à l'épargne et au crédit agit positivement dans le changement social et les relations de genre.

ii) La participation des femmes aux actions citoyennes

Les actions citoyennes peuvent jouer un rôle moteur sur les transformations sociales, économiques et politiques. Elles se déploient dans une mobilisation collective à travers des associations vectrices de changement social. En ce sens, les actions citoyennes complètent les politiques publiques et les actions lancées par les partenaires techniques comme les ONG.

Le rapport n'étant plus de force brute mais plutôt sous tendu par des plaidoyers pertinents fondés sur des principes de droits universels portés par les associations féminines. Pour ainsi dire, dans le champ de l'équité de genre ces associations devraient être au premier plan pour que des mesures énergiques soient prises en leur faveur.

L'inclusion financière de proximité, à travers les associations de femmes, pourrait contribuer au développement d'une conscience collective afin d'impulser un plaidoyer à la base. En étudiant le potentiel associatif des femmes nos entretiens révèlent que 50,56% des participantes à l'étude sont membres d'organisations communautaires de base outre que les GEC. Mais, ces dernières considèrent qu'en adhérant aux GEC, elles ont une meilleure compréhension du rôle qu'elles pourraient jouer dans les institutions socioéconomiques locales. Elles font en effet des organisations locales des cadres de participation citoyenne pour mieux s'affirmer dans la société.

En outre, nos entretiens révèlent que 53,89% des femmes membres de GEC participent à des journées qui leur sont dédiées. Il s'agit principalement de la quinzaine de la femme qui est célébrée dans tous les villages avec l'appui des ONG. Les femmes acceptent volontairement de se mobiliser durant cette quinzaine mais elles ne sont pas porteuses d'un programme de plaidoyer construit conventuellement et de manière autonome. Elles avouent ce pendant que leur adhésion au GEC a renforcé leur culture citoyenne et que la réalisation d'activité économique a beaucoup développé chez elles l'estime de soi et la confiance en soi. Ainsi, de leur avis, le pouvoir économique acquis avec l'accès à l'épargne et au crédit à une influence sur leur volonté d'intégrer des réseaux citoyens et d'avoir une place dans leur société.

A cet effet, nous pouvons considérer que l'accès aux services financiers favorise au niveau local l'émergence d'un leadership féminin fort capable de soutenir l'autonomisation des femmes.

Par ailleurs, la défense de leurs droits et la sensibilisation des autorités sont les raisons dominantes avec respectivement 54,42% et 22,89%. En outre, seules 27,22% des femmes enquêtées ont une fois participée à des marches de contestation pour l'amélioration de leur condition sociale et économique. Elles affirment également avoir participé à des actions citoyennes d'intérêt local. Elles déclarent participer dans ces actions dans le but de ne pas accepter que leur société se fasse sans elles. Nous notons ainsi les prémices d'un éveil de conscience avec l'intégration des femmes dans les dynamiques associatives locales. Elles s'impliquent dans des actions comme l'hygiène, la salubrité, le reboisement, la gestion des écoles, le développement sanitaire et la lutte contre les feux de brousses.

Pour les femmes, leur fonction sociale doit être perçue de la même manière au foyer qu'à l'échelle communautaire. Le sentiment d'appartenance à une communauté développe chez elles une aspiration profonde à une équité de genre.

Mais elles estiment que le potentiel d'action dans la marche de la société est déterminé par leur pouvoir économique. En ce sens, elles affirment que l'accès à l'épargne et au crédit ainsi que les réalisations économiques favorisent leur intégration dans d'autres champs de la société en l'occurrence la participation à des actions citoyennes.

Ces actions citoyennes reposent sur une mobilisation collective qui engendre des transformations sociales. Ainsi, l'inclusion financière favorise la mobilisation collective et la participation citoyenne des femmes rurales.

iii) Intégration des gouvernements locaux par les femmes

La participation des femmes dans la sphère politique est une manifestation de la prise en compte de leurs droits citoyens, civils et politiques.

Toutefois, il est important que les femmes adhèrent aux partis politiques pour d'une part bénéficier de l'avantage de la parité absolue et d'autre part s'impliquer dans la mise en œuvre d'une équité de genre politique.

Durant notre enquête, nous avons constaté que 35% des femmes ont milité dans des partis politiques. Mais ces dernières n'ont pas encore conscience de l'importance du pouvoir politique dans leur autonomisation. Ainsi, les raisons de leur adhésion aux partis politiques reflètent un suivisme et non une volonté d'accéder au pouvoir local.

Cependant les femmes affirment que l'accès à l'épargne et au crédit à travers l'empowerment économique est considéré dans la société comme l'octroi de responsabilité politique. Selon leur représentation, l'empowerment économique a une influence sur la capacité des femmes à conquérir un pouvoir au niveau local.

Au niveau des GEC visités, durant notre étude, seules 16% des femmes sont conseillères municipales au niveau des gouvernements locaux. Mais elles avouent n'avoir aucune responsabilité dans le conseil et que leurs capacités d'influences sont faibles. Ainsi les représentations qu'elles se font sur le pouvoir politique acquis avec une inclusion économique et sociale ont été analysées dans notre recherche.

Nos entretiens révèlent que les représentations des femmes membres de GEC sur le pouvoir politique peuvent être rangées dans trois catégories distinctes :

- Les 30% des femmes pensent que pour avoir un pouvoir politique, il faut avoir un pouvoir économique c'est-à-dire accéder à l'épargne, au crédit et aux activités génératrices de revenus et à un revenu acceptable. Pour elles, le pouvoir économique prédispose la femme à diriger et à asseoir un leadership. En ce sens, elles lient l'inclusion financière et la capacité d'accéder aux pouvoirs politiques.

- Le deuxième groupe de femmes (48%) considère que la femme ne doit pas décider au même titre que les hommes. Elles pensent que la soumission acceptée tacitement au sein du foyer doit se prolonger dans la sphère publique. Ces dernières reconnaissent qu'elles doivent se limiter à conseiller les hommes pour la prise en compte de mesures spécifiques aux femmes.
- Enfin, 22% des femmes enquêtées considèrent que la soumission doit se limiter au niveau privé avec une obligation de respect des traditions. Mais au niveau de la sphère politique, les femmes doivent négocier avec les hommes pour que leurs droits soient garantis sans que ne soient générés des conflits.

Ces trois positions montrent que l'inclusion financière n'est pas suffisante pour susciter chez les femmes la quête du pouvoir politique avec l'autonomie sociale. En effet, les croyances et les traditions s'interfèrent sur les représentations des femmes sur le pouvoir politique qui est une des composantes de leur autonomisation. Cela constitue une contrainte à l'expression de la volonté des femmes de conquérir une équité de genre dans la sphère politique.

Toutefois, il existe des velléités d'une aspiration à la modernité qui peut servir de leviers à l'inclusion financière pour impulser une conscience pour l'accès au pouvoir politique.

En effet, les 30% des femmes considèrent que le pouvoir économique, découlant de la création d'AGR et de l'amélioration des revenus, peut favoriser l'accès à un pouvoir politique.

Représentation des femmes sur l'équité de genre

Les sociétés modernes sont de plus en plus exigeantes dans la configuration des relations entre les hommes et les femmes ainsi que des rôles et des responsabilités qui leurs sont attribués.

Dans le cadre de cette recherche, nous nous intéressons surtout à l'équité de genre induite par une inclusion financière différenciée afin que les femmes aient le pouvoir de choisir et d'agir. Il s'agit pour nous, d'identifier les représentations des femmes sur l'équité de genre. Notre recherche a dégagé les représentations des femmes sur l'équité de genre dans la perspective de cerner leur niveau de conscience et leurs aspirations aux changements dans les relations sociales. Les résultats montrent, chez les femmes rurales membres de GEC, trois positions sur l'équité de genre à travers l'inclusion financière.

Nous constatons que 32% des femmes souhaiteraient que l'inclusion financière puisse réaliser dans la communauté une équité de genre au niveau de tous les pavés socioéconomiques. Ce premier groupe de femmes défend une position selon laquelle, l'inclusion financière soit un instrument de conquête du pouvoir et d'une place dans la société.

Une deuxième position concerne 44% de femmes qui limitent l'équité de genre à travers une inclusion financière uniquement dans le domaine économique. C'est à dire la création d'AGR et l'amélioration des revenus. Ces femmes limitent l'inclusion financière à sa capacité de leur donner des possibilités d'accéder aux AGR, d'améliorer leurs revenus et de réaliser leur bien-être et celui de leurs familles. Ainsi, ces femmes font une nette distinction entre le champ social où elles acceptent la subordination aux hommes et le champ économique dans lequel elles ont des aspirations de changement équitable.

Enfin, nous avons une dernière position assez catégorique avec 24% des femmes qui sont contre l'équité de genre et l'orientation de l'inclusion financière dans une perspective de changement de la configuration des relations sociales et économiques au sein de la famille et de la communauté. Ce point de vue de nature enracinée, dans le respect de la divergence d'opinions montre que certaines femmes acceptent tacitement la dépendance et la soumission comme des valeurs sociales. Toutefois, les deux autres positions, exaltent à leurs manières une représentation positive d'un changement social et économique à travers l'inclusion financière. En effet, nous retrouvons deux variables :

- Une équité de genre partielle se traduisant sur le plan économique sans déstabilisée des structures sociales qui hiérarchisent les rapports entre les hommes et les femmes. Dans ces représentations, les femmes en situation de pauvreté aspirent à une promotion économique tout en gardant la soumission et la dépendance aux hommes dans le système social ;
- L'équité de genre intégrale celle-là distributive aux femmes d'un statut amélioré se traduisant au plan social, économique et politique.

L'équité de genre partielle est largement majoritaire dans les représentations des femmes rurales dans le contexte du Sénégal.

Cela nous amène à une réflexion sur l'approche genre, en général, qui ne devrait pas se positionner dans tous les contextes dans une optique de déconstruction sociale absolue. Mais l'équité de genre économique, à travers l'accès des femmes aux services financiers, aux activités rémunérées et non rémunérées, aux ressources et aux opportunités est à tout point de vue une aspiration forte des femmes rurales en situation de pauvreté.

En outre, l'ancrage des traditions est présent dans les stratégies d'inclusion socioéconomiques, en général et d'autonomisation des femmes en particulier. Cette situation réveille ainsi des « paradoxes » dans l'équité de genre qui militent en faveurs d'une application tenant compte des réalités socioculturelles. En réalité, l'adhésion des femmes aux GEC et leur accès aux services financiers agit positivement sur le changement social et les aspirations des femmes à l'équité de genre.

En effet, l'accès à une activité économique et aux revenus favorise une aspiration au pouvoir qui lui-même est un des pivots du processus d'autonomisation des femmes. Mais, en face, l'équité de genre se heurte aux poids de la traduction et la persistance d'un déterminisme culturel qui accepte la subordination et la dépendance des femmes.

III. Implications de politiques économiques et sociales :

Au regard de l'analyse qualitative de l'impact de l'inclusion financière de proximité, à travers l'épargne et le crédit, sur l'autonomisation des femmes rurales, nous avons formulé des propositions de politiques économique et social pouvant contribuer à l'amélioration de l'habilitation sociale, économique et politique des femmes dans le contexte rural.

L'autonomisation des femmes rurales en situation de pauvreté évolue donc avec l'inclusion financière pour être le soubassement de leur habilitation sociale, économique et politique. Également, la conscience des femmes rurales sur la nécessité d'un changement dans les relations de genre accroit les aspirations au pouvoir en l'occurrence « le pouvoir choisir et le pouvoir agir » abordé par Mayoux (2006) et Kabeer (2005).

Globalement, les résultats attestent un impact des variables que sont l'épargne et le crédit sur le processus d'autonomisation des femmes à travers : les capacités réelles d'actions, les réalisations économiques, la mobilisation collective et les représentations sur l'équité de genre des femmes rurales. Ces paramètres d'autonomisation des femmes sont, en effet, influencés significativement par l'accès des femmes rurales à l'épargne et au crédit.

Toutefois, le niveau d'autonomisation, suscités par l'inclusion financière n'est pas encore élevé pour favoriser une déconstruction des relations de genre. Ainsi, nous avons dégagé des implications de politiques économiques et sociales afin d'orienter l'inclusion financière dans une perspective d'accroissement du potentiel d'action des femmes en situation de pauvreté.

Une généralisation de l'inclusion financière des femmes rurales permet donc de réduire leur situation d'extrême pauvreté avec toutes ses dimensions. Cela permet, en outre, d'améliorer leur bien-être et celui des enfants plus particulièrement les filles.

Cependant, les femmes font faces à diverses contraintes d'ordre social, économique, et politique. Ces contraintes peuvent affecter négativement le processus d'autonomisation des femmes rurales induit par leur accès à l'épargne et au crédit. Par ailleurs, ces contraintes sont, dans certains cas, inhérentes au faible niveau de cohérence des programmes d'inclusion financière. Ainsi, pour renforcer l'impact de l'inclusion financière sur le processus d'autonomisation des femmes rurales, il s'impose de' développer des stratégies économiques et sociales avec une intelligence situationnelle. Nous avons formulé, en ce sens, dans le cadre de cette thèse, quatre implications majeures à savoir : l'Adoption d'une approche intégrée dans l'inclusion financière (i), le renforcement de la capacité financière des groupes d'épargnes pour le changement (ii), la mise en œuvre de l'ancrage institutionnel des groupes d'épargne pour le changement (iii) et le renforcement du potentiel d'action des femmes rurales (iv).

i) Adoption d'une approche intégrée dans l'inclusion financière

L'épargne et le crédit sont des services adéquats dans les GEC et contribuent à l'« empowerment » économique des femmes rurales en situation de pauvreté. Mais force est de constater que l'étroitesse des marchés, le faible niveau d'instruction des femmes, l'absence de qualification et le faible niveau d'ouverture pourraient réduire l'impact des services financiers sur l'autonomisation des femmes rurales. C'est pourquoi, nous affirmons que l'inclusion financière, pour agir efficacement sur l'exclusion et la pauvreté des femmes, doit se déployer dans une approche intégrée et transversale.

En ce sens, l'inclusion financière doit, à tout point de vue, garder une transversalité en intégrant cinq composantes qui nous paraissent déterminantes dans l'autonomisation des femmes. Il s'agit en l'occurrence de : l'accès à l'épargne (mobilisation), l'accès aux crédits (capital), l'accès aux marchés (débouché), l'accès aux informations (ouverture), l'accès aux compétences (savoir-faire).

Ces cinq composantes dans leurs articulations sont représentées dans la figure suivante :

<u>Figure6</u> : Articulation de l'approche intégrée dans l'inclusion financière pour un développement local

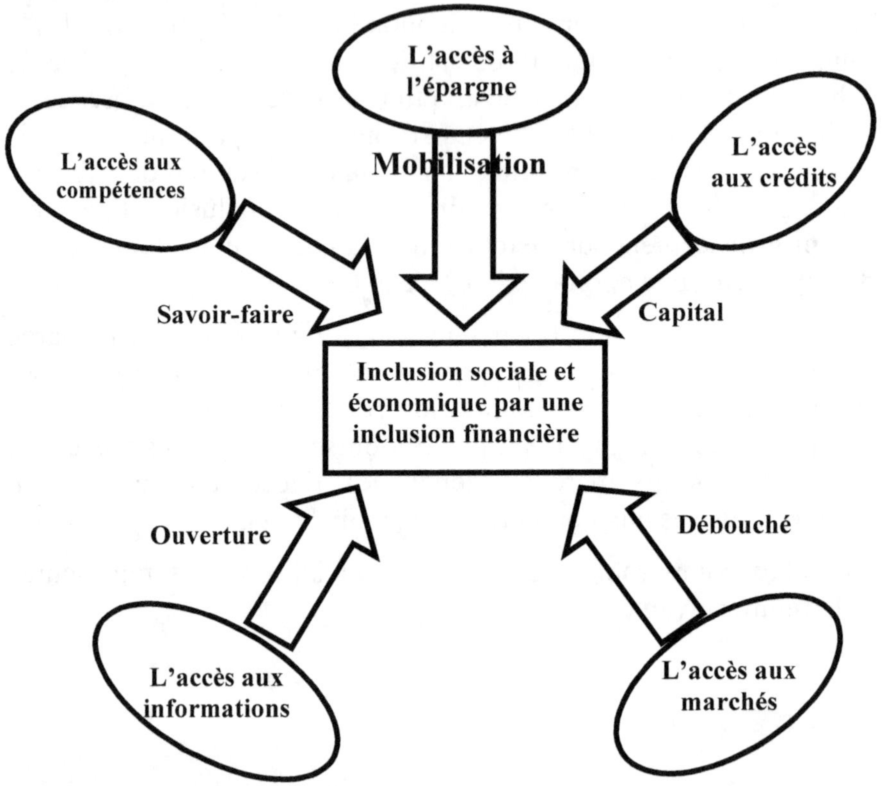

Source : Auteur

A travers cette figure, nous considérons que l'épargne et le crédit influencent l'autonomisation des femmes. Cependant son efficacité suppose sa combinaison avec l'accès des femmes aux compétences, aux informations et aux marchés. Nous soulevons là l'importance de l'accompagnement des femmes pour leur autonomisation et l'équité de genre.

Ainsi, l'approche intégrée passe par des stratégies d'accompagnement pour l'accès aux réseaux, l'éducation financière et l'acquisition de compétences. Ces leviers stratégiques ont une influence sur le leadership économique des femmes à travers l'estime de soi et la confiance en soi. En effet, l'intégration des marchés et des réseaux par les femmes peut agir positivement sur leur esprit d'entreprise et leur degré d'ouverture.

Mais encore faudrait-il qu'elles accèdent à des compétences (capacités d'innovation) et aux marchés (acquisitions de débouchés) pour s'adapter à des environnements instables et aux logiques commerciales.

En définitive, ces différents paramètres agissent positivement sur l'efficacité de l'inclusion de l'inclusion financière des femmes rurales dans un contexte de pauvreté.

ii) Renforcement de la capacité financière des groupes d'épargnes pour le changement

Les dispositifs d'inclusion financière de proximité participent effectivement à l'« empowerment »des femmes rurales en situation de pauvreté. Il est donc important d'accroitre leur capacité financière pour favoriser l'accès des femmes à des crédits d'une certaine envergure pour un développement local territorialisé. Il s'agit d'adopter des innovations stratégiques pour accroitre la capacité des GEC à soutenir l'« empowerment » des femmes et l'équité de genre.

En ce sens, l'accroissement des montants de crédits permet aux femmes d'initier des activités économiques de grandes envergures avec une portée territoriale. Ainsi, les entreprises de transformation des produits agricoles et artisanaux pourraient contribuer à impliquer les femmes dans la transformation structurelle et la croissance des économies locales. Ces entreprises, en se développant, vont transférer des capitaux dans les GEC.
Ainsi, le développement des crédits octroyés aux femmes contribuerait à l'instauration de l'équité de genre à partir de leur empowerment économique. En outre, avec l'acte III de la décentralisation, la territorialisation des politiques publiques, la valorisation des opportunités économiques régionales et la lutte contre les inégalités sont affirmées comme une volonté politique.

A cet effet, l'inclusion financière des femmes apparait comme une option de développement économique locale avec une équité de genre. Ainsi, des stratégies innovantes comme la mise en place de fonds locaux de développement communautaire pourront être développé à l'échelle des collectivités territoriales pour donner à la décentralisation, longtemps confiné dans une dimension juridico-administrative, une portée de développement économique et territorial. Il s'agira, comme les fonds de dotation alloués par l'Etat, de mettre en place des lignes de crédits pour l'équité de genre au niveau des collectivités territoriales avec la collaboration des IMF.

Par ailleurs, ce modèle permettra de mettre en réseau des organisations féminines pour éclore un mouvement social à la faveur d'un leadership transformationnel. En outre, des crédits à long-termes pourront être fournis aux femmes pour promouvoir des projets modèles d'entreprenariat féminin.

En ce sens, le renforcement de la capacité financière des dispositifs d'inclusion socioéconomiques des femmes agira, d'une manière significative sur l'autonomisation des femmes rurales à travers un élargissement de leurs spectres d'activités.

En effet, les résultats de la recherche montrent que les crédits des GEC favorisent le développement de réalisation économique qui est un pivot de l'« empowerment » des femmes. Mais les activités économiques impulsées sont de tailles réduites et faiblement articulées sur les logiques de marché. Ainsi, le développement des crédits octroyés par les GEC à travers des mécanismes innovants pourrait soutenir l'autonomisation des femmes, l'équité économique de genre et le développement territorial.

iii) La mise en œuvre de l'ancrage institutionnel des groupes d'épargne pour le changement

La diversité des acteurs institutionnels de l'inclusion financière des femmes rurales contribue au renforcement des stratégies de lutte contre la pauvreté. En outre, elle constitue une réponse concrète face à la double exclusion financière des femmes rurales par les banques et les IMF.A ce titre, l'ancrage institutionnel des dispositifs d'inclusion financière des femmes en milieu rural permet de mettre en synergie les acteurs. Nous constatons une forte implication des agences de développement (FONJIP), des programmes de l'Etat (PUDC), des ONG, des associations villageoises et des projets de développement économique local.

Cependant, la mutualisation des ressources n'est pas de mise pour créer un effet « boule de neige ».

C'est à cet effet que, sous l'impulsion des collectivités territoriales, les services déconcentrés de l'Etat en l'occurrence le développement communautaire et l'appui au développement local ainsi que les chambres consulaires (chambres des métiers et chambres de commerce) peuvent constituer un cadre institutionnel pour la programmation, la planification, la coordination, le suivi et l'évaluation des dispositifs d'inclusion financière avec l'appui des ONG et des IMF. Cette approche de mutualisation pourrait avoir un impact significatif sur l'efficacité et l'efficience des dispositifs d'inclusion financière incarnés par les GEC, et par la même occasion l'autonomisation des femmes. Toutefois, à cet effet, les collectivités territoriales devraient être renforcées dans leur mission de programmation et de coordination des interventions de développement économique local avec une prise en compte de l'équité de genre.

Par ailleurs, l'ancrage institutionnel de l'inclusion financière participe au renforcement des pôles-territoires qui doivent contribuer à la valorisation des opportunités économiques locales avec un respect de l'équité de genre.

Dans le contexte du Sénégal, la création récente du Ministère du Développement Communautaire de l'Equité Territoriale et Sociale ainsi que du Ministère de la Micro finance et de l'économie solidaire peuvent induire plus de cohérence aux stratégies d'inclusion sociale et économique à l'échelle des collectivités territoriales. Ce qui constitue un atout pour l'autonomisation des femmes clairement définie dans la stratégie nationale d'équité de genre et la loi d'orientation de la micro finance. Mais encore faudrait-il créer un dispositif institutionnel fédérateur entre ces deux ministères pour éviter une dispersion des forces et une absence de concertation dans la traduction concrète des stratégies d'inclusion sociale et économique des femmes.

Cette entité, en tant que technostructure stratégique, jouera ainsi un rôle dynamique dans le développement économique local à travers la valorisation des opportunités et la réduction des inégalités. Par la même occasion une influence est exercée sur l'autonomisation des femmes rurales à partir des capacités réelles d'action, des réalisations économiques, de la mobilisation collective, de la participation politique et des représentations sur l'équité de genre.

iv) Le renforcement du potentiel d'action des femmes rurales

Les capacités réelles d'actions des femmes subissent l'influence des réalités sociales et culturelles. Mais leurs motivations et leurs aspirations sur l'inclusion financière reflètent un besoin d'autonomisation économique. Cependant, le niveau d'instruction et l'analphabétisme se positionnent comme des obstacles à l'autonomisation des femmes. Ainsi, pour renforcer le potentiel d'action des femmes, la sensibilisation de masse couplée à une alphabétisation fonctionnelle pourrait susciter un éveil de conscience. Ces actions, avec leur caractère opérationnel doivent s'inscrire dans une courte durée par une approche participative des compétences. Il reste clair, toutefois, que leur inclusion financière favorise de nouvelles représentations sur le pouvoir.

Par ailleurs, les réalisations des femmes à travers les services financiers fournis par les GEC peuvent être également améliorées significativement avec le renforcement des capacités des femmes en entreprenariat et en leadership économique. Cela contribue à l'amélioration de la résilience des femmes rurales face à la pauvreté. En outre, le renforcement des capacités des femmes leaders en technique d'organisation, en mobilisation sociale et en marketing social pourrait influencer les performances des GEC. En effet, le renforcement des leaders de GEC a un très haut niveau d'impact sur la dynamique des groupes la transparence et la qualité dans les services financiers. Ces leaders doivent assurer le coaching des femmes membres des GEC et le conseil d'affaires.

En définitive, les capacités réelles d'actions des femmes, composantes de leur autonomisation, peuvent être influencées par la sensibilisation de masse, l'alphabétisation fonctionnelle et la formation.

Leurs effets participent au processus d'autonomisation des femmes pour ainsi optimiser l'impact de l'accès à l'épargne et aux crédits. En outre, elles se positionnent comme des ressources et des compétences de vie courantes (CVC) qui agissent sur les capacités réelles d'actions et le statut social des femmes.

En sommes, l'épargne et le crédit influencent le processus d'autonomisation des femmes rurales. Mais en les développant dans des dispositifs de proximité avec une approche intégrée, cela contribue à renforcer le potentiel d'actions et l'empowerment des femmes rurales.

En outre, dans un contexte de pauvreté, le développement de mécanismes financiers innovants et la mise en synergie des acteurs impliqués dans l'inclusion financière pourraient, significativement, améliorer au niveau des collectivités territoriales la participation économique des femmes et la mise en œuvre d'une équité de genre.

Cependant, eu égard aux caractéristiques socioéconomiques des femmes rurales, l'alphabétisation, la sensibilisation et la formation renforcent l'impact de l'inclusion financière sur l'autonomisation des femmes.

Conclusion

A travers ce chapitre, nous avons fait l'étude de l'impact de l'inclusion financière de proximité sur l'autonomisation des femmes rurales. Le cadre d'analyse s'est appuyé sur les modèles de l'autonomisation proposés par Kabeer (2005) et Mayoux (2006). Ces modèles abordent l'autonomisation des femmes sous l'angle de pouvoirs conférés à l'empowerment qui accompagne les capacités économiques. Ainsi, ils ont été appliqués pour analyser l'impact de l'accès des femmes aux services financiers. En ce sens le paradigme de l'empowerment (Mayoux, 2006), les capacités réelles d'actions, l'accès aux ressources et la conscience collective des femmes (Kabeer, 2005) sont considérés comme des résultats de l'inclusion financière. En outre, le cadre d'analyse s'est appuyé sur la revue de la littérature pour définir l'approche de la recherche tout en se conformant aux questions soulevées, aux hypothèses et aux objectifs de recherche.

A cet effet, la méthodologie adoptée est propre à une recherche qualitative qui nous a permis de valoriser les connaissances, les pratiques et les représentations des femmes sur l'accès aux services financiers et la quête de stratégie d'autonomisation. Ainsi, elle s'est fondée sur les logiques de l'empirisme et du pragmatisme (James, 1907). La population à l'étude est représentée par les femmes rurales membres de GEC au niveau de neuf (09) collectivités territoriales des régions de Fatick, Kaffrine et Kolda. Les stratégies et les outils de collectes de données ont été adopté d'une part à la spécificité de la cible et d'autre part aux exigences de la recherche qualitative. Il en est de même que le mode de traitement et d'analyse des données choisi en fonction de la nature qualitative de la recherche.

Les résultats de la recherche ont d'abord dégagé les caractéristiques socioéconomiques des femmes rurales qui ont reflété leurs spécificités. Ainsi, la mise en relief de leur situation de pauvreté a permis de confirmer que les GEC en tant que dispositif d'inclusion financière de proximité sont adaptés à leur réalité.

En effet, les GEC ont la capacité de fournir des services financiers de proximité aux femmes en tenant compte de leur réalité socioéconomique. Les résultats confirment que les crédits alloués sur la base de l'épargne mobilisée par les femmes favorisent leur empowerment économique.

Avec un montant moyen de crédit de 251 457 francs CFA, les femmes fond des réalisations économiques. En effet, 96,66%de femmes ont créé des activités génératrices de revenus avec les ressources fournies par les GEC. Ainsi, l'épargne et le crédit agissent positivement sur l'empowerment économique des femmes rurales.

En outre, ces services financiers sont flexibles, convenables, disponibles et adaptés pour garantir aux GEC une continuité.

L'impact de l'épargne et du crédit en tant que ressources contribuent au processus d'autonomisation des femmes à travers leurs capacités réelles d'actions, leur mobilisation collective, leur participation citoyenne et leur implication politique.

Les résultats obtenus ont montré que l'épargne et le crédit, en tant que ressources améliore les capacités réelles d'action des femmes rurales.

En effet, les femmes rurales portent des aspirations d'ordres sociales et économiques et avouent avoir amélioré leur participation à la prise de décision et leurs capacités de négociation.

A cet effet, les services financiers de proximités agissent favorablement sur l'amélioration du statut sociale des femmes rurales. Ce pendant l'empowerment social évolue certes mais il subit les effets de diverses contraintes à la fois social et économique.

Par ailleurs, l'accès des femmes rurales à l'épargne et aux crédits tout en agissant sur leurs consciences individuelles et leurs aspirations, favorise leurs mobilisations collectives à travers un mouvement social local. En effet, la majorité des femmes ont adhéré à des organisations communautaires de base et à des réseaux.

En outre, les femmes rurales, avec le concours de l'application de la loi sur la parité, sont représentées dans les gouvernements locaux. Cette présence politique des femmes rurales doit toutefois être renforcée au niveau des responsabilités incarnées et de la participation effective aux prises des décisions. Cela montre que l'empowerment économique, à travers la disponibilité des ressources agit positivement sur la conscience collective des femmes en matière d'équité de genre.

Les résultats l'ont reflété à partir de l'analyse des représentations des femmes sur l'équité de genre. Toutefois, il faut signaler que ces représentations sont plus fortes sur le plan de la promotion économique, traduisant ainsi la nécessité de renforcer l'inclusion financière.

Au regard des résultats de la recherche, nous avons suggéré des recommandations d'ordre social et économique dans le but de soutenir des stratégies et des politiques à travers cette thèse. Ces recommandations avec leur allure holistique concernent d'abord la dimension transversale de l'inclusion financière. Ensuite, elles intègrent des logiques sociales qui concernent les capacités réelles d'action et le leadership des femmes.

Enfin, sur le plan économique, nous avons suggéré, le renforcement de la capacité financière des GEC pour soutenir durablement la promotion économique des femmes et le développement économique local.

A cet effet, leur encrage institutionnel et leur formalisation constituent des options pour renforcer leurs contributions au développement local et territoriales.

Conclusion Générale

L'inclusion financière et l'autonomisation des femmes revêtent une grande importance dans les pays en voie de développement pour la mise en œuvre de stratégies de développement économique et social. L'ambition de cette thèse était d'analyser l'impact des services financiers de proximité sur le processus d'autonomisation des femmes rurales. En réalité, l'autonomisation découle d'un ensemble de pouvoirs combinés contribuant à l'habilitation sociale, économique et politique des femmes.

Dans les pays en voie de développement, l'inclusion financière est une stratégie avancée pour lutter contre l'extrême pauvreté. En effet, avec la progression de l'extrême pauvreté, la finance inclusive est adoptée comme une mesure pour l'inclusion sociale des personnes vulnérables.

Selon la Banque Mondiale (2020), le taux mondial d'extrême pauvreté avait reculé de 10,1% à 9,2 % entre 2015 et 2017. En outre, 24,1 % de la population mondiale vivait avec moins de 3,20 dollars par jour en 2017 et 43,6% avec moins de 5,50 dollars par jour. La pauvreté avec ses allures planétaires touche plus l'Afrique.

Selon la Banque Mondiale près de 50% des pauvres du monde[22] résident en Afrique et cette pauvreté touche plus les femmes qui sont aussi frappées par une exclusion financière. A cet effet, l'inclusion financière occupe une place de choix dans les stratégies de développement économique et social.

L'inclusion financière s'est solidifiée dans ses trajectoires comme une approche sociale et un instrument de développement économique. En effet, elle est « la proportion de personnes ou d'entreprises qui utilisent des services financiers » (Banque Mondiale, 2014). Elle contribue, en ce sens, au développement économique par une intégration aux circuits financiers d'acteurs comme les ménages et les organisations.

[22] Rapport Economique sur l'Afrique 2017. P34 paragraphe 1

Au Sénégal, des initiatives d'inclusion financière des femmes sont développées, à cet effet, pour réduire les conséquences de l'extrême pauvreté. A l'échelle des zones rurales, il existe des dispositifs d'inclusion financière dans des formes informelles du fait de l'absence des banques classiques et des IMF. Ainsi, l'inclusion financière des femmes rurales reste une priorité dans la lutte contre la pauvreté.

Dans le cadre de la lutte contre la pauvreté, comme suggéré par l'école Welfeiriste, l'impact de l'inclusion financière est d'une importance capitale. C'est en ce sens que la micro-épargne et le microcrédit sont développés pour autonomiser les femmes en situation de précarité et d'exclusion socioéconomique.

Dans le contexte des zones rurales, l'absence des IMF est favorable pour le développement d'une inclusion financière de proximité à travers des coopératives, des associations et des groupes d'épargne pour le changement.

Avec la crise des IMF qui concilie difficilement les logiques de rentabilité et de développement social (Fall, 2019), les dispositifs informels d'inclusion financière se propagent effectivement dans les zones rurales et se positionnent ainsi comme des facteurs d'inclusion socioéconomique des pauvres.

A l'échelle des femmes ces dispositifs d'inclusion financière intègrent dans leurs objectifs, l'autonomisation des femmes. L'autonomisation des femmes est d'un enjeu certain dans la lutte contre la pauvreté car en plus de « lutter contre le dénuement matériel, elle favorise l'octroi de pouvoirs » (Kabeer, 2005). En effet, « l'absence du pouvoir choisir et du pouvoir agir » est très significatif dans les manifestations de la pauvreté chez les femmes.

L'autonomisation des femmes est donc un processus en vertu duquel elles réussissent à s´organiser pour augmenter leur indépendance, le droit de faire leurs propres choix et de contrôler les ressources qui permettent de défier et éliminer leur subordination aux autres (Izugbara, 2004).

En ce sens, l'inclusion financière en luttant contre la pauvreté doit favoriser l'autonomisation des femmes en modifiant le pouvoir et ses structures à l'échelle des sociétés. Cependant, l'analyse des dynamiques d'autonomisation des femmes au Sénégal montre une persistance des inégalités de genre. En effet, l'autonomisation des femmes fait face à des obstacles qui se manifestent sur leur statut social, leur promotion économique et politique.

Au regard de l'état de la situation sur l'inclusion financière et les dynamiques d'autonomisation des femmes, les inégalités de genre persistent au Sénégal aux plans social, économique et politique. C'est pourquoi, pour soutenir les dynamiques d'autonomisation des femmes et concrétiser l'engagement du Sénégal aux conventions internationales de Pékin et Beijing (1995) sur l'équité de genre, l'inclusion financière se positionne davantage dans les stratégies de développement avec la prise en charge de mesures spécifiques aux femmes en situation d'extrême pauvreté notamment celles des zones rurales.

Ainsi, une perspective de valorisation des dispositifs d'inclusion financière de proximité contribue à la réduction de l'exclusion financière des femmes rurales. A travers les programmes d'inclusion financière initiés par les agences, les IMF, les ONG et les projets de développement, la question de l'autonomisation des femmes reste une finalité partagée.
A cette fin, la présente thèse s'est fondée, pour étudier l'impact de l'inclusion financière sur l'autonomisation des femmes rurales en situation de pauvreté.

Dans cette recherche, nous nous sommes posé la question de savoir si l'inclusion financière de proximité des femmes rurales, à travers les GEC, a un impact sur leur autonomisation du point de vue social, économique et politique ? Il s'agissait de manière spécifique de circonscrire notre analyse dans trois axes majeurs.

Dans un premier temps, les caractéristiques socioéconomiques des femmes rurales membres de GEC ont été cernées pour justifier la pertinence des GEC en tant que dispositifs d'inclusion financière adaptés à leur situation de pauvreté. Dans un deuxième temps, il s'agissait de voir si les GEC fournissent aux femmes des services financiers en tant que ressources de leur autonomisation avec la réalisation d'activités économiques.

Enfin, il était question pour nous d'étudier l'impact de l'inclusion financière de proximité sur l'accroissement des capacités réelles d'action des femmes rurales et de portage de mouvements collectifs ainsi qu'une analyse de leur représentation sur l'équité de genre.

En nous appuyant sur les modèles d'analyse de l'autonomisation des femmes de Kabeer (2005) et Mayoux (2006), cette recherche a été réalisée pour analyser l'impact de l'inclusion financière sur l'autonomisation des femmes rurales. En s'inscrivant dans les logiques du pragmatisme, elle a valorisé les représentations, les connaissances, et les pratiques des femmes rurales à partir d'une enquête de terrain qui a couvert 3 régions administratives, 9 collectivités territoriales, 36 GEC et 180 femmes.

A partir des entretiens individuels semi structurés et de l'observation participante, nous avons conquis les objets de recherche avec une stratégie d'enquête participative. Les résultats de la recherche ont permis d'appréhender l'impact de l'inclusion financière de proximité sur l'autonomisation des femmes rurales. Ces dernières présentent des caractéristiques spécifiques qui reflètent leurs conditions socioéconomiques. En effet, les femmes rurales membres de GEC ont un âge relativement avancé (plus de 35 ans) et ont des besoins d'accès aux services financiers en relation avec leurs responsabilités sociales. En outre, la majorité des femmes membre des GEC sont mariées (78,33%) et la plupart d'entre elles vivent dans des ménages polygames (63,83%). Elles ont également un faible niveau d'instruction et la plupart d'entre elles sont analphabètes.

Eu égard aux caractéristiques socioéconomiques des femmes, les GEC sont des dispositifs d'inclusion financières adaptés à leur réalité sociale, culturelle et économique. En effet, à travers les GEC, notre étude révèle que les femmes ont une capacité de mobilisation d'une épargne qui est utilisée pour fournir un microcrédit.

En ce sens, l'épargne et le crédit sont des services financiers octroyant aux femmes des ressources pour leur autonomisation et la réalisation d'activités économiques. En effet, les femmes mobilisent une épargne pour accéder à un microcrédit. Le montant moyen de crédit par femme est de 251 457 francs CFA et 96,66% des femmes ont créé des AGR avec les crédits obtenus. Ainsi, l'épargne et le crédit fourni par les GEC favorise la réalisation d'activités économiques qui a un impact réel sur leur empowerment.

Les résultats montrent que l'empowerment économique des femmes rurales leur octroi des pouvoirs et des capacités réelles d'actions. Nous avons pris en compte le paradigme de l'empowerment

(Mayoux, 2006) qui se confirme dans les GEC à travers l'amélioration du statut social des femmes.

L'accès à l'épargne et le crédit agit positivement sur l'autonomisation des femmes par l'octroi de capacités réelles d'actions. En effet, 42,78% des femmes jugent détenir une capacité de négociation dans le ménage avec leurs accès à l'épargne et au crédit.

Les capacités réelles d'actions des femmes sont favorisées par les ressources que sont l'épargne et le crédit. Comme suggérée par Kabeer (2005), les capacités réelles d'action proviennent des ressources et apparaissent comme un pouvoir qui permet de lutter contre la pauvreté au même titre que les acquisitions matérielles.

En effet, les capacités réelles d'action des femmes s'accroissent avec l'accès à l'épargne et au crédit et favorisent chez les femmes le port de motivation et d'aspiration en matière de prise de décision et de négociation. Ainsi, les ressources fournies par les GEC améliorent les capacités d'actions à travers les aspirations sociales des femmes. Ces aspirations des femmes rurales peuvent exercer une influence sur l'amélioration de leur statut social malgré les pesanteurs socioculturelles et les velléités d'une acceptation tacite de la subordination.

Cependant, sur le plan économique, l'accès à la terre est exprimé comme une forte aspiration par les femmes rurales car 26,11% d'entre elles expriment un besoin d'amélioration des conditions d'accès aux fonciers.

Par ailleurs, l'accès à l'épargne et au crédit favorise l'intégration des femmes rurales à des mouvements collectifs. En effet, 51% des femmes sont membres de réseaux locaux où des actions de plaidoyer sont réalisées.

En outre, les femmes enquêtées ont une bonne compréhension de l'importance de l'intégration des réseaux régionaux et nationaux pour la défense de leurs droits. Elles ont évoqué diverses raisons pour justifier leur appartenance à des réseaux mais les aspirations économiques sont plus exprimées. En outre, l'adhésion aux GEC favorise chez les femmes l'adoption d'une conscience individuelle qui se traduit par une acceptation des mouvements collectifs.

Les résultats révèlent que 50,56% des femmes sont membres d'organisations communautaires de base outre que les GEC et 35%

d'entre elles ont adhéré à des partis politiques. Cela confirme l'existence de capacités réelles d'actions acquises avec l'épargne et le crédit pour conquérir des pouvoirs. Il s'agit là de la conscience individuelle considérée par Kabeer (2005) comme un aboutissement des capacités réelles d'action.

Ainsi, l'empowerment économique des femmes à travers l'épargne et le crédit agit positivement sur le processus d'autonomisation des femmes à travers la transformation des relations sociales. Cette transformation est soutenue par la conscience collective des femmes sur leur dépendance et leur subordination.

Partant de notre analyse, nous constatons que l'empowerment économique a un impact positif sur la capacité de mobilisation des femmes qui favorise leur habilitation sociale et politique. Ainsi, l'accès à l'épargne et au crédit contribue au processus d'autonomisation des femmes rurales. Les variables retenues, dans notre recherche, sont influencées positivement par l'inclusion financière et confirment le processus d'autonomisation des femmes à travers l'accès aux services financiers de base.

Au regard des résultats de la recherche, nous pouvons déduire que la promotion économique des femmes pourrait être le levier de leur habilitation sociale et politique. Par conséquent, l'inclusion financière se positionne comme une stratégie efficace pour lutter contre l'extrême pauvreté des femmes à travers le pourvoi de pouvoirs et de capacités pour choisir et agir librement aux plans sociales, économiques et politique.

En effet, comme suggérer par Kabeer (2005) pour lutter contre la pauvreté chez les femmes, il faut considérer le dénuement matériel, l'absence de pouvoirs et de capacités de choix. Ces trois dimensions constituent les manifestations de l'état de pauvreté et lorsqu'elles sont intégrées, elles restituent aux femmes des capacités réelles d'action et de portage de mouvements collectifs pour la transformation des relations de genre.

Au sortir de notre recherche nous constatons que les services financiers de proximité offerts par les GEC, en l'occurrence l'épargne et le crédit, ont un impact positif sur l'autonomisation des femmes rurales. En effet, les caractéristiques socioéconomiques des femmes rurales membres de GEC confirment d'abord leur situation de pauvreté.

Les services financiers, fournis par les GEC, avec une logique de proximité, sont très adaptés à leurs conditions pour être des ressources de leur autonomisation et de la réalisation d'activités économiques.

Ainsi, l'accès des femmes rurales à l'épargne et au crédit accroit leurs capacités réelles d'action et de portage de mouvements collectifs.

Toutefois, l'empowerment des femmes rurales induit par l'accès à l'épargne et au crédit n'est pas à un niveau capable de favoriser une déconstruction des relations de genre. Ainsi, au regard des résultats de la recherche, quatre implications de politiques économiques et sociales sont proposées pour réduire la portée des contraintes qui agissent sur l'exclusion sociale et économique des femmes rurales.

Il s'agit, en rappelle, de :

- L'adoption d'une approche intégrée dans l'inclusion financière avec la mobilisation d'acteurs institutionnels techniques et financiers pour la prise en charge d'activités relatives à la production, la commercialisation l'appui conseil et le leadership (i)
- Le renforcement de la capacité financière des groupes d'épargnes pour le changement à partir de la mise en place de ligne de crédit au niveau des IMF avec la collaboration des services techniques de l'Etat et des collectivités territoriales(ii),
- L'ancrage institutionnel des groupes d'épargne pour le changement avec la traduction concrète de relations entre les dispositifs et les partenaires stratégiques du conseiller municipal pour leur garantir une durabilité (iii) ;
- Le renforcement du potentiel d'action des femmes rurales à travers la prise en charge de modelé de transformation social accès sur la formation la sensibilisation et l'accompagnement (iv).

Ces implications, en plus de leurs portés stratégiques, ont un caractère exécutoire et visent l'amélioration des dispositifs d'inclusion financière des femmes rurales en vue de leur autonomisation. Mais elles ne peuvent guerre achever la finalité se dressant sur les chantiers des opérations à réaliser.

En effet, ce modeste travail augure des perspectives de recherche qui pourraient renforcer davantage les connaissances produites dans les domaines de l'inclusion financière et de l'autonomisation des femmes rurales en situation de pauvretés. La nature empirique de cette recherche est basée sur des données primaires et secondaires. Les données secondaires sont issues des bases de données des institutions financières, des documents des ONG et des rapports de terrain.

Elles englobent des informations enrichissantes qui pourraient être captées à partir d'enquêtes de terrain avec une mesure réelle des indicateurs. Les données fournies peuvent varier d'un contexte à un autre avec l'influence de facteurs socioculturels et économiques. Ainsi, plusieurs proxys relatifs à la portée sociale, économique et financière pourraient être identifiés.

Par ailleurs, des recherches peuvent être envisagées sur la détermination d'autres paramètres d'inclusion financière qui renforcent l'autonomisation des femmes. En l'occurrence, nous avons les moyens de paiement et la micro-assurance qui peuvent aussi contribuer à l'autonomisation des femmes. Il en est de même de la viabilité financière des GEC qui sont, jusqu'à présent, dans des systèmes de gestion traditionnelles et autarchiques. Nous pouvons envisager dans des études d'identifier les mécanismes de leur formalisation avec des compétences adéquates et des systèmes de management appropriés qui auront comme résultante l'émergence d'un leadership fort et viable capable de soutenir la promotion économique, sociale et politique des femmes. En ce sens, il s'agira d'identifier des systèmes innovants pour renforcer les capacités des GEC à soutenir des investissements de grandes envergures dans les domaines de l'agriculture et de l'artisanat avec une approche chaine de valeurs.

Par ailleurs, l'étude n'a pas pris en compte les bénéficiaires des services financiers des IMF destinés à l'empowerment des femmes. Une comparaison peut donc être faite en analysant l'impact des crédits fournis par les IMF sur l'empowerment des femmes à travers les capacités réelles d'actions, les réalisations économiques et les transformations sociétales en faveur de l'équité de genre. Cela devrait contribuer à l'analyse de l'impact des services financiers des IMF sur l'empowerment social, économique et politique des femmes surtout celles du contexte urbain.

En définitive, l'accès des femmes aux services financiers, eu égard à ses finalités de lutte contre la pauvreté, de réalisation d'une équité de genre et d'une autonomisation revêt diverses trajectoires susceptibles d'être prises en charge dans une analyse économique. Cela est d'autant plus justifié par le fait que les objectifs de croissance inclusive, de développement endogène, d'équité social et de réforme du secteur informel nécessitent une inclusion financière des femmes qui garantit l'éclosion, en Afrique, de sociétés « piles et faces » où les femmes composantes démographiques dynamiques, servent des dividendes de très hautes portées.

Comme souligné par le CREG (2019), les dividendes démographiques des femmes restent encore très faibles par rapport à celles des hommes en Afrique. Et certainement, l'inclusion financière pourrait être exploitée davantage pour renforcer effectivement la participation économique, le dynamisme et les apports des femmes dans les efforts de développement et de la croissance des économies nationales.

Bibliographie

Adjamagbo A., Antoine P., Dial F. B. (2004), Le dilemme des dakaroises : entre travailler et bien travailler. p. 247-272 (Hommes et Sociétés).

Ahan R., (1995), *The Elusive Agenda, Mainstreaming Women in Development*. London: Zed Books, 144 pages.

AMAF (2008), Diagnostic pour l'action: La Microfinance en Afrique, *Africa Microfinance Action Forum (AMAF) et Women's World Banking (WWB),* 143 p.

ANSD (2019), Population du Sénégal, Direction des Statistiques Démographiques et Sociales, Division du Recensement et des Statistiques Démographiques, Bureau de l'État Civil et des Projections Démographiques.

_ **(2019),** Violences basées sur le genre et pouvoir d'action des femmes, Ministère de l'Economie, du Plan et de la Coopération.

_ **(2014),** La pauvreté multidimensionnelle au Sénégal, rapport national de présentation de l'indice de pauvreté multidimensionnelle (IPM).

_ **(2018),** Situation Economique et Sociale du Sénégal en 2015, Ministère de l'économie, des finances et du plan.

_ **(2017),** Rapport global du Recensement général des Entreprises

_ **(2016),** Enquête modulaire mensuel juillet /août 2016, PROJET A L'ECOUTE DU SENEGAL 2014, Enquête mobile, Round 8 : Inclusion financière, Rapport définitif.

_ **(2013),** Enquête nationale sur le secteur informel au Sénégal 2010, Rapport final, Direction des Statistiques Economiques et de la Comptabilité Nationale.

_ **(2013),** Rapport définitif de la deuxième Enquête de Suivi de la Pauvreté au Sénégal, (ESPS II).

_ **(2010),** Enquête de satisfaction auprès des Usagers des Services Bancaires, SENEGAL.

Arrassen W. (2013), La microfinance : Quelles leçons tirés des expériences des pays en développement, Université Paris Dauphine.

ARTP (2018), Le nombre d'utilisateurs d'internet a atteint 9,6 millions de personnes https://afrique.latribune.fr/africa-tech/2018-05-08/.Senegal

Asli D., Leora K., Dorothe S., Saniya A., and Jake H. (2018), *The Global Findex Database2017: Measuring Financial Inclusion and the FintechRevolution,* Washington, D.C.

Asselin L-M. & Dauphin, A. (2000), Mesure de la pauvreté : Un cadre conceptuel. Centre Canadien d'Etude et de Coopération Internationale. Direction Études et Formation.

Atchi, F. K., Couchoro, M. K., & Johnson, K. A. (2021), Les déterminants de l'inclusion financière au Togo. *Revue Economie, Gestion et Société*

AFVS (2013), Promouvoir l'égalité de genre en milieu rural : exemples au Togo, Sénégal, Amérique Centrale et Brésil.

Banque Africaine de Développement (2015), Indice de l'égalité du Genre en Afrique.

_ **(2015)**, Lever les obstacles liés à l'inclusion financière, l'autonomisation et l'accès à la terre des femmes africaines.

Banque Mondiale (2018), Rapport sur la pauvreté et la prospérité partagée https://www.banquemondiale.org/fr/topic/poverty/overview.

_ **(2018),** Les progrès de l'inclusion financière contribuent à un monde durable.

_ **(2018),** Rapport Economique sur l'Afrique 2017. p.34

_ **(2012),** Rapport sur le développement dans le monde 2012 : Égalité des genres et développement. Washington, Banque mondiale.

_ **(2012),** World development report 2012: Gender equality and development. Washington DC: The World Bank. 458p

_ **(2009),** *Financial Access 2009, Measuring Access to Financial Services around the World,* Washington, DC, Consultative Group to Assist the Poor (CGAP)et la Banque Mondiale, 92 p.

_ **(2008),** *Finance for All? Policies and Pitfalls in Expanding Access.* A World Bank Policy Research Report, Washington, DC, 265p.

Bank of Ghana (2007), A Note on Microfinance in Ghana, document de travail no 2007-01, 18 p.

BCEAO (2018), Rapport sur la situation de l'inclusion financière dans l'UEMOA.

Beck T., Asli D. et Patrick H. (2009), « *Access to Financial Services: Measurement, Impact, and Policies* », The World Bank Research Observer Advance Access, 27 p.

Beck T., et Asli D. (2008). « *Access to Finance: An Unfinished Agenda* ». TheWorld Bank Economic Review, vol. 22, no 3, p. 383-396.).

Beck T., Asli D. et Maria S.(2007a), *Banking Services for Everyone? Barriers to Bank Access and Use Around the World.*Document de travail, Washington DC, Banque Mondiale, 64 p.125.

BIT (2016), Emploi et questions sociales dans le monde : transformer l'emploi pour en finir avec la pauvreté, Genève.

Bohman, J. (2002), « *How to Make a Social Science Practical: Pragmatism, Critical Social Science and Multiperspectival. Theory* ». Millennium : Journal of International Studies, 31 (3), pp. 499-524.).

Boukaira S. & Daamouch M. (2021), « COVID19 : Etude d'impact sur l'activité des TPE et plan de relance », Revue Française d'Economie et de Gestion « Volume 2 : Numéro 3 » pp : 267-291.

Bouquet E., Wampfler B., Ralison E. (2009), « Rigueur scientifique et pertinence opérationnelle des études d'impact en micro finance : une alliance à construire. Enseignements d'une étude en partenariat avec Madagascar », Revue Tiers Monde, n° 197, p. 91-108.

Boyé et Al. (2006), « Le guide de la microfinance, microcrédit et épargne pour le développement », Paris, Groupe Eyrolles, Editions d'organisation, 304 p.

Brouwers, Mbengue, Lhériau et Ndiaye (2011), Etude Diagnostique Protection des consommateurs de services de microfinance au Sénégal, Direction de la Réglementation et de la Supervision des Systèmes Financiers Décentralisés (DRS-SFD – Ministère des Finances),

Briey V. (2005), Plein feu sur la microfinance, Publication préparée par les économistes de l'UCL. Numéro 28.

Burjorjee D. M. et Scola B. (2015), Une approche systémique de l'inclusion financière Guide à destination des bailleurs de fonds, Groupe consultatif d'assistance aux plus pauvres (CGAP).

Burritt K. (2006), *Expanding Access to Financial Services in Malawi,* United Nations Capital Development Fund (UNCDF), 178 p.

Carbo S., Gardener E. P. M. et Philipe M. (2005), *Financial Exclusion,* London, Palgrave Macmillan Studies in Banking and Financial Institutions, 184 p.; Ramji, 2009),

Carr, E. S. (2003). *Rethinking empowerment theory using a feminist lens: The importance of process.* Affilia, 18(1), 8-20.

Rathgeber, Eva. M. dans Dagenais, Piché, (1994), Approche Féministe Genre Et Développement (GED)

Chao B., Thi Hanh Houmard Cao R., Vandenbroucke J. P., Musinga M., Thiaro E. et Mutesasira L. (2000), « Analyse comparative des Institutions de Micro Finance à base de membres en Afrique de l'Est et en Afrique de l'Ouest », MicroSaveAfrica, Fonds d'Équipement des Nations Unies, document de travail, 120p.

Chidzero A. M., Karen E., and Anjali K. (2006), « *Indicators of Access to FinanceThrough Household Level Surveys – Comparisons of Data from Six Countries* », WorldBank, The UK Department for International Development (DFID) et FinMark Trust, 10 p.);

Cissé R.& Doucouré B. (2011), « Transmission intergénérationnelle de la pauvreté », in Pauvreté chronique, pauvreté transitoire et vulnérabilités. Dakar, IFAN/LARTES, p. 128-158.

Claessens, Tijn (2006), «Access to Financial Services: A Review of the Issues and Public Policy Objectives ». The World Bank Research Observator, vol. 21, no 2, p. 207-240),

Colin R. (1988), « Interaction dynamique de acteurs et des facteurs dans une stratégie de développement endogène. Théories et pratiques. » In UNESCO… 177-254.

Cornée S. (2007), Une proposition d'évaluation conjointe des performances sociales et financières en microfinance, CERISE- Comité d'Echanges, de Réflexion et d'Information sur les systèmes d'Epargne-SPI3, Document de travail n°3.

Cull R., Demirgüç-Kunt A. et Morduch J. (2009 b), « Microfinance Meets the Market », Journal of Economic Perspectives, vol. 23, no 1, p. 167-192.

Daley-Harris S. (2006), « État de la campagne du sommet du microcrédit », Sommet mondial du microcrédit .Rapport 2006, 76 pages.

Demirgüç-Kunt A. et Ross L. (2008), *Finance and Economic Opportunity*. Document de travail no 4468, Washington DC, Banque Mondiale, 34 p.

Demirguc-Kunt A., Klapper L. (2012), Measuring Financial Inclusion: The Global Findex Database. Policy Research Working Paper; No. 6025. World Bank, Washington, DC. © World Bank.

Deshmukh-Ranadive, J. (2006), Spaces, power and empowerment in India: The inter-linkage with domestic violence. Asian Center for Women's Studies, 12(1), 63-100.

Dramani, Fall, Cissé, Diagne, Diop (2012), Analyse des dynamiques de la pauvreté et conséquences sur l'éducation au Sénégal : Un agenda pour l'action, les études nationales de LARTES 2012.

Directrice générale de la Coopération internationale et du Développement, (2008), Enquête sur la Situation de Référence de l'Inclusion Financière au Sénégal.

Everaere C. « L'autonomie dans le travail : portée et limites. Revue française de gestion. N°134. Juin-Juillet-Aout 2001. 15-26

Fall F. S. (2019), Séminaire Scientifique sur l'Efficience des IMF, UFR SES, Université de Thiès,

Fall F. S., Servet J. M. (2010), « La microfinance peut-elle être sociale et rentable ? », Revue Banque, n° 720, janvier

FAO (2014), L'état de l'insécurité alimentaire dans le monde : renforcer l'environnement favorable à la sécurité alimentaire et à la nutrition, Rome : FAO, www.fao.org/publications/sofi/2014/en/

Fedisch, N. (2013), *Success factors of gender inclusive interventions to support value chain development in the East African coffee sector Bachelor thesis*, Van Hall Larenstein, University of Applied Sciences, Wageningen, 78p.

FinDev Portail (2018), La finance inclusive pour le développement, https://www.findevgateway.org/fr

Fortin-Pellerin L. (2010), La représentation sociale de l'empowerment de groupes québécois du mouvement des femmes. « C'est quelque chose qui nous a été enlevé et qu'on réacquiert », Thèse de Doctorat, Université Laval, Québec.

Gaye M. (1991), La réforme du système coopératif au Sénégal : caractéristiques des nouvelles structures, Institut Sénégalais de Recherches Agricoles Chercheur de l'ISRA, Direction des Recherches sur les Systèmes Agraires et l'Economie Agricole.

Goetz, A. M. (2007), *Gender Justice, Citizenship and Entitlements – Core Concepts, Central Debates and New Directions for Research, in Gender Justice, Citizenship and Development, M.* Mukhopadhyay and N. Singh (eds.), International Development Research Centre, Ottawa, pp. 15-57

Gomez P-Y. (1994), « Qualité et théorie des conventions », Economica, Paris. 270p.

Gadrey J. (2003), « Socio-Economie des services », La Découverte, Paris. 124 p.

Guérin I., Bouquet E. (2011), « Rapport final du projet RUME », 61 p.

Guérineau J. (2014), L'inclusion financière en Afrique subsaharienne : faits stylisés et déterminants, Association d'économie financière, « Revue d'économie financière ».

Guérinet al. (2005), « Empowerment, self-help groups et solidarité démocratique en Inde ».IN GUÉRIN, Isabelle, KamalaMarius-Gnanou, ThierryPairaultetJean-MichelServet.LamicrofinanceenAsie. Paris,Karthalaéditeur, p.173-194.

Guillaume P. (2011), Le Mont-de-piété en France : une réponse économique aux problèmes sociaux de son époque (1462-1919), dans Revue d'histoire de la protection sociale /1 (N° 4), pages 25 à 40.

Hamed Y. (2004), « Microcrédit et financement de la microentreprise au Maghreb », Thèse de doctorat, Sciences économiques, Université Paris 12.

Hausman, J. (2010), Mobile phones in developing Countries. In http://www.crei.cat/conferences/cornucopia/confpapers.html et ITU, World Telecommunication/ICT Indicators Database 2010, 1ère Edition.

Haverkort B., Hoeoft K. et Hiemstra W. (2003), *Ancient Roots, New Shorts: Endogenous Development in Practise*, Zed Books, Compas.

Helms B. (2006), *Access for All: Building Inclusive Financial Systems,* Washington, DC, Banque Mondiale, 170 p.

Hemmings-Gapihan G. S, (2008), Climate change, subsistence farming, food security, and poverty: The consequences of agricultural policies on women and men farmers in Burkina Faso and Cote d'Ivoire, Africa Policy Journal.

Heritage Dictionary of the English Language (2000), p. 586-587.

Hofmann E. et Marius-GnanouK. (2003), « L'approche ''genre'' dans la lutte contre la pauvreté : l'exemple de la microfinance ». IN Développement socialement durable et la pauvreté.

Honohan P. (2005), Measuring Microfinance Access: Building on Existing Cross country Data, document de travail no 3606, Washington, DC, Banque Mondiale 31 p.

ILO (2018), WorldEmploymentSocialOutlook:TrendsforWomen GlobalSnapshot. Availableat: http://www.ilo.org/wcmsp5/groups/public/---dgreports/---dcomm/---publ/documents /publication/wcms_619577.pdf

Institut de l'Unesco pour l'Education (1995), Rapport du Séminaire international tenu à l'IUE, Hambourg, du 27 janvier au 2 février 1999, p. 15.

Instraw (2005), Genre, Gouvernance et Participation des Femmes.

James W. (1907), « Pragmatism, A New Name for Sorne Old Ways of Thinking ». Dans B. Kuklick, William James, Writings I902-I9IO. Vol. 2. New York: The Library of America (1987), pp. 480-624.

Johnson A. et Victor O. (2007), *A note on Microfinance in Ghana,* document de travail no 07/01, Bank of Ghana, 18 p.

Kabeer N. (2005), Intégration de la dimension genre à la lutte contre la pauvreté et les objectifs du millénaire pour le développement. Ste-Foy (Qué) : Les presses de l'Université Laval, 336 pages

_ **(2000),** *The Power to Choose. Bangladeshi Women and Labour Market Decisions in London and Dhaka. New* York, Verso,464pages.

Kapista L. (2008), *UN Women Report: Women's Economic Empowerment.* Expert Consultation on the 2009 World Survey on the Role of Women in Development. Bangkok, 12 novembre 2008.

Kelkar G. D. N. et Rownok J. (2004), « *We Were in Fire, Now We Are In Water: Microcredit and Gender Relations in Rural Bangladesh* » IFAD-UNIFEM, Gender Mainstreaming Program in Asia, New Delhi [http:\\www.ifad.org\english\operations\pi\bgd\documents\fire.pdf].

Kumar A., Mukta J., Loraine R. et Konstantinos T. (2007), « *Measuring Financial Access* », dans Barr, Michael S., Anjali Kumar et Robert E. Litan (dir.), Building Inclusive Financial Systems – A Framework for Financial Access, Washington, D.C., The World Bank Group, Brookings Institution Press, p. 7-32.

Lallau B., et al, (2018), Introduction : la résilience peut-elle passer de la théorie aux pratiques ?, Revue internationale des études du développement (N° 235).

Lafourcade A., Jennifer I., Mwangi P. et Brown M. (2005), Étude sur la portée et les performances financières des institutions de microfinance en Afrique, MIX (Microfinance Information Exchange) et CGAP (Consultative Group to Assist the Poor), avril, 20 p.131.

Langevin M. (2006), La stratégie nationale d'inclusion financière péruvienne, Capacitation des clientèles vulnérables et exclusion du développement productif.

Laven A. and Verhart N. (2011), *Addressing gender equality in agricultural value chains: Sharing work in progress.* On track with gender. Work paper, 18p.

MayouxL.(1998), «L'Empowerment des femmes contre la viabilité? Versun nouveau paradigme dans les programmes de microcrédit ».

MbodjG.(1997) « Genèse de l'inscription des genres au Sénégal ». Dans C. Beauchamp. Démocratie, culture et développement en Afrique noire. Montréal : L'Harmattan

Ministère de l'Economie, du Plan et de la Coopération Agence Nationale de la Statistique et de la Démographie (2017), RAPPORT FINAL Enquête Régionale Intégrée sur l'Emploi et le Secteur Informel (ERI-ESI) Sénégal.

Ministère de la femme, de la famille et du développement social (2015), Stratégie Nationale pour l'Egalité et l'Equité de Genre.

Ministère des Finances et du Budget, Observatoire de la Qualité des Services Financiers, (2019), Expérience du Sénégal en matière d'éducation financière, Atelier régional de concertation sur l'éducation financière, Siège de la BCEAO.

Mtemwa C. (2018), L'autonomisation financière des femmes, un plus pour tout le monde,

Morduch J. (1998), «*Does Microfinance Really Help the Poor? New Evidence from Flagship Programs in Bangladesh*». Manuscrit non publié, Cambridge: Department of Economics and HIID, Harvard University, [en ligne], http://www.llvu.edu/projects/morduch/microfinance/index.html

_ **(1999),** « *The Microfinance Promise* », Journal of Economic Literature, vol. XXXVII, p. 1569-1614.

_ **(2000),** « *The Microfinance Schism* », World Development, vol. 28, no 4, p. 617-629.

Morvant-Roux S. et Servet J. M. (2007), « De l'exclusion financière à l'inclusion par la micro finance », Horizons bancaires, no 334, décembre, p. 55-70.

Moureau et Rivaud-Danset (2004), L'incertitude dans les théories économiques, La Découverte.

Otero, M., & Rhyne, E. (Eds.). (1994). The new world of micro enterprise finance: Building healthy financial institutions for the poor (pp. 94- 104). West Hartford, CT : Kumarian

Programme des Nations Unies pour le développement, (2008), Innovative approaches to promoting women's economic empowerment, p.9.

_ **(2015),** Rapport sur le développement humain.

_ **(2015),** Programme d'Urgence de Développement Communautaire–PUDC,

Ramji M. (2009), Financial Inclusion in Gulbarga: Finding Usage in Access, document de travail no 26, Institute for Financial Management and Research (IFMR), Centre for Micro Finance, 37 p.

Reeves, H. and Biden, S. (2000), —Gender and Development: Concepts and Definitions, ‖ [online]. Bridge Report, No 55. Institute for Development Studies, University of Sussex. Disponible en ligne : www.bridge.ids.ac.uk/reports/re55.pdf

Sagna M. R. (2015), Impact de la microfinance sur l'empowerment des femmes et la lutte contre la pauvreté dans la région de Ziguinchor, Thèse de Doctorat en sociologie, Philosophiæ Doctor (Ph.D.), Université Laval, Québec, Canada.

Sangharé M. (2013), la microfinance : quels liens entre les modèles de financement des institutions et la qualité des services offerts aux clients ? Université de Toulouse.

Sarr F. (1997), Étude des pratiques de solidarité des entrepreneures issues du secteur informel au Sénégal. Quelles perspectives pour les politiques sociales ? Thèse de Doctorat, Université Laval, Québec, Canada.

Sarr G. (2013), « Les enjeux de la société coopérative : évolution et perspectives », Revue de l'ERSUMA : Droit des affaires - Pratique Professionnelle, N° 2 - Mars 2013.

Sarr N. F. (2015), Impacts des microcrédits de l'Union des Mutuelles pour la Mobilisation de l'Épargne et le Crédit (UM-PAMECAS) sur les conditions économique et sociale des femmes : Empotement ou instrumentalisation ? Thèse, Doctorat ensociologie, Philosophiæ Doctor (Ph. D.).

Seck N. (2017), – BIT Ton That Khai – BIT, Transition de l'Economie Informelle Vers l'Economie Formelle, l'Expérience de la Coopérative des Tanneuses de Guédiawaye, Dakar – Sénégal.

Servet J.-M. et Guerin I. (2002), Exclusion et liens financiers. Rapport 2002, Paris : Economica.

Soulama S. (2004), « Transformation et ou échec des institutions de microfinance dans l'espace de l'Union économique monétaire ouest-africaine ». Économie et Solidarités, vol. 35, n° 1-2, p. 193-208.

Stromquist N. (1995),*P Romancing the state: Gender and power in education, Comparative education review*, University of Chicago Press.

Sylvain V. (2018), Sénégal : le nombre d'utilisateurs d'Internet a atteint 9,6 millions de personnes. La Tribune Afrique.

UNCDF (2006), Building Inclusive Financial Sectors for Development, United Nations Capital Development Fund (UNCDF), New York, 182 p.

UNICEF's State of the World's Children, Girls not Brides (2015), *Sahel and West Africa Secretariat (SWAC/OECD).*

Van Osch T. et Leloup C. (2009), Formation Genre et Développement, GenderAdvisory Services, European Commission.

Veldkamp T. (2013),in : https://mfnulfh.files.wordpress.com/2013/02/conseil-des-droits-de-lhomme-lautonomisation-des-femmes-thomas-veldkamp.pdf

Verbraeken, M., Moors, K., Heyde, G., & Opdebeeck, B. (2009) Voyage au pays de la Microfinance.

Wane A. (2009), L'entrepreneuriat féminin au Sénégal : obstacles et essais de solution, Université Cheikh Anta Diop de Dakar - Maitrise

Weiler F. (2016), Archives De Paris, Mont-de-Piété de Paris puis Crédit Municipal de Paris, 2016.

Werhane, H.P., et Painter-Morland, M. (2011), Leadership, gender, and organization. In H.P.Werhane & M. Painter-Morland (Eds), Leadership, gender, and organization (pp. 1–8). London

Woller G., Dunford C., Woodworth W. (1999), "*Where to microfinance*", International Journal of Economic Development, 1, pp. 29-64.

Zogning, F. (2021), L'accompagnement de l'entrepreneuriat féminin dans les pays africains en développement. *Revue Organisations & territoires*, 53-63.

Tables des matières

Structures éditoriales du groupe L'Harmattan

L'Harmattan Italie
Via degli Artisti, 15
10124 Torino
harmattan.italia@gmail.com

L'Harmattan Hongrie
Kossuth l. u. 14-16.
1053 Budapest
harmattan@harmattan.hu

L'Harmattan Sénégal
10 VDN en face Mermoz
BP 45034 Dakar-Fann
senharmattan@gmail.com

L'Harmattan Cameroun
TSINGA/FECAFOOT
BP 11486 Yaoundé
inkoukam@gmail.com

L'Harmattan Burkina Faso
Achille Somé – tengnule@hotmail.fr

L'Harmattan Guinée
Almamya, rue KA 028 OKB Agency
BP 3470 Conakry
harmattanguinee@yahoo.fr

L'Harmattan RDC
185, avenue Nyangwe
Commune de Lingwala – Kinshasa
matangilamusadila@yahoo.fr

L'Harmattan Congo
219, avenue Nelson Mandela
BP 2874 Brazzaville
harmattan.congo@yahoo.fr

L'Harmattan Mali
ACI 2000 - Immeuble Mgr Jean Marie Cisse
Bureau 10
BP 145 Bamako-Mali
mali@harmattan.fr

L'Harmattan Togo
Djidjole – Lomé
Maison Amela
face EPP BATOME
ddamela@aol.com

L'Harmattan Côte d'Ivoire
Résidence Karl – Cité des Arts
Abidjan-Cocody
03 BP 1588 Abidjan
espace_harmattan.ci@hotmail.fr

Nos librairies en France

Librairie internationale
16, rue des Écoles
75005 Paris
librairie.internationale@harmattan.fr
01 40 46 79 11
www.librairieharmattan.com

Librairie des savoirs
21, rue des Écoles
75005 Paris
librairie.sh@harmattan.fr
01 46 34 13 71
www.librairieharmattansh.com

Librairie Le Lucernaire
53, rue Notre-Dame-des-Champs
75006 Paris
librairie@lucernaire.fr
01 42 22 67 13

www.ingramcontent.com/pod-product-compliance
Lightning Source LLC
LaVergne TN
LVHW011007061026
849535LV00006B/1756